JN140227

The Historical Landmarks
in Sapporo, Japan
City and Architecture
札幌クラシック建築
追想
都市と建築　老眼遊記
越野　武
Koshino Takeshi
亜璃西社

札幌クラシック建築追想——都市と建築 老眼遊記◇目次

V

エピローグ［現代建築への入口］

I プロローグ

［北海道移住から建築の世界へ］

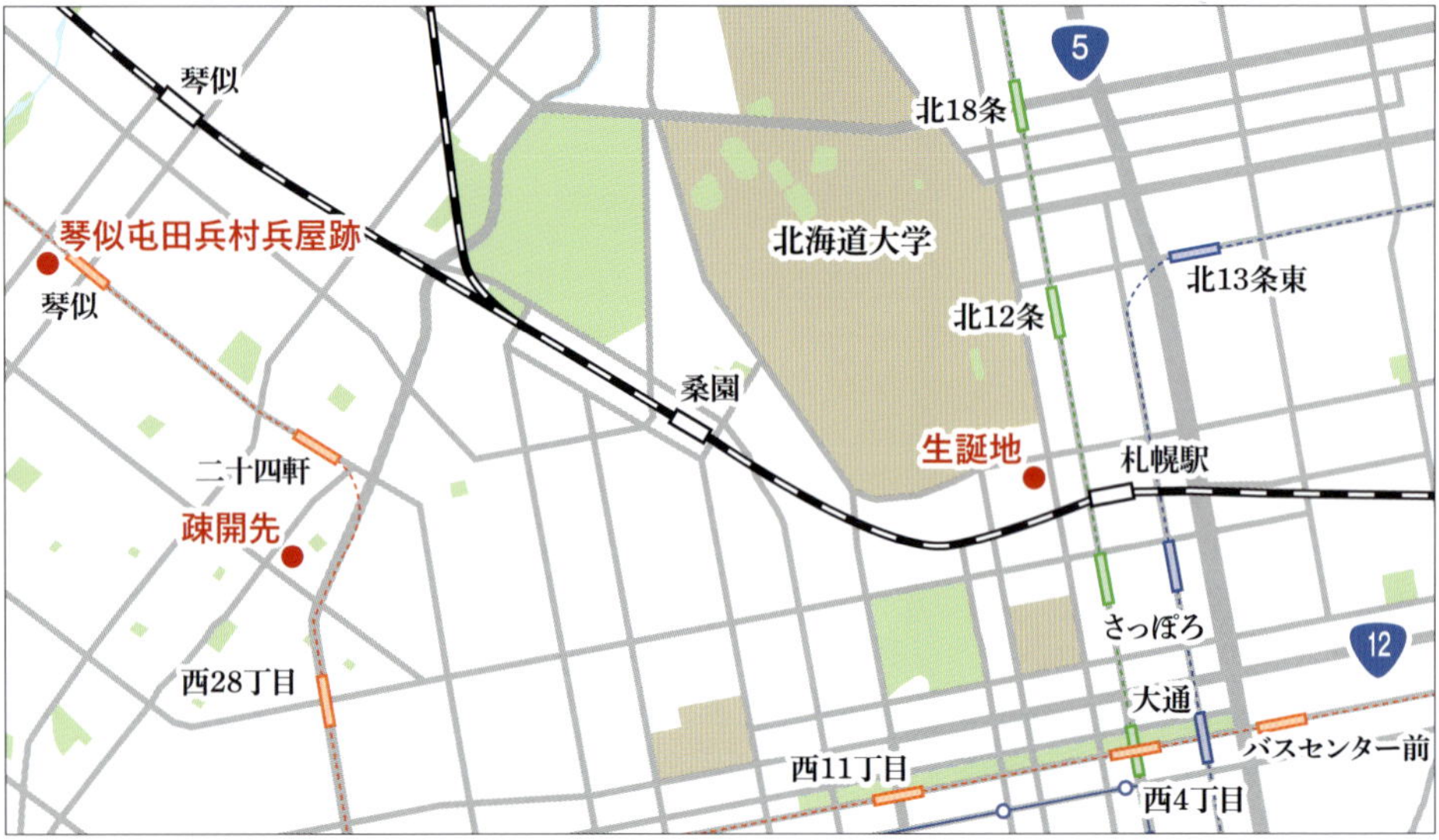
琴似
5
北18条
琴似屯田兵村兵屋跡
琴似
北海道大学
北13条東
北12条
桑園
生誕地
札幌駅
二十四軒
疎開先
さっぽろ
12
西28丁目
大通
バスセンター前
西11丁目
西4丁目

5
北海道大学
北13条東
北海道大学工学部 建築工学科
北12条
桑園
札幌駅
さっぽろ
札幌鉄道集会所
旧大同生命ビル
札幌逓信局
旧札幌中央郵便局
札幌電話交換局
230
大通

1——生い立ち

札幌のまちや建築のことを書いてみたい。それも網羅的に並べるとか、なにか論理的に選ぶことは止めて、思い出すままにとりあげていくことにする。

これまで出してきた自著「老眼遊記シリーズ」は紀行文が主だから、旅を前提にしている。ところが現に住んでいる札幌では旅が成りたたない。思いきり「時」に偏して、遠い過去を振り返ることからはじめることになる。自分ごときの生い立ちが、札幌のちゃんとしたプロローグになるわけではないが、札幌を眺める目が生まれていく、ひとつの場くらいにはなるであろう。

鉄北から西郊琴似へ

わたしは昭和十二年（一九三七）、札幌で生まれた。先祖のことは書くほどのこともないのだが、両親とも石川県能登の出身である。* 越野姓は能登や加賀ではわりとありふれたもので、かつて石川が越前と呼ばれていたことから「越《こし》の国の某」と素性を名乗っていたにちがいない。

越国人の血筋にあたるということは、大勢には簡単になびかない、つむじ曲がりの性格に結びつく——と考えたいところだが、話が遠すぎるかもしれない。反抗を生き甲斐とする革命児のようにはなれないし、せいぜい不公平を許さな

＊ 母村は石川県羽咋（はくい）市南隣りの宝達（ほうだつ）志水町だから、能登国といっても半島の付け根の方に近い。この地には、北大へもどってすぐの昭和三十七年、金沢市で開かれた建築学会ついでに訪問し、その後も何度か訪れた。明治四十四年に祖父が建てた墓があって同族の野崎英雄さん（平成二十六年死去）が管理していたが、平成二十二年に「墓仕舞い」した。本項の古い記録は、主として三兄（平成十二年死去）が残してくれたメモによる。

い正義感がいいところであろう。それでも日本列島の歴史を、政権中心だけではなく、裏日本の越国から眺めるくらいのことはできるように思う。

明治二十四年（一八九一）ごろ、祖父一行が渡道してきた。明治二十年代は、民間ベースの北海道移住が本格化しはじめた時代である。当初は札幌市の南東郊（清田区）にあたる北野に入植したらしく、今も墓地はここにある。子どものころ、墓参りのついでに、かつて一家が住んでいたという近くの水田農家を訪れた記憶がある。

大正七年（一九一八）には豊平の定山渓鉄道駅近くへ移った。同年に開通した鉄道をあてにして、馬車運輸業のようなものを営んだと聞いている。豊平には十年ほどいて、昭和三年に鉄北《てっぽく》（鉄道線の北側の意）へ移った。前年暮れに市電の鉄北線ができたせいで、かつては農学校の農場地でしかなかったこのあたりも市街化が進むようになったからであろう。ここでは精肉業に転じたようである。こうして見ていくと、なかなか目先の利いた移住ぶりといえぬこともないが、家業が転々としていてどこか頼りない。

わたしが生まれたのはこの鉄北の地、現在でいう札幌駅すぐ裏の北区北七条西五丁目にあたる。今は高架鉄道をくぐり抜けるが、わたしが生まれたころは跨線橋が架かり、「りっきょう」とか「おかばし」と言いならわされ、その上を路面電車が走っていた。

跨線橋ができたのは昭和七年暮れのことで、それまでは踏切を徒歩でわたり、鉄道線南側の市電「北五条線」に乗換えていたことは家人からも聞いていた。

生家からすこし北へ行くと、北海道大学の正門だった。

生まれた昭和十二年は、長い長い日中戦争の火蓋が切られた年である。終戦時で八歳、小学校二年になる。この世代に共通する育ちざまはおよそ想像がつくのではないだろうか。ドン底を幼児期にやり過ごしていて、五つ六つから上の世代のように思春期に深傷《ふかで》を負わずにすんでいる。

戦争ごっこの好きな少年に育ったのはそのとおりだが、これが兵士・士官養成教育を受けるほどの年まわりだと、とても「ごっこ」で済まないはずである。このことは、生まれあわせがうまく行った幸運のひとつだと思っている。*

住んだ家についてはうっすらとしか憶えていない。一階表が肉屋店舗で、その奥と、急で暗い階段をのぼった二階に住んでいた。記憶では、二階表側を下見板張りとし、上げ下げガラス窓を開けた典型的な洋風町屋ではなかったかと思う。場所がら、北大の先生方はよいお得意さんだったし、なんといっても子どもの遊び場が、広大な芝生のひろがる北大キャンパスである。

幼稚園は藤学園附属だったのだが、あまり馴染むことができず、通園途中の北大正門をくぐり、キャンパス内で遊び惚けていた。札幌のよいところを満喫するような生まれだったといえるのではないだろうか。

琴似のこと

戦争の影が濃くなった昭和十七年（一九四二）初冬、郊外へ疎開することになる。疎開先は札幌の西隣り、西区琴似《ことに》だった。** ご存じの方も多いだろうが、琴

* 幸運な生まれつきであることを、北海道大学定年退職の際、「フォルトゥーナ女神よありがとう」というエッセイに書いた（北大工学部『北工会誌』二〇〇一年三月）

** 琴似村は疎開した昭和十七年に町制施行していたから、正確には琴似町と言うべきかもしれない。昭和三十年に札幌市と合併、四十七年には札幌市が政令指定都市となり、西区琴似になった。

北大キャンパス中央ローン（昭和15年頃撮影）。北大キャンパスは遊び場だった。後ろに見えるのは古河講堂。右から2番目がわたし

琴似・二十四軒南の自宅前から三角山方向を望む（昭和29年筆者撮影）。疎開で引っ越したころと、風景はあまり変わっていない

＊ 石狩平野通貫路は、南一条筋から東は豊平川をわたり南東方向の千歳へむかう。ここでは札幌西郊（石狩湾西の小樽、銭函方向）のことを書いているのだが、通貫路ができていく経緯に即してなら、むしろ反対に南東方向から西へ抜ける――といった方が普通かもしれない。もうひとつ、札幌からは創成川筋を通って北の石狩川河口方向へむかう道があった。

似は屯田兵の村としてはじまった。それも、明治八年（一八七五）にはじまる北海道屯田兵制度の皮切りで、翌年開村した山鼻《やまはな》兵村と一連のものである。北海道拓殖の首府札幌に、最初の兵村が置かれたわけである。

山鼻兵村は、今の地図でいえば西十一丁目の石山通り、国道二三〇号線を中心としていた。南の千歳・豊平方向から石狩平野を通貫して石狩湾西部へ抜ける道は、開拓使以前からあって、札幌の中心市街ではおおむね南一条筋を通っていたと考えられている。＊

石山通り（本願寺道路）は明治の初めに開削されたもので、石山、定山渓温泉を経由、山越えして南方へ抜ける道筋である。琴似、山鼻の各屯田兵村はこれら古くからの「幹線」交通路に設定されており、中心距離は四キロ強ほど離れているが、双方の農耕地を含めて考えると、広漠たる入植前の原野空間では地つづきのお隣り同士といってよい。

疎開引っ越しにもどる。移住の荷物や家族主力とは別に、女子どもだけで西二十丁目あたりまで市電で行き、そこから一・五キロほどの雪道をトボトボ歩いたのを憶えている。場所は琴似旧屯田兵村集落よりは札幌寄りで、全部で四キロもないほどだから、いま振りかえると、ちょっと隣りへ引っ越しする気軽な感じだったはずである。ただ、結局はそのまま三十歳すぎまで、ここで暮らすことになった。

疎開先――字名で「二十四軒南」といった――は、今ではすっかり都市化の波に飲みこまれてしまい、札幌西部の郊外市街にすぎなくなったが、当時はまったくの田舎だった。札幌の西市街が西二十五丁目のあたりでとぎれ、あとは国道五号線*を伝って行く。国道とはいっても、アスファルト舗装されているわけではなく砂利道のままで、あたりに農家がポツンポツンと建っているだけの農村風景が二キロあまりつづいていた。南一条筋を通っていた石狩平野を通貫する道は、このあたりでは札幌から北西に四十五度ほど傾いて、石狩湾岸の銭《ぜに》函《ばこ》、小樽へむかっている。

明治二年十一月、島義勇《しまよしたけ》開拓判官は銭函に上陸して札幌開府を目指したが、あるいはもうすこし南（西）側の山裾を通ったのではないか。というのは、あたりの地形がずいぶん低くなっていて、国道は土盛りしていたからである。ま

琴似・二十四軒南（昭和29年筆者撮影）。近所は低湿地で、雪解け時には小川があふれた

＊国道五号線は現在、道央自動車道沿いにバイパスされており、旧道は道道一二四号線になっている。

わりは低湿地といってよく、畑作がほとんどだった琴似では珍しく田んぼもひろがっていた。* 小川や田んぼ、湿地池などは、子どもらにとってかっこうの遊び場だったのである。

疎開先の家は古い農家を借りたもので、プラン（間取り）は板敷き広間に畳部屋が四つ、田の字形に並んだものであった。民家史の用語でいえば「広間付き整形四間取り」となるが、北海道の通例で広い土間ニワはなかった。かわりに角屋《つのや》（母屋から突き出た別棟）が延びていて、納屋や風呂、下便所、それに馬小屋になっていたと記憶する。両親と大勢の兄弟、最大で一ダースほどの人数がここに住んだ。

小中学校から高校まで

疎開の翌々年春、琴似小学校（当時は国民学校）に入学した。小学校は旧屯田兵村の中心、中隊本部のあたりにあった。小学二年で終戦になり、戦後新制になって新築された中学に進むが、こちらも近くにあって、十年ほどは琴似を自分の世界として暮らしたことになる。

高校は札幌西高、** 北三条西十九丁目——疎開したとき市電を降りたあたりにあったころである。向きこそかわったが、大学生時代も含めて拠点とする世界はあまり変化しなかったような気がする。

小中学生とはいえ、日々の世界は片道一キロほどの通学路にかぎられていたわけではなく、ずいぶんとひろがっていた。思い出すシーンはたくさんあって、

＊ 琴似屯田兵村は発寒川扇状地に立地し、畑作は開拓使の方針でもあった。たしかに兵村中心部は、水田耕作には不向きな地形だったように思う。札幌近辺で初めて稲作に成功したのは、一般に明治六年の北広島市旧島松駅逓所（国史跡）における中山久蔵とされる。ところが、北海道新聞別刷「さっぽろ10区」（二〇二一年一月二十二日）の「謎解きさっぽろ」には、「石狩初の稲作成功例として、早山清太郎が安政五年（一八五八）にケネウシペッ（現琴似川）河畔で玄米五斗七升を収穫と『新札幌市史』にあり、現在の琴似川左岸、宮の森小学校あるいはその東にある宮の森公園あたりがふさわしい」とある。最初かどうかは判断しがたいが、疎開先のあたりは古くから稲作が試みられたところだったのであろう。

＊＊ 高校に進学した昭和二十八年時点で、札幌の普通科公立高校は東西南北の四校のみだった。昭和三十三年には市立旭丘高校が加わり、その後は漸増していく。中央区北三西十九にあった校舎は旧庁立第二中学校のものだが、昭和三十五年に焼失し、二年後に宮の森（現中央区宮の森）へ移った。疎開先からは一キロほどで、わりと近くにある。

どれもとりとめないことばかりだが、すこしふれておきたい。まず交友範囲というか子ども社会のことである。

引っ越して間もなくだと思うが、近くで外遊びしていた子どもたちの集団のところへ出かけたことを憶えている。こういう場合、新参者はすぐ仲間に入りきれず、中途半端な立場を痛感するはめになる。遊び仲間を仕切っていたのは地付き農家の子どもらで、少し冷たい目であしらわれる感じだった。

農家の子は、子どもなりにちょっと別世界の人間で、仲間にはなりきれなかったように思う。遊び集団には、わたしのような疎開・新参者や、農家以外の勤め人の子などもいたのだが、どちらかといえばそちらの方が心理的に近かったようだ。そうした新参者には、小学高学年や中学時代になると、外地（戦中の日本の植民地）から帰国した者が加わっていった。

これは主として中学時代のことだが、わたしは野球部と吹奏楽部に入っていた。スポーツと音楽というまるでちがう分野なのだが、それぞれの部の十数名は、妙なことに多くが両方に属していた。いま思いかえすと、野球・吹奏楽の各部を中心として、中学生なりに一種のエリート集団を形成していたのかもしれない。

また痛感したのは、なかには本当にうまいというか音にセンシティヴな奏者もいて――野球の方も同じだが――、自分は中途半端な役回りにすぎなかったということである。

そのたいがいは、そのまま高校（札幌西）に進学している。もっとも高校になると格段に通学範囲が広くなり、さらに札幌以外の各地から来た寄留者が加わり、大学だとさらに全国にひろがって自然と交友範囲が拡大していく。

中途半端な役回りを自分の性格に置きかえると、根元のところで思いあたるところがある。スポーツの話でいえば、走るのが苦手で、野球少年として優れていたとはとてもいえない。ただ、直線走のタイムはすごく遅いのだが、野球のベースランニングだとそうでもない。よくいえば複合的、総合的な能力なら人並みなのである。

例としてふさわしいかどうかわからないが、わたしの老後もつづく趣味に囲碁があり、手の読みのような基本能力がないわりに高いレベルで打つことができる。これなども、先のような能力のおかげかもしれない。

【本節について】
本節「建築へのまなざし」以降については、「建築を歩く」という表題で書きかけていた原稿をもとにしている。いつ書いたものかはっきりした記憶はないが、内容からして平成十三年に大学を定年になる前後かと思う。表題のとおりなら、このあとかなり長く書きつづけるつもりだったのだろうが、そんなことが可能だとはとても考えられない。後半の伊勢神宮のあたりは、細部に拘泥しすぎかもしれないが、建築家ならこだわるところだろう。どのみち、たいして重要とも思えないから、適当に読みとばしてくだされば結構である。

2——建築を選ぶ

建築へのまなざし

建築を目指すようになるあたりまでを、すこし書き足しておきたい。

北海道大学に入ったのは昭和三十一年（一九五六）だが、生まれたところへ帰るような気分が濃く、ごく当然のように北大を選んだように憶えている。

どういう動機で建築を志望したかだが、これまでの生い立ちのどこにも動機につながるようなものはなさそうである。どこかで身の行く先をあれこれ熟慮したとか、画然と決意したといったこともない。ただ大学に入るころには、漠然とだが建築へ進もうと思っていた憶えはある。当時の北大では入学時、理類、文類といった大きな区分けしかなかった。

以下は、強いてそれらしい記憶を引っぱりだせばという話で、動機というほどでもないが、いくつかの建築で目に焼きついているものはある。幼少時を過ごした琴似はもちろん札幌にだって、少年を刮目させるような建築の名作がそうあったわけではない。それでも、身のまわりのありふれた建物とは画然とちがった建築は存在していて、建築への目を開かせてくれるようなことはあったと思う。

北一条通り沿いにあったＮＴＴ北海道支社ビル（旧札幌逓信《ていしん》局、逓信省・片山

＊「探訪・北海道昭和建築」（北海道新聞・夕刊、一九七四年十月八日）

隆三設計、平成十五年（二〇〇三）取壊し）はそんな建築のひとつである。昭和十四年の竣功ということはわたしの二歳年下になるが、中学か高校生のころには、意識して眺めていたのではないかと思う。特に正面車寄《くるまよせ》の片持《かたもち》スラブの庇（片側のみ壁に支持された鉄筋コンクリート造の庇）が、まぶしく輝いていたのが強い印象を残している。昭和四十九年に書いた拙文をのせておこう。＊

片持スラブのプロフィルは、そこにかかる力をあらわにして根元を厚く、ほとんど不器用なほどに厚くされている。この厚みを隠すことは難しくはない。下面を水平にされた片持スラブは強い緊張感を放射したであろう。設計者はそのダイナミズムをすら殺し切っている。庇先端のガラス・スクリーンの釣り上げられたような表現は矯められたスラブの力によっているのである。スクリーンは庇の寸分を残さぬ先端にとめられ、あらゆる夾雑物を取り除いている。

大学に入った昭和三十一年に北大の建築工学科校舎が竣功していて、建ったばかりのすがたを見たことになる。通りがかりに道路から眺めたのであろう。各階の連窓や、妻面《つまめん》（建物の棟に対して直角な側面）の中央廊下端部に開けられた青いサッシュのガラス・スクリーンが鮮烈だった。

こうして思い出してみると、モダニズム建築の、それもかなり厳格派に属する建築に魅せられていたことになる。大戦をはさんで世の中全体がまだ禁欲的

上は逓信省札幌逓信局庁舎（のちのNTT北海道支社、昭和14年築、中央区北1西6、取壊し、昭和49年撮影、北海道大学建築デザイン学研究室所蔵）。下はNTT北海道支社ビル時代の車寄（昭和62年筆者撮影）。この建物がわたしの建築への目を開かせてくれたような気がする。なお、引用文中で車寄の庇下面が水平としていたのは、わたしの記憶違いであった

な時代ということもあったが、一九三〇年代から六〇年代にかけては、モダニズム建築の勢いがつづいていた時代であり、まだ疑いの目はなく、確信にみちていた時代だったのは間違いない。戦前の逓信省の建築家たち、*あるいは北大建築工学科校舎を設計された木村徳国《のりくに》先生のことは、もちろんまだ知らない。

学生時代

昭和三十五年（一九六〇）三月、北大建築工学科**を無事卒業した。無事というのは結果の話であって、途中は別である。建築を選ぶ動機のようなことを書いたので、あたかも建築へまっしぐらのように思われそうだが、これはかなりちがう。謙遜ではなく、建築の勉強はあまりしなかった。

高校生のころから社会的関心は強い方だった。この前後の年表を繰ってみてあらためて実感するのだが、若い精神を静穏に過ごさせるには世界の動きがずいぶん過激だった。

まず戦争へのリアルな恐怖感があった。真っ先に脳裏をかすめるのは、転向者の伝承や拷問死の写真なのだが、さまざまな力に押されて自由にものごとを考えられなくなる事態へのものであろうか。

もっと直接的な死への恐怖もあった。幼少時の大戦の記憶がまだ遠くなっていないのに重なって、朝鮮戦争がはじまったのが中学一年、終わったのが高校に入った年である。自衛隊ができ、その先に徴兵制が予感されれば、殺されるのはわれわれの世代だ、と思えるのである。アメリカに次いでソヴィエト、イ

＊札幌逓信局の設計担当者が片山隆三さんだろうと耳にして、ご本人と電話では話した記憶がある。よく知られたことだが、逓信省（のちに電電公社→NTT）や郵政省の営繕課は、このころまだ創造力旺盛な建築家や建築技術者を擁していて、設計実務までしっかりこなしていた。北海道庁や札幌、函館、小樽などの市役所でも、それほどではないものの事情は共通していた。戦後間もなく、大きな設計事務所が北海道支社を設立するようになるが、多くの民間建築家が独立して活躍しはじめるのは、もうすこしあとになってからのことだ。ということは、大学に建築（工）学科ができても、卒業後に建築設計を目指すためには、まだごく狭い門をくぐらねばならなかったのである。

＊＊日本では多くの建築科が工学部に設定されており、北大は発足時から「建築工学科」と称したが、今は「工」をつけなくなっている。ほかの大学では設置時からほとんど「工」をつけず、単に「建築学科」といったようだ。

ギリスが水爆の実験をはじめる。これも文字通り戦慄をもって聞いたニュースであって、とても遠いできごととは思えなかった。

これらに対してストレートに左翼化できるかといえば、状況は複雑すぎた。大学入学の年にポーランド、次いでハンガリーで暴動がおきる。既成左翼への反乱は未熟な思考を混乱させ、加速度的に急進化させる。それやこれやの延長上に大波となっていったのが反安保闘争である。

とても建築だけに集中していられる状況ではなかった。卒業寸前の一月といえば卒業設計に没頭しているはずだが、首相渡米阻止を叫んで羽田空港に座りこんでいたし、卒業後六月にピークを迎え、突如終焉を迎える国会周辺の大デモンストレーションのなかにもいた。

こういう不安定な精神状況のなかで、どのようにして建築を目指すことができたのか、考えてみれば不思議なことだ。建築が内在させている安定指向、権力指向は否定しようもなく、何度も迷ったのはたしかだが、矛盾は十分意識しながらも、一種の開き直りに近い気分だったのではないかと思う。

さて建築のことである。どんな建築や建築家を意識したか、で建築への考え方がおよそ推測できそうである。再三いうように、実際には建築を選ぶちゃんとした動機などないに等しかったし、もちろん建築や建築家など名も知らずに建築工学科へ進学した。

近代建築のビッグネームで最初に視野に入ってきたのは、ヴァルター・グロピウス*やミース・ファン・デル・ローエ**だったように思う。黄金の二十年代の

＊ Walter Gropius（一八八三〜一九六九） ベルリン生まれの建築家で、バウハウスの創設者。一九三七年にアメリカへ移住し、晩年には日本を訪れている。

＊＊ Ludwig Mies van der Rohe（一八八六〜一九六九） ミース・ファン・デル・ローエの名で知られるドイツ出身の建築家。バウハウス三代目の校長となったが、学校閉鎖後はアメリカへ移住した。二十世紀のモダニズム建築を代表する巨匠である。

北大建築工学科校舎（昭和 31 年築、木村徳国設計、撮影年不詳、北海道大学建築デザイン学研究室所蔵）。ミースのワイゼンホーフ・ジードルングを下敷きにしていたのではないだろうか

チャンピオンたちはそろそろ晩年を迎えていたが、なお時代の主導力を失っていなかった。厳密にいえば、かれらへの批判は先進的な部分ではじまっていたが、札幌の若い、それも感度の鋭からぬ建築学生の耳には達していなかった。そんな時代の最後の局面だったといえばよさそうである。

北大に入って間もなく、建築工学科の新校舎を目にしていたことは先に書いたが、設計者でもある木村徳国先生（一九二六〜八四）の講義には、日本、西洋、近代の各建築史があった。ご多分にもれず、講義のことはほとんどなにも憶えていない。わずかに印象に残っているお話のひとつが、ミースのワイゼンホーフ・ジードルング*のフラット（集合住宅）である。

といったって話の内容を憶えているわけではなく、他とはちがう、かすかな熱気のせいで印象に残ったのではないだろうか。これはあとでわたしが勝手に想像していることだが、建築工学科校舎の設計に際しては、ワイゼンホーフを相当に色濃く下敷きにしていたのではないかと思っている。

木村先生のことは、このあとも多くふれることになると思うが、先生の美意識のなかでえらく入れこんでいたのが作家の三島由紀夫だった。なにかの折にそんなことを耳にして、三島文学の指向する完璧主義から、すぐにミースを連想した記憶がある。

卒業のころ——建築史への入口

昭和三十四年（一九五九）、四年生になって卒業論文の課題を決めることにな

＊一九二七年開催のドイツ工作連盟主催による住宅展覧会。シュツットガルト郊外にあるワイゼンホーフの丘に建設された実験住宅群では、モダニズム建築が実践された。

った。このころには建築設計を目指すつもりになっていたと思うが、建築を創るとして、自分の足元がなんとも不安だった。その不安な立脚点をなんとかしなくては、という思いの延長上に建築史を勉強することを考え、木村先生を訪ねた。木村先生を選んだもうひとつの理由は、ほかの先生方が例外なく卒業論文の参考課題を示されたのに対し、木村先生だけが「課題自由」だったせいもある。

これもあとになって知ったことだが、先生はこの年、学位論文『日本近代都市独立住宅様式の成立と展開に関する史的研究』を東京大学に提出したところだった。おそらくお忙しくて学生などにかまっていられない気分だったのではないだろうか。おかげで卒業研究としてはまことに勝手きままな研究室生活をお許しねがうことになった。

先生のもとに持ちこんだ自前の課題は、三つあったように記憶する。ひとつはロシア・アヴァンギャルド、次が重源と大仏様建築、三つめが日本分離派建築会。まるで支離滅裂だが、建築を歴史的に勉強したいというだけのことで、研究対象はなんでもよかったというか、なにも知らなかったのである。

一、二番目の課題はだめで、結局、分離派を勉強することになった。先生からの注文は、分離派建築会だけでなくその背景をなす大正時代をきちんと勉強すること、そのために『建築雑誌』を全部読むこと、くらいだったのではないだろうか。

数か月後に提出した卒業論文が『大正時代と分離派建築会――日本に於ける

近代建築思潮の成立過程』である。内容については、当然のことながらいうほどのことはない。提出したときは絶望的にダメだ、という強い思いにとらわれた。書きたいことと書けることの落差に絶望したのである。以来、二十年ほどはこの卒業論文の背表紙を見るのもイヤで、開くことはなかった。

ところで不思議なのは、わたしが卒論の課題を決めるとき、木村先生が大正時代の住宅を研究しておられたことも、また先生が分離派建築会の最重要メンバーであり、もっとも気がかりだった建築家堀口捨己《すてみ》*先生に師事しておられたことも、まったく知らなかったことだ。さすがに卒論を提出するころには気づいていたと思うが、木村先生は五年後の昭和三十九年、堀口先生のあとをついで明治大学に移られることになる。

卒業論文では、大正時代のはじまりを明治四十三年（一九一〇）のいわゆる「様式論争――我国将来の建築様式を如何にすべきや」からとしている。かすかにではあるが、明治時代というものに気がかりなものを感じていたのかもしれない。しかしこれは伏線でしかなく、このときは棚上げのまま翌昭和三十五年春に卒業、設計事務所に勤めることになる。

山下設計事務所時代

山下寿郎《としろう》設計事務所（現山下設計）へは昭和三十六年（一九六一）末まで二年弱勤めた。事務所時代については、事務所の七十年記念誌（平成十二年〔二〇〇〇〕刊）に回想を寄せているので、そちらにまかせることにする。

＊堀口捨己（一八九五～一九八四）建築家。大正九年、東京大学建築学科を卒業し、同年に日本分離派建築会を結成した。昭和二十四～四十四年、明治大学教授。建築史家としても著名である。

どうして僕のようなところへ？　記念誌になにか書け、との電話があったときは信じられませんでした。なにせ一九六〇年四月からたった二年弱しか事務所にいなかったオジャマムシでしたから。それに同期で入社した仲間には、今は日本設計のトップになっている内藤徹男さんや村尾成文さん、霞が関ビルの初期プロジェクトを担当した伊藤寧彦さん（鶴見事故で亡くなられた）、仙台で独立して中新田のバッハホールを設計した吉田イサムさんと花形揃いでしたから、僕のような田舎者の出る幕はないとしたものです。もっとも、僕自身の方からいえば、思い出すことがいっぱい、ビッシリ中身のつまった一年九か月で、このあとの一〇年、二〇年分に相当するのではないかと思うほどです。

事務所ではいろいろ教えてもらいました。新人はよくパースを描かされました。今よりはずいぶんのんびりしていたのではないでしょうか。画板にワットマン紙を水張りして、常務の添田さんなんかが悠々絵筆をふるっていたのを思い出します。あるとき、下手くそなパースを描いていると野崎社長が通りかかりました。いきなりスポンジをとって水をドップリつけるや、やおら画面をゴシゴシ流してしまったんです。一時間もすると水張りされたワットマンの紙面はピンともとにもどっているのですね。最初から塗り直しです。でも頭にきたなあ。二、三日カッカしていました。

こんなこともありました。どこかの企業の従業員寮の設計で、三日ほどで初案をつくるという仕事でした。敷地が富士市だったかと思うのですが、翌日さっそく東海道線電車に乗って敷地を見にいきました（新幹線の開通は四年後のこと）。すばらしい天気でした。富士山が敷地からもよく見え、絶景を一日タップリ楽しんで次の朝事務所に出ると上役からお目玉頂戴。短い持時間から一日費やすとは、というわけです。当然ですよね。

僕が関係した仕事の方はなにほどのこともありません。最初の月給日の社長訓辞が「若い内は給料を貯めこむような不心得はだめ、全部使っちまわなければいかん」——忠実に守りました。休日や夜間の残業もずいぶんしましたが、それでも記憶のなかでは毎日毎晩遊んでいたような気がするから不思議です。

もう時効だと思いますので白状します。入社した一九六〇年は安保闘争が激化した年です。実は四月に入社してから六月一九日までほとんど毎晩のように国会周辺のデモにでかけていました。事務所がちょうど丸ノ内から南佐久間町に移ったばかりで、ここからは歩いて数分で霞が関官庁街、そして首相官邸、国会議事堂ですから、この上ないような地の利です。何度か朝帰りということもありました。だいぶ過激なこともしていましたから、ケガもなくて幸いでした。

入社二年目は仙台事務所でした。一二月にボーナスや退職金を全部飲み屋のツケに払って、きれいサッパリ？と辞めるまで、ここでも山ほどの思い出がありますが（以下略）。

＊ 杉野目晴貞は北大理学部教授。岡田鴻記とともにⅢ章「北大の建築」でふれる。

杉野目晴貞邸透視図（昭和８年、岡田鴻記作、杉野目家所蔵）

透視図雑考

山下事務所時代の思い出話のなかでパースのことを書いたが、ひとこと付記する必要があるかもしれない。「パース」はパースペクティヴ・ドローイングの略、透視図（画）のことで、今はあまり使われないかもしれないが、そのころの建築家は普通に使っていた言葉である。

もちろん言葉だけのことではなくて、実際の場面で透視図を描くことも、今ではなくなったのではないだろうか。コンピュータ・グラフィック（CG）がいとも簡単にかわりをつとめてくれるからである。もっとも、わたし自身が操作できるわけではない。

実例をあげてみる。札幌の杉野目《すぎのめ》晴貞《はるさだ》邸（昭和八年〔一九三三〕築）で拝見した、あとで詳述する岡田鴻記《こうき》が手がけた外観透視図＊である。建築の設計図は平面図とか立面図のように、三次元の実物を縦横二次元の画面に還元して描く。まだできていない建築物を了解するのは、建築家でも容易でなく、しばしば設計途中で描かれた。パトロン（施主）のような門外漢にはもっと難しいことだから、描かれた透視図（今はCGによる完成予想図）がわたされるのである。

それはよいのだが、特に項をたてたのは、ルネサンスの美術史場面で透視図（画）や遠近法が登場することと、たまたまわたしのような建築史教師が、大学教育における透視図法の最後の場面を担っていたからである。

ルネサンスでは、たとえば手許の美術全集でも特集が組まれている。特集論文の執筆者諸川春樹は「遠近法の成立が人間を主体とする時代の到来を告げていること」「現実を数学的、合理的に把握しようという新しい世界観を代表していること」を指摘している。* 五百年前まで溯らなくても、せいぜい一、二世代前まで、近代建築の設計図といえば立派な透視画がつきものだった。山下事務所の風景は、その名残《なごり》みたいなものであろう。

わたしが教えた透視図法は、** たいがいの大学が似たようなものだと思うが、主として消点（ヴァニシング・ポイント）が二つある「二点透視図法」である。三次元である建築物が、縦横と垂直の三方向の平行線でできていると仮定しているのだが、第三の垂直線は、消点のない平行線にしてしまう。普通はこれでよいとしても、実はとても特殊な場合でしかない。***

一番よくわかるのはカメラとのちがいで、たいがいの建物を写した写真は縦方向も上か下にすぼまって、どちらかに消点をもっている。わたしたちの大脳のなかの視覚像は、建物の垂直線は垂直なのだという既存の認識にしたがって修正した結果なのである。

「これでよい普通」は地上空間での視知覚で、建物もせいぜい三、四階どまりだった時代の感覚である。高いビルから見おろすような場合だと全然ちがっていて、その景色を描くにしても「三点透視図法」でなければ描けないだろう。現代ではこういう高いビルにのぼることが、日常茶飯事のことになってしまっている。

わたしが透視図法をならったのは、建築史の木村先生からであり、そのあと

＊『世界美術大全集十一　イタリア・ルネサンス1』（小学館、一九九二）

＊＊ 作図法は「図学」で教えられた。専門の建築学科で教えたのは、作図法に加えて最終的な表現法までをふくんでいた。

＊＊＊ ルネサンスでも忠実に透視図法（遠近法）で描いた絵は、ごく特殊なものにかぎられる。二十世紀のシュールレアリスム絵画は、この技法を逆手にとってわれわれの実際の視覚世界を露わに表現してくれた、といった方がよい。

をわたしが担当した。透視図法を建築史教師の副業的なものとした理由がどうしてなのか定かではないが、透視画がひと昔前のものだったことをよく示しているのかもしれない。

コンピュータ時代に即応するなら、CGに道を譲って消滅するしかないのだが、建築を生み出す場面での「悠々と絵筆をふるう」空気までも一緒に喪ったことを忘れてはならないだろう。

わたしにとっても、絵具だとか絵筆に親しみ、絵画世界を覗き見したり、視知覚のイロハを勉強したりするきっかけをつくってくれた。これに加えて、いま反省させられるのは、透視画法の終焉前にあってその歴史性をしっかりと議論できなかったことである。

初期洋風建築研究の視点*

話をもどそう。思いがけず木村徳国先生から母校へもどってこないか、とのお誘いを受けたときは、山下事務所の仙台支社にいた。どんなことを考えて決めたのか、ほとんど記憶にない。前後のみさかいなく、といったところであろう。暮れに札幌へもどり、昭和三十七年（一九六二）正月から母校北大の建築工学科助手勤めがはじまった。

最初の仕事は、札幌農学校第二農場の建築について実測図をつくることだった。** 実測調査は赴任する前年の夏に終えられていたものである。つづけてこの夏には、偕楽園《かいらくえん》・水木清華亭《すいぼくせいかてい》***（明治十三年［一八八〇］築）の実測を今度は自分

* 本項では初期洋風建築を志すようになった経緯を述べるが、その要旨は最終講義「ヴァナキュラー建築ノート」（二〇〇一年）でふれた。最終講義は翌年の札幌大学『比較文化論叢』（第九号）に掲載されている。

** 農場の建築については、Ⅲ章「北大の建築」参照。

*** 札幌市のリーフレットでは、読みを「みずきせいかてい」としているが、名称を漢語由来と考え、本書では音読みにした。

三代目の札幌停車場（のちの国鉄札幌駅、明治 41 年築、中央区北 5 西 4、取壊し、明治期末撮影、北海道大学附属図書館所蔵）。木造 2 階建下見板張り、両翼形式左右対称のルネサンス様式の建物だった

が調査を担当することになった。*この春に遭遇したもうひとつの仕事は、札幌中央郵便局（明治四十三年築）の解体工事だった。ちゃんとした調査ではなく、ただ工事現場に立ち会って記録写真をとる程度だったが、体験としては強烈だった。

この数年前から、豊平館（明治十三年築、中央区大通一丁目、のちに移築）、三代目の札幌駅と札幌鉄道集会所（ともに明治四十一年築、取壊し）、ヴォーリズ**設計の旧大同生命ビル（昭和九年築、取壊し）など、歴史的建築が相次いで札幌都心部からすがたを消していったのだが、その一頁に立会うことになったのである。

さらに、旧札幌中央郵便局の東側部分に増築され、ていねいな石積み工事のため継目が目立たなくなっていた旧札幌電話交換局（のちの札幌電信電話局、明治三十一年築、移築）が、この時期に開村準備中だった愛知県犬山市の「博物館明治村」に引きとられた。のちに国の重要文化財に指定されている。郵便局本体をはじめとする残りの石造建築は、解体後、どこかの養豚舎に引きとられたそうで、札幌は貴重な文化財を失ったわけである。

このときまで、わたし自身はこうした歴史的建築の破壊についてわりあい冷淡だったように思う。在学中に鉄道倶楽部の取壊しがあり、その実測調査があったのだがこれには参加していない。それに明治建築研究も、助手駆けだしのこの時点では、まだ主体的な関心をほとんど持てずにいた。数年前から横山尊雄先生、木村徳国先生のもとで体系的に積み重ねられてきた、北海道の明治洋風建築の研究の一端を、文字通り助手の仕事としてこなす、といった気分が強

＊札幌市へ提出した実測調査報告書は『北大北方文化研究報告　十九号』（一九六四）に再録した。このほかに概要を日本建築学会北海道支部研、建築学会大会に報告しており、ほとんど二年あまりは清華亭の報告だけで過ごしたようなものである。今では考えられぬほど暢気だった（II章「札幌のまちと建築」参照）。

＊＊William Merrell Vories（一八八〇〜一九六四）アメリカ生まれの建築家。日本で教会や学校、商業施設など、第二次世界大戦までに一千を超える建築設計にかかわった。戦前の大同生命本・支社の建築も多数手がけた。

上は大通逍遥地〔現大通公園〕に面した旧札幌中央郵便局（明治 43 年築、中央区大通西 2、取壊し、出典：『開道五十年記念札幌区写真帖』維新堂書房、1920）。下は札幌駅前通りに面した札幌鉄道集会所（旧三井物産札幌出張所、明治 30 年代築、取壊し、中央区北 3 西 4、出典：『札幌開始五十年記念写真帖』北海道農会、1914）　※ともに北海道大学附属図書館所蔵

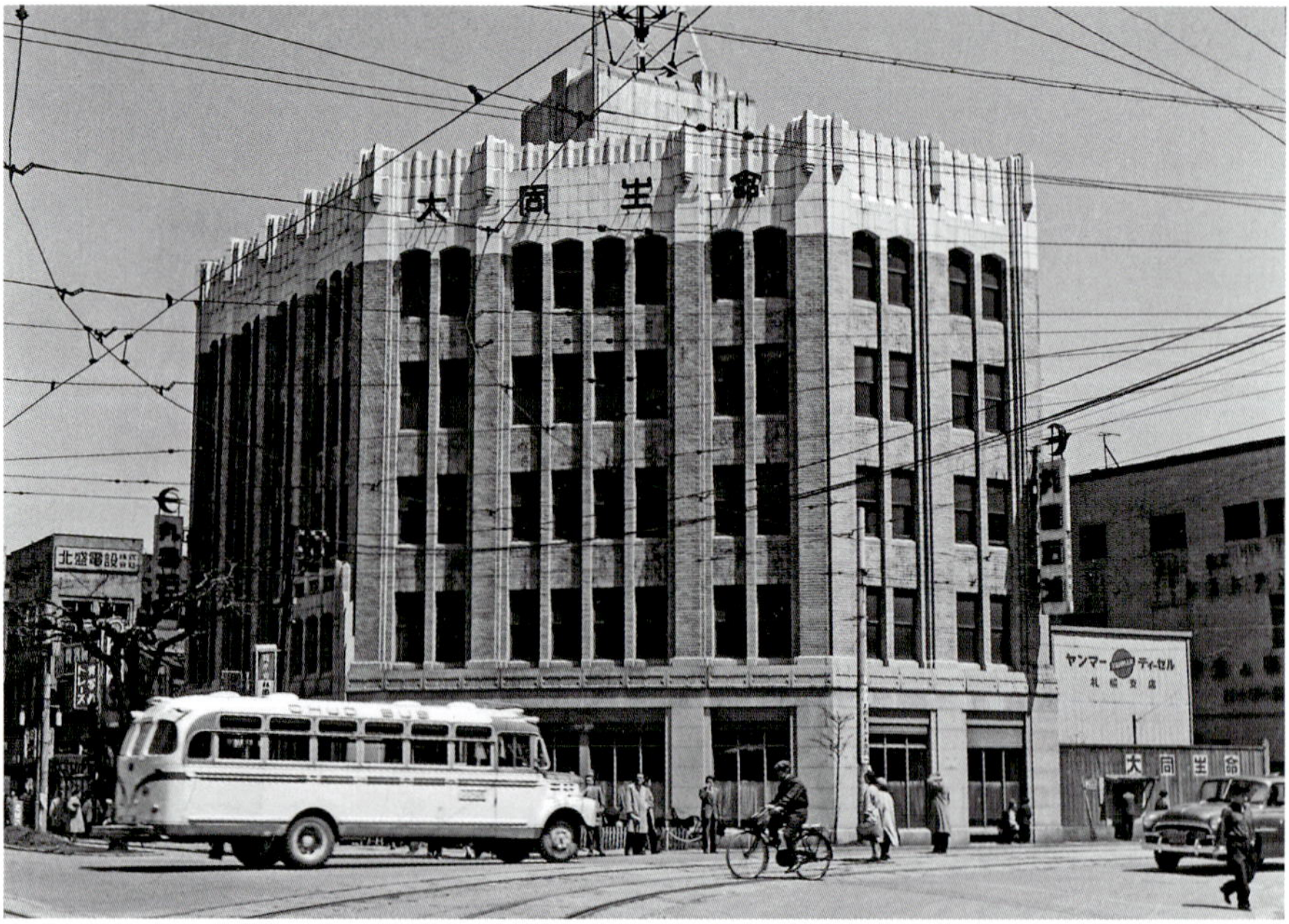

上は旧札幌電話交換局（のちの札幌電信電話局、明治 31 年築、中央区大通西 2、筆者撮影、撮影年不詳、重要文化財）。現在は愛知県の「博物館明治村」に移築されており、札幌は貴重な文化財を失ったことになる。下は旧大同生命ビル（昭和 9 年築、中央区北 3 西 3、取壊し、北海道大学建築デザイン学研究室所蔵）

かったのではないかと思う。

ただ、これもあとになって気づくことだが、卒業の前後から助手駆けだしの時代——昭和三十年代は、明治洋風建築研究のモチベーションがきわだって高かった時代であることはたしかである。

『建築雑誌・研究年報』で太田博太郎先生は、

> 一九五九年の建築史界における、きわだった現象は明治建築研究のいちじるしい発展である

と述べているし、翌昭和三十五年の日本建築学会大会学術講演会概要について関野克先生は、

> 歴史関係論文の三分の一が明治建築関係であり、特徴は明治早期に対象が向けられていることと同時に、遺構の発見が開港場その他の地方都市に求められていることである

としている。この年の建築史研究協議会は「明治建築の評価について」をテーマとし、協議会資料として初めての現存建築リスト『現存する明治洋風建築』が配布されている。* いささか他人まかせで、われながら頼りない話だが、明治建築研究の道を歩みはじめたのには、こういう時代の趨勢に感化されるような

＊ 昭和三十五年に東京で開かれた、この建築学会大会には出席した記憶がある。ただ協議会の議論を聞いても、ほとんどチンプンカンプンだった。

＊「魚眼図」（北海道新聞夕刊、一九七五年五月十九日）。

ところはあったのであろう。

洋食の話

明治洋風建築の研究といえば、まず西欧の建築を手本にしてどのようにそれを受入れていったのか――という異文化導入定着の歴史過程を明らかにする観点が基本となろう。もちろんその後のわたしの研究でも、これは動かしがたい基本的な観点になった。ただこの場合、優れて真正な西欧の手本authentic originalに対し、受入れた側である日本の明治建築は、あくまでもその亜流、まがいものsham imitationであるという評価をまぬがれない。

このおもしろからざる心理から脱却するのに、十年近くかかったように思う。團伊玖磨のエッセイ『パイプのけむり』で読んだ「洋食」の話は、発想を転換させてくれた契機のひとつである。拙文をひく。＊

パリは世界中ありとあらゆるものを食べることのできる町だそうである。このパリに永く滞在した日本人が、たったひとつ食べたくて食べたくて困ったものがある。それは洋食であったというジョークを読んだことがある（團伊玖磨）。これはたいへん現実味のある話であった。

パリの食いしん坊氏の思い描く洋食は、せん切りの生キャベツを添えたトンカツか何かで白木のワッパに重ねられた出前の皿だったと思う。それは美味しそうな文章であったから記憶に鮮やかである。白木のワッパは別にして、せん切りの生キャベツやトンカツは、ヨーロッパの料理ではまずお目にかかれまい。本格派西洋料理の教科書を読むまでもなく、トンカツはポークカツレツとはまるで別の料理である。上野辺の老舗トンカツ屋には元祖の看板さえ掲げてある。……洋食は日本の料理である。

建築の話からすっかりそれてしまったようだが、実は洋風建築の理解の仕方を問題にしたいのである。建築を含めて日本人の生活のほとんどあらゆる分野で洋風化は定着している。その際多くのものは、ちょうどトンカツのように、由来こそヨーロッパのものではあっても、実は日本でしか見ることのできないものに変容している。洋風建築の研究は日本建築の研究にほかならないのである。

伊勢神宮

話は飛ぶが、伊勢神宮の話をしたい。これまでの話とは関係なさそうだが、実のところ洋風建築の研究は日本建築の研究にほかならない、としたその延長上の話題である。

近代建築史を見つづけていると、その視線の先に別の時代がくっきり見えてくることがある。中世や古代とちがって、近代の歴史は比較的身近なできごとだから、できごとの裏表、できごとにかかわった人びとの心性をある程度リアルに感じとることができる。古代史を「感じとる」ためには、近代史の研究が有効なのではないだろうか。

建築史でも近代建築の研究者が並行して、あるいはあとになって古代建築研究に卓越した業績をあげられることがしばしばある。近代住宅の研究から一転、記紀万葉の世界へ飛翔された木村徳国先生は、はっきりそのように語ってくださったし、東大の稲垣栄三先生、早稲田の渡辺保忠先生もそうだ。こんなすごい先生方の足元にも及ばないが、それでも古代建築を見る目を培ってくれたのは、明治建築の勉強だったと思っている。*

明治洋風建築が異国の建築文化を移植した結果であり、飛鳥奈良の建築も中国の圧倒的な建築文化の移植から生まれたのであってみれば、これは当然のことというべきかもしれない。すぐ脳裏に浮かぶのは、法隆寺以下の古代仏寺だ。仏寺とちがって、伊勢に代表される古代神殿は純日本的建築とされるのが普通だが、どんなものだろうか。

伊勢神宮へは前後十回ほども訪れただろうか。そのなかで一番印象に残っているのは、昭和五十四年（一九七九）春の訪問である。伊勢参拝のほとんどは学生を引率しての研修旅行である。このときもそうなのだが、どういうわけか旅行のスタートが伊勢の宿に集合というめずらしいスケジュールだった。

決められた日より二日も早く伊勢あたりに着いたのは、尾鷲にある土井家の洋風建築を見るためで、その帰路、JR紀勢線の滝原竝宮《たきはらならびのみや》に参拝し、境内で会った宮司さんの薦めで伊勢の南、磯部の伊雑宮《いざわのみや》まで足をのばした。宮司さんは磯部の宿まで教えてくれて、その宿は鰻の割烹旅館であり、フルコースの鰻料理というのをひとりでたいらげたことを憶えている。

＊ 藤森照信さんが、やはり伊勢神宮をとりあげて同じような議論を展開しておられる。直接聴いたのは、北大建築工学科で開催した講演会だったと記憶する。

話はそれるが、滝原竝宮や伊雑宮へお参りする気になったのには、ずいぶん前のことだが山下事務所時代に同期入社の内藤徹男さんに、「伊勢は内外宮より、まわりによい神社があるよ」といわれたのが記憶に残っていたからである。内藤さんは大阪の育ちで、畿内の建築のことを、なんというか実に日常的な感覚で話す。これが田舎者の身にはくやしくて、耳にこびりついていたのであろう。*

滝原竝宮も伊雑宮も期待通りすばらしい社だった。なによりも、トボトボとひとりで訪れたのがよかった。内宮や外宮の喧噪がなく、滝原竝宮では雨にけぶる森の原始的なたたずまい、伊雑宮では村の鎮守然として人くさいたたずまいを、それぞれに堪能した。

それ以上に、やはり社の建築をじっくり見ることができたのがよかった。内宮や外宮では、肝心の建築が幾重もの垣のはるか向こうに遠望されるだけで、存外に建築を見るにはふさわしくない。あの驚異的な柱頂のディテールに初めて気づくことができたのは伊雑宮だったと思う。式年造替《ぞうたい》からまだ数年で、木肌は真新しく木組みもしっかりした状態だったのも幸いした。**

荷重を支えない柱

そこでなにを見つけたかというと、伊勢神宮の柱は上の荷重を支えていない、ということだった。初めは棟持柱《むなもちばしら》で気づいたと思うのだが、柱頂部とその上にかけられた棟木《むなぎ》との間に一、二センチほどの隙間が空いているのである。隅柱の桁《けた》との間を見てもかわらない。間違いではない。あとで内外宮の境内

＊　内藤徹男さんについては、拙著『時と人と再訪日本老眼遊記』（私家版、二〇一九）でふれた。

＊＊　内外宮を訪問する前の造替遷宮は、昭和四十九年のことだった。ただし周辺摂社末社は数年遅れる。伊勢神宮では造替後に手を加えないから、二十年ごとの式年造替が近づいてくると、木端部では細部が見づらくなってくる。

社でもたしかめたが、もちろん同じである。ホゾは通っていて横にずれないように留まっているのだろうが、垂直荷重は受けていない。一体全体なんという柱なのだろう。

伊勢神宮の柱上部の隙間は、あまり日本建築史で教えられることはない。わたしごときが「見つけた」といって喜んでいるわけだが、こんなことは古代神社の研究者には常識にすぎず、あたりまえすぎて建築史の議論にならないだけなのかもしれない。

大工なら、この隙間は木が縮むのに応じてふさがるのだ、とでも説明しそう

伊勢神宮内宮の御稲御倉（平成6年筆者撮影）。柱上部の隙間は、板校倉造だったことの表現ではないだろうか

である。多分そのとおりだろう。ちょうど正倉院で聞かされる、校木《あぜぎ》（校倉造りの外壁を組みあげる木材）が湿気に応じて伸び縮みするという説明と同様で、間違いではないだろうが、かといって一〇〇パーセント納得できるというわけでもない。それに、上の荷重を支持しない柱は、出雲大社の心御柱《しんのみはしら》（正殿床下の中央に立てられた柱）もそうだったということもある。

伊勢神宮の建築には、常軌を逸したといいたくなるようなディテールがいっぱい詰っている。たしか丹下健三が、伊勢では外宮の方が内宮より古いだろうとして、その理由に本殿と宝殿二棟の配置とともに、千木《ちぎ》（社殿の屋根の両端で交差して突き出した部分）の先端が内宮は水平なのに対し、外宮は垂直に切ってあって、外宮の方が自然なディテールでつくられていることを論じていた。こういう、すぐには気がつかないようなところに伊勢はこだわっているのである。

著名な日本建築史家である福山敏男先生の復原論考で、奈良時代の伊勢では、内外宮正殿以外の諸殿の構造は板校倉だったことが明らかにされている。そして、七世紀末の持統朝期に式年遷宮の儀が定められる以前、「宮司破損の時を相待ち補修」していた時代には、正殿も現在よりは小規模で素朴な板校倉の社殿ではなかったか、というのがおおかたの想像である。*

持統朝かどうかは議論がわかれるとして、どこかで板校倉に隅柱、中柱を加える構造が編み出されたのである。社殿が大きくなって、校木の厚板では面外座屈（面に直交する方向に変形、破壊すること）をおこすおそれがあり、この弱点を補強するために柱を挿入したと考えるのである。

＊校倉構造自体は、世界中の初期木造建築でごく普遍的な、したがって素朴な構造である。このことについては、拙著『風と大地と——世界建築老眼遊記』（新宿書房、二〇〇八）で述べた。

この構造補強を案出したデザイナーは、しかし原形の板校倉にこだわった。伊勢神宮のデザイン原理はだれもが認めると思うが、古式の表現になるため、白木、掘建て柱、茅葺き屋根といった原始的な構造が意識的に保存される。その最たるものが棟持柱《むなもちばしら》（社殿側壁の外側に立つ屋根までの柱）で、渡辺保忠先生の伊勢論によれば、棟持柱は弥生期中葉の銅鐸絵などには見られるが、弥生期末登呂の高床家屋や、古墳期の埴輪家《はにわいえ》などでは廃れてしまった古風な構造であった（渡辺先生はさらに、棟持柱が飛鳥時代の忌屋《いみや》大倉で復古していたことを指摘し、これが伊勢に適用されたと考えている）。このように伊勢神宮では随所に、古風な建築構想や表現が、きわめて意図的かつ復古的に用いられているのである。

こういう古式表現の意識が支配するなかで、古来の板校倉（柱を建てず板材を組んで屋根を支える校倉）を柱付きの構造に変更したのである。必ずどこかに、原型である板校倉の痕跡を残そうと考えたにちがいない。これが垂直荷重を支持しない柱の発想である。伊勢の柱は校木厚板を留めるだけで、上からの荷重はあくまでも校木厚板の壁が受けていることを、柱上の隙間が歴然と表現しているのである。

よく知られるように、外宮の御饌殿《みけどの》（朝夕の神饌〔神に捧げる食物〕を供する建物）だけが現在も板校倉構造である。内外宮正殿以外の諸殿が柱構造に変えられていくなかでここでも、もとは板校倉であったことをひとつだけ残された御饌殿が明示している。*

こういう徹底して古式に固執する表現は、背景に強烈なアイデンティティ確

* 村井康彦『出雲と大和――古代国家の原像をたずねて』（岩波新書、二〇一三）は、外宮を内宮天照に御饗（みあえ）を奉るためのものと考えている。御饌殿は外宮の本質を体現する殿舎なのかもしれない。村井の議論は内外宮成立の先後にもかかわり、本論で紹介した外宮建築の方が古いだろうという議論についても一考しなければならないが、現在の殿舎建築が持統朝に整えられたとすれば矛盾するわけではない。

保の欲求があって初めて生まれたものではないだろうか。その欲求を喚起したのはいうまでもなく、外来仏教文化の導入である。[*]大陸から洪水のように流れこんでくる建築文化は、高度に発達した絢爛たるものだった。いっとき外来文化にひたったあと、人々はあらためて自らの存在証明に直面したはずである。そのとき、おそらく初めて「日本建築」が求められたのであろう。

同じことが近代の日本でもおこっている。洋の導入、和への回帰はくりかえし交互におこってきた。そして、伝統的な和風建築が頂点に達するのは、ある意味で明治期といえるのではないか——という指摘もある。それらの延長上に、たとえば堀口捨己の「アテネから伊勢へ」の回帰もあるのだろうと思うのである。

＊福山敏男先生は、伊勢神宮妻壁の木組みや社殿配置計画などで直接、仏教建築の影響があったことを指摘している。

Ⅱ 札幌のまちと建築

［開拓使の都市と建築］

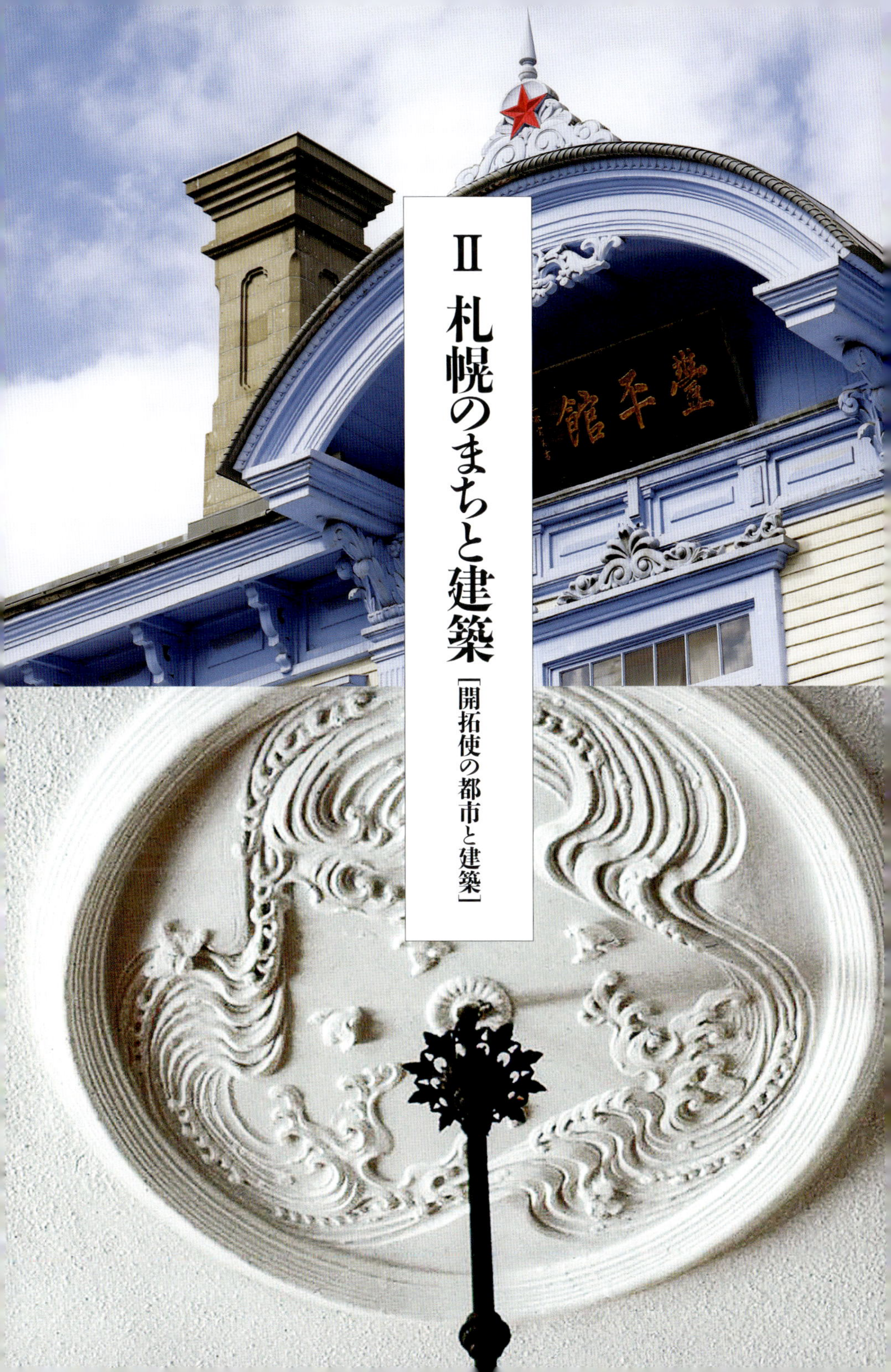

水木清華亭（偕楽園）
札幌駅
苗穂
5
さっぽろ
旧永山武四郎邸
道庁赤煉瓦庁舎
12
豊平館（元の位置）
旧開拓使工業局庁舎（元の位置）
大通
バスセンター前
西11丁目
西8丁目
西4丁目
狸小路
豊平川
菊水
すすきの
資生館小学校前
すすきの
豊水すすきの
36
東本願寺前
中島公園
学園前
230
豊平館
札幌コンサートホール キタラ

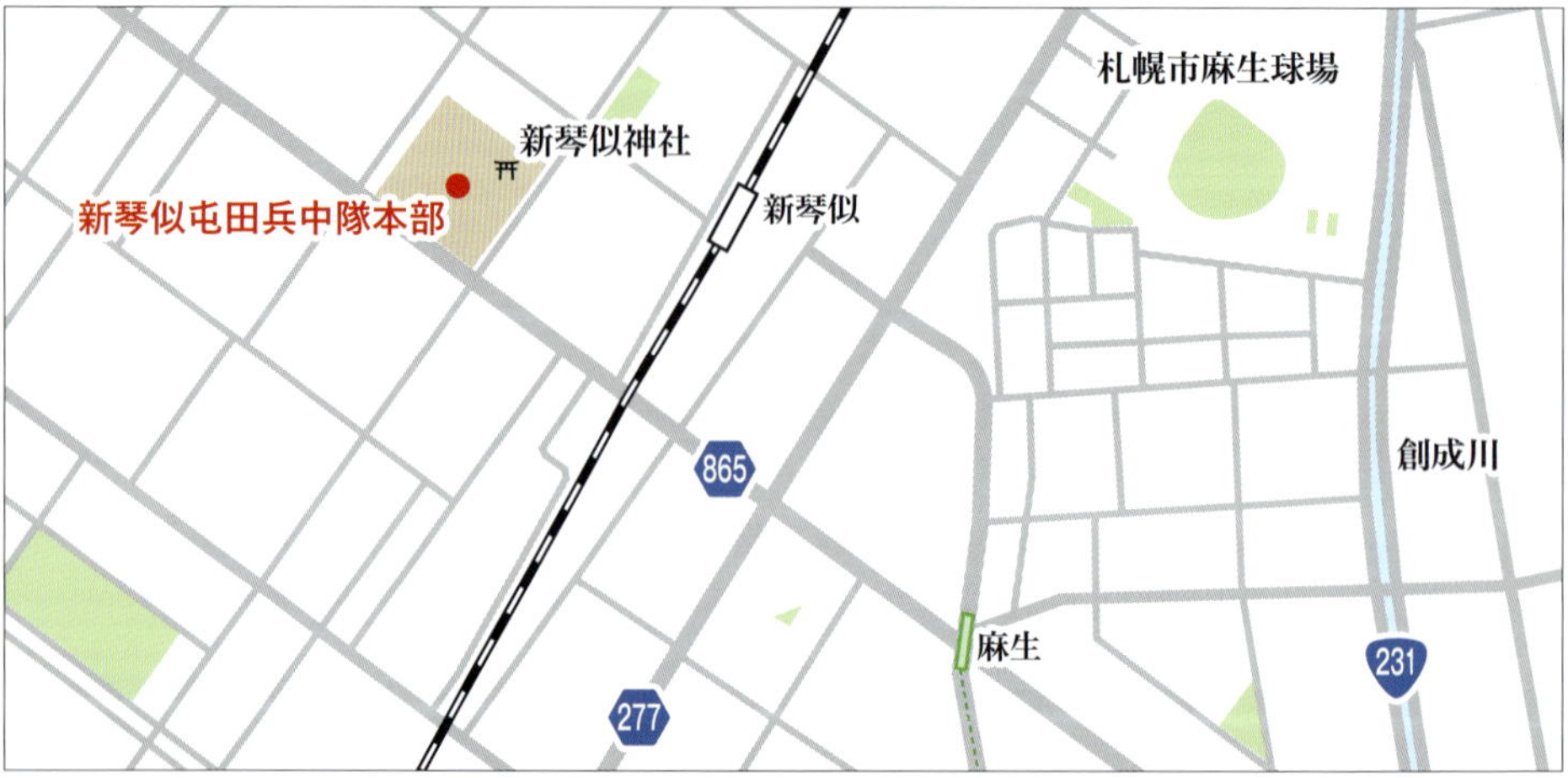

札幌市麻生球場
新琴似神社
新琴似屯田兵中隊本部
新琴似
865
創成川
麻生
231
277

1——札幌のまち

理路整然

札幌はイメージのきれいなまちだ。観光人気でもそうだが、「住んでみたい」という願望でもずいぶん上位にランクされているらしい。東西南北の碁盤目状街路でできている中心街*の形は一見、理路整然としていることは間違いない。この碁盤目状街路は、もちろん開拓使の遺産である。北海道遺産に「開拓使時代の洋風建築」というのがあるが、その筆頭に碁盤目状街路の札幌計画都市があってもよかったと思うほどである。

　碁盤目状街路計画は、大昔から植民地都市の決まりごとみたいなもので、たとえば古代ギリシャでもたくさん建設されている。どうして碁盤目になるのか——、建築学生だったころ不思議に思ったのを憶えている。とはいえ、まっさらなキャンバスに新都市を描くとなると、それ以外にあまり思いつくことができなかったのだろう。円形都市とか放射状街路とかもないことはないが、数はそう多くない。

　昭和の終わりごろだったかと思うが、「路上観察学」というのが一世を風靡した。建築サイドでは藤森照信さんが筆頭で、赤瀬川原平さんら**と「建築探偵団」を結成し、まちを観察してまわった。理念の対象でしかなかった都市が観

＊当然のことだが、東西南北の碁盤目状街路になっているのは、札幌でも中心部だけである。現状の条丁目は場所にもよるが、東は豊平川まで、西は二十七、二十八丁目、北は五十条、南は三十五条くらいまでで、のちにふれるように開拓使時代はこれよりはるかに狭い。

＊＊藤森照信（一九四六〜）建築史家、建築家。東京大学名誉教授、東北芸術工科大学客員教授。東京大学生産技術研究所教授を平成二十二年に定年退職、現在は工学院大学非常勤特任教授。赤瀬川原平（一九三七〜二〇一四）前衛美術家、作家。尾辻克彦のペンネームで第84回芥川賞を受賞。

察されるというのは、たいへん新鮮なできごとだった。

当時、強打者として巨人軍に招かれたゲーリー・トマソン選手が、まったく活躍できずに解雇された。その姿を、都市空間で無用の長物となった建築物になぞらえたのが赤瀬川さんであった。

そのころ、赤瀬川さんが札幌を訪れた。[*] わたしがあちこち案内したのだが、結局「路上観察」としては成果をあげることができなかった。テレビ塔のトイレに入ると、ブースに斜めの柱が入っている部分こそあったものの、「これくらいかなあ。札幌のまちって、とりつくシマがないねえ」とぼやかれてしまった。どこもかしこも真っ直ぐ整然とした札幌では、これが最終的な結論だった。

理路整然に「一見」とつけ加えたのには、もちろんわけがある。札幌ではアドレスが「○条○丁目」であらわされ、たいへんわかりやすいともいわれる。でも、ネットを覗いてみると「(方向音痴に) 札幌はわかりにくい」と訴えている人もいた。わたしも小樽での講演で、「小樽はわかりやすいが、札幌はわかりにくい。特にほろ酔いのときには」と話したことがある。

きょとんとした聴衆から、「そうかなあ」という反論というか感想があったのを憶えている。講演の少し前だったと思うが、実際に札幌のまちで一杯飲んで店を出ると、方向がわからなくなったことがあったからで、リップサービスではないし、もちろんでたらめをいっているわけでもない。

＊いつのことだったか記憶ははっきりしないが、平成元年の手帖に「十二・一　藤森／赤瀬川」とあった。藤森さんはたしか来られなかったかと思うが、札幌では大した成果がなさそうなことを予測していたのかもしれない。

座標空間都市

方向音痴やほろ酔いで道を間違えるのは仕方がない、と結論を急いではいけない。方向がちゃんとわかる、というのはあたりまえのことと思いこんでいたが、たしかに建築に関係する人ならその通りかもしれなくても、世間一般でいうと必ずしもそうではないようだ。

いきなり、見も知らぬまちに放りだされても迷子にならない、というのは少数派だろうし、地図を見て自分の位置や方向をあてはめられる――つまり「地図が読める」人は、むしろ特殊技能の持ち主と思った方がよいかもしれない。わかりやすいまちというなら、方向音痴でもほろ酔いでもそうでなければならないのである。

札幌の「○条○丁目」という住所表記は、座標で空間を言いあらわしていることになる。座標などというものに日常から親しんでいる方は、はたしてどれくらいいるものだろうか。たしかに条丁目だけ聞けば、そこへ行くことはできるが、それは意識明晰で方向知覚がある程度ちゃんとしている――という条件つきである。条丁目アドレスは、お役人にとって得手でも、民間人にとっては必ずしもそうとはかぎらないのである。

いつか、クラス会の会場案内でおもめしたことがあった。[*] 会場は「南四条西四丁目」ですすきのエリア外だが、このアドレスの場合は南四条通り（月寒通り、通称・すすきの大通）をはさんだ南北両側が同じ住所に相当する。札幌の住人なら説明不要のはずだが、すすきのは南四条通りの南側にあたり、同じ

＊この〝事件〟については、かつて新聞のコラム「魚眼図」に書いた（北海道新聞夕刊、昭和五十四年九月二日）。読みかえしてみると、「南四条」の住所案内を見て勘違いしたのは、すすきの側の南五条の方で（仲通りをはさんでむかいあうため同じ街区に見える）、南四条通りの北側ではなかった――という人もいたようだ。どちらにしても、南四条通りに面した南北両サイドが同じアドレスであることを知らなかったわけである。

「南四条西四丁目」でも北側はすすきのとはいわない。
会に集まったのは北大建築工学科の卒業生たちだが、半数はこのことを正確に理解していなかった。つまり、建築界に方向音痴はいないとか、札幌の住人には説明不要とかは、一概にいい切れないようだ。

　こうした住所表記は、開拓使による札幌新都市計画の基本にかかわっている。大通を境に北半分を官庁街、南側を民間の町屋街とした——ということは、札幌の歴史をかじった方なら知っていることだが、アドレス表示の方法が南北で異なっていた事実までは、正確に理解されていないらしい。

　北半の官庁街では「○条○丁目」は街区《ブロック》をさすが、南半の町屋街ではむしろ街路が主で、その南北両側の街区の半丁分が、同じ「○条○丁目」と表示されるのである。南半にある町屋街の街区に、東西方向の仲通りが設けられているのはそのためなのだ。*

　アドレスを街路主体にする後者の方が、少なくとも歴史都市では一般的だった。東京はじめ全国どこへ行っても、「○○通り／○○町○丁目」という住所表記が数多く見られる。これは街路が主役だからである。** ヨーロッパのまちでも、どこかへ行くときは街路を目指し、あとは街路沿いに並ぶ番地をたどるのが普通で、かの地の街路名をわざわざ「○○街」と訳すのはそのためだ。

　アドレス表示はともかく、まちをとらえるときに、主役を「街路空間」にするか「街区」にするかで根本的なちがいが生じる。建物が大きい官庁（官庁は江戸時代の武士階級が住んだ武家屋敷の流れをくむ）と間口の狭い町屋のちがい、

＊ 旭川市街の街区は、札幌とよく似ている。拙著『北海道のまちと建築　老眼遊記』（私家版、二〇二四）の「五　旭川、上川北部」でもふれた。札幌の狸小路のように仲通りが主役になることも多いが、これは計画当初の目的とは別のことである。住所表示でみると、狸小路の南側は南三条、北側は南二条と異なっている。なお、創成川をはさんだ東西一丁目は別で、仲通りの方向も南北になっている。創成川以東では、東四丁目くらいまで同様かもしれない。こちらは開拓使期にあった器械所が、スーパーブロック（幅広い道路で囲まれた大型の街区）だったせいかもしれない。

＊＊ 京都が典型である。街路に町名がついていて、町境線は各戸の奥行きにしたがってギザギザになっている。ただし、現在は「○（町）○丁目」の住所表記であっても、街路とは無関係な場合が多い。

と説明される方がいるかもしれない。でも、まちそのものが、そもそも屋外の街路空間の方から発生したと考えれば、おのずと判断は異なってくるであろう。

碁盤目格子街路の外れ

碁盤目格子街路は、札幌のたいへん重要な歴史遺産だが、まあ札幌のイメージを表象するものとして一瞥するだけでよいのかもしれない。むしろ反対に、一見すると理路整然たる碁盤目格子街路から外れた場所をさがした方が、面白そうである。

札幌の碁盤目格子街路は東西南北方向に通されているが、正方位というわけではなく、反時計回りに十度ほど傾いている。そのことに気がついたころのわたしは、開拓使の測量器具の精度っていい加減だったのだなあと思っていた。しかし、そんなことはない。おそらく原因は、創成川の方位が傾いていたからというのが定説で、異議をはさむ余地もない。

札幌の格子街路の計画が定まり建設がはじめられたのは、岩村通俊開拓判官が着任した明治四年（一八七一）春になってからとされる。すでに前身の「大友堀」は開削されており、中心市街のあたりを南北直通に改修して「創成川」と名づけたのである。[*] もうひとつ、南一条通り（当初は渡島通）もあったはずだが、ともあれ初期の建設は双方の交点付近から進められていった。[**]

碁盤格子から外れるといえば、一番目立つのは斜めの通りで、さしずめ旧札幌元村へ行く「元村（町）街道」などが代表格であろう。ただ、碁盤目格子街

＊慶応二年（一八六六）、幕臣の大友亀太郎（一八三四～九七）が札幌の東北部（元村と呼ばれた現在の東区元町あたり）に入植し、用水路「大友堀」を開削した。大友堀は、役宅（現札幌村郷土記念館の位置）のあった北十三東十六から北六東一あたりまでを斜めに通され、あとは自然河川を利用していたようだ。開拓使はこれを利用し、北六条以南の上流から以北へ直通する運河を開削したことで「創成川」が誕生した。なお、川名は「創成橋」にちなむとされている。

＊＊条丁目アドレスは、明治十四年になって定められた。それ以前は、たとえば南一条通りを「渡島通」と呼んだように、北海道各地の地名を街路名にしていた。

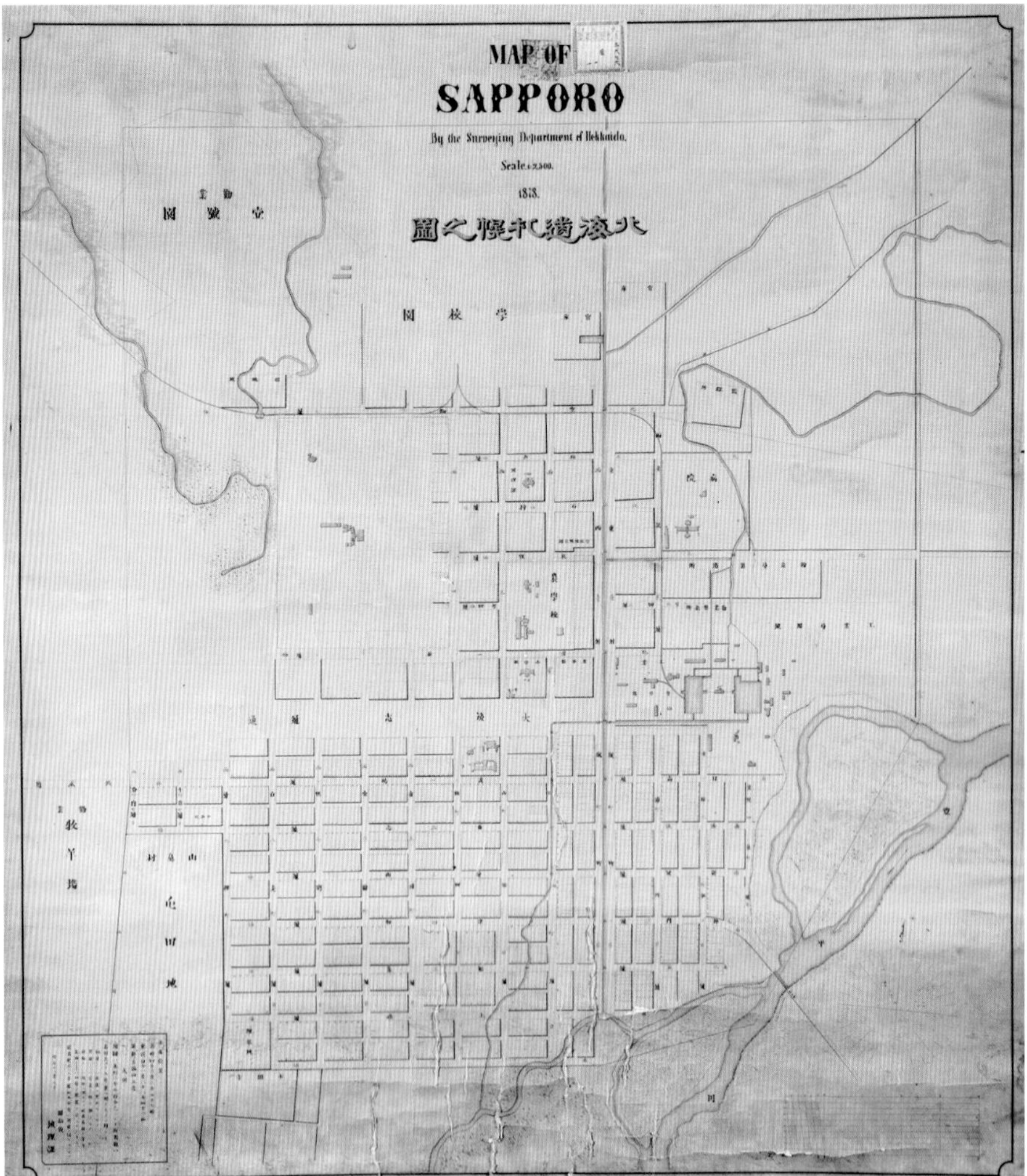

「北海道札幌之図」（明治 11 年、開拓使地理課、北海道大学附属図書館所蔵）。地図には「渡島通」など、北海道各地の地名からとった街路名が記載されている

路で構想された開拓使時代の札幌は、せいぜい東一、二丁目から西六、七丁目、南北はそれぞれ五、六条までである。この範囲内が、いわば碁盤目「原理」でつくられ、斜めの街路は存在しない。

そのなかでも例外的なのが、道庁西方の北海道大学植物園東側沿いの道で、広い直線街路とはちがって屈曲しており、おまけに目に見えて上がり下がりがある。ここは開拓使時代、まだ街路が通されていない区域だった、と考えるのが正しいようだ。

道庁の前身は開拓使本庁だが、その西側は庁舎敷地の境界すらはっきりしておらず、そのまま古くは「勧業課試験場」（のちの札幌農学校の植物園）につながっていた。植物園の出入口がある東側に沿って走る屈曲して高低のある道は、園内に残る古くからの小川の流路や地形の起伏がそのまま反映されており、札幌の原風景を今に伝えている。

街路幅の理由

開拓使によって計画された格子街区《ブロック》は六〇間四方、街路の幅員は一一間（約二〇メートル）が標準だった。これでも十分すぎるほど広く、札幌に降りたった人は、街路の広いまちという第一印象を古くから語ってきたが、高層ビルが建ち並ぶ現状では、ちょうどよい空間になっている。

中心街でも何か所か、この標準一一間幅より広い街路がある。西二丁目の南北街路もそのひとつだが（幅員一四間）、原因は胆振川がここを流れていたためとされる。札幌市街は豊平川が形成した扇状地につくられているが、昔はいたるところに支流が流れていたのである。

先にふれた、すすきのの南四条通りも広くなっている。[*] 今は広い幅員が東西に拡張され目立たなくなったが、それでも西三丁目と五丁目のところですこし狭まっているのがわかる。これは、かつて二丁角を占めた旧薄野遊廓の四周を土居《どい》で囲んでいたためだ。

すすきのエリア内の仲通りには飲み屋がびっしり並んでいるが、この仲通りは旧薄野遊廓東西の境界だった西三丁目と五丁目街路を越えるところで、ちょっと筋違いになっている。[**] 普段はあまり気がつかない程度だが、一杯機嫌のときにこの筋違いに気がつくと、「酔眼のせいか」と勘違いしたりする。本当は、昔あった遊廓囲いのせいなのである。

もうひとつ、駅前（西四丁目）通りが一五間幅員と特別に広くされた。これは一番目立つし、たいていの人は「駅前通りだから当然」と納得してしまうが、そうではない。鉄道ができたのは明治十三年（一八八〇）になってからのことだから、当然ながら市街計画の時点で「駅前通り」があるはずもない。ここは、開拓使札幌本庁舎敷地の前面を走る通りだったから広いのである。

本庁舎の敷地は最初、後身の北海道庁敷地が方二丁角だったのよりずっと広く、南北五丁×東西四丁もあって、東正面は一般の街路より広くされていた。[***] この一五間幅員街路は、本庁舎の四周に巡らす構想だったかもしれないが、実際には正面と南側面の北一条通りだけだった。[****]

＊　NHKテレビの番組「ブラタモリ」でも紹介されていた。

＊＊　前面の南四条通りと背面の南六条通りを広くとると、遊廓内の南四・五条と南五・六条の仲通りはすこしずれることになる。南六条通りは現在、他と同じ街路幅に復原されている。しかし、南六条通りに沿った四丁目の東西を占める「すすきの市場」の敷地は、かつて広かった街路の跡地を利用したものではないかと考えている。

＊＊＊　本庁舎の敷地については、Ⅳ章「札幌の煉瓦・石造建築」の第二節でもふれる。

＊＊＊＊　北側面（北五条通り）を広い幅員にしていたとの説明もあるようだが、事実はちがっていたようだ。遠藤明久「札幌の建設―計画と実際」（『さっぽろ文庫50　開拓使時代』札幌市、一九八九）。

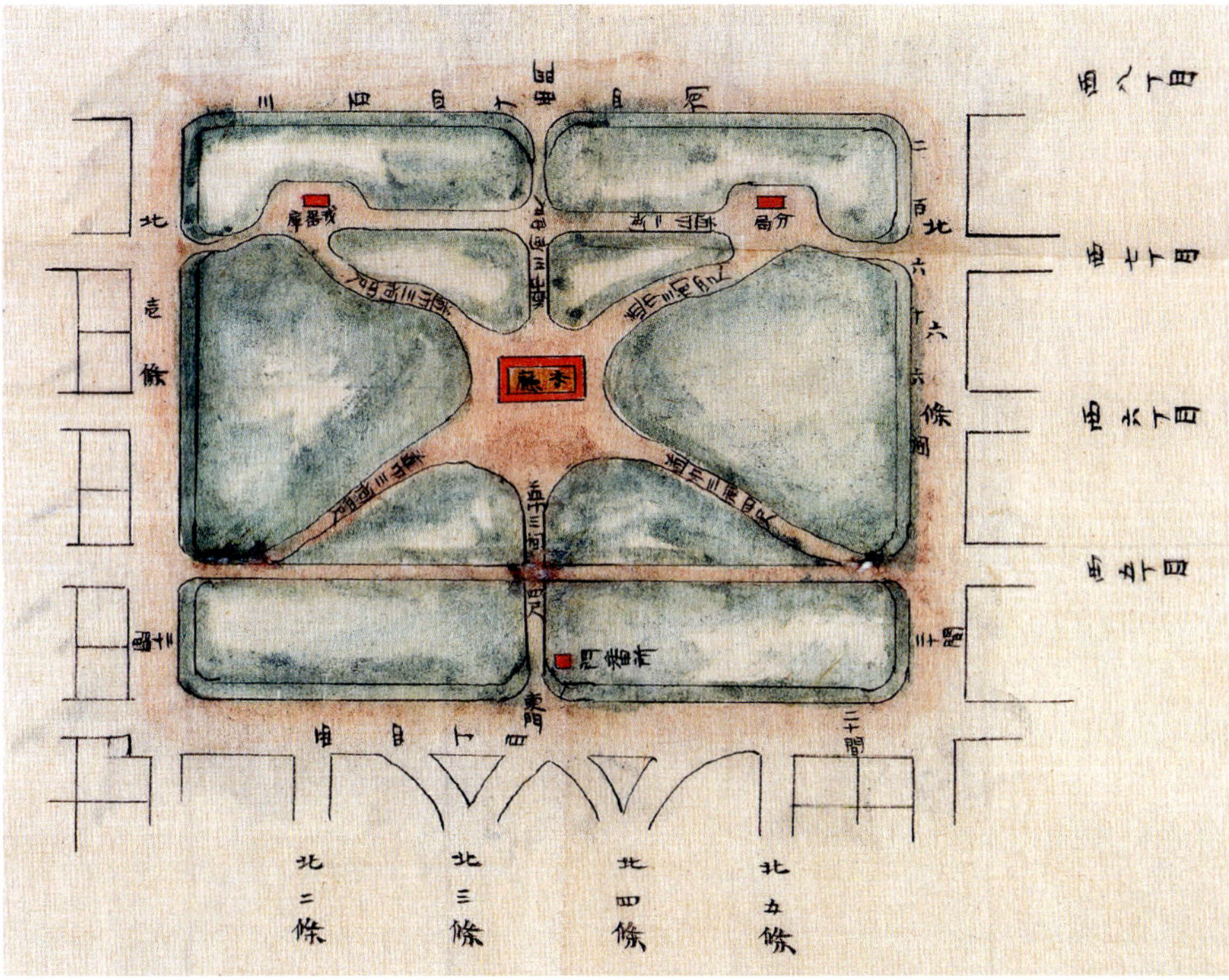

「開拓使札幌本庁敷地之図」（作成年不詳、北海道大学附属図書館所蔵）。図の右側が北となる。敷地の東辺が「西四丁目」、南辺は「北壱條」、北辺は「北六條」となっている

幌内鉄道の手宮・札幌間は、明治十三年十一月に開通した。開拓使の札幌市街地構想では、北側は北五、六条を限度としていたから、鉄道は市街北辺に通されたことになる。札幌駅の位置は、当時の市街でいえば開拓使札幌本庁舎の東北隅角にあたるから、その敷地の広さがよくわかる。鉄道開通当初の開拓使首脳が、具体的にどう考えていたかまではわからないものの、結局、東正面の一丁分にあたる西四丁目街区は、のちに市街に繰りこむことになった。

明治十八年には街路樹を植栽した記録があるから、このころまでに駅前通りの構想が固まっていたのであろう。鉄道で札幌駅に降り立った観光客は、南に延びる駅前通りをみて、札幌市街の主軸は南北軸だと思うにちがいない。

南北軸か東西軸か

駅前通りと直交する大通は、札幌観光の目玉のようなところである。

大通設置の目的はいろいろ議論されているが、北半の官庁街と南半の町屋街を区分けするために設けられたその役割を否定するのは難しいだろう。この構想は明治二年（一八六九）暮れ、札幌に着任した島義勇開拓判官が描いたものに発し、岩村判官に受け継がれたと考えられている。島構想以来、札幌市街は官民両市街を貫く南北軸で考えられていたのである。

しかし、いざ開拓使本庁を建設する段になって、難問に突きあたった。豊平川扇状地に立地する札幌市街地は南が高く、北へ行くほど低くなっている。島判官の頭のなかには、古代平安京（京都）の「天子南面」があったであろうこ

小樽通（現在の北３西４）に開拓使が建てた洋造官舎（明治13年頃撮影、北海道大学附属図書館所蔵）

＊船越長善作「北海道石狩州札幌地形見取図」（福稲堂発行、一八七三）参照。

とを多くの人が想像している。ところが、札幌の南高北低の地形は京都と逆になっていて、これでは困るのである。

そこでひねり出されたのが、本庁舎を東面させるという計画だった。東西軸を挿入することになったわけだ。本庁正面に特別の三街区を設け、広場のような形につくるアイデアが発想されたらしいこと＊は、Ⅳ章「２　赤煉瓦庁舎と復原改修工事」の節で述べることにする。

札幌市時計台をはじめとする札幌農学校の校舎が、西を正面としたのは本庁舎に正対する計画によるものだが、ほかの官公衙《かんこうが》や官舎の配置も、開拓使本庁にはじまる東西軸をベースに考えるとよく理解できる。

右に述べたように、この東西軸が形成されたあとに鉄道が開通し、駅前通りができたことで、再び南北都市軸が強調されることになったわけだ。

2——札幌の木造建築

偕楽園と水木清華亭

北海道大学キャンパスの南辺にクラーク会館がある。会館南の通りを越えるともうキャンパスの外である。もっとも、この北七条通りはそんなに昔からあったわけでもない。人工的に一段高くつくられていて、南北の低い土地が昔は地つづきだったのに気づく人も、あるいはいるかもしれない。かつてこの低地に小川が流れており、キャンパス内の「中央ローン」の小川につながっていた。これがサクシュコトニ（琴似）川である。*

そして、北七条通りを越えた南側低地にあったのが、明治十三年（一八八〇）、偕楽園《かいらくえん》内に設けられた水木清華亭《すいぼくせいかてい》（北区北七条西七丁目）だ。もう半世紀以上も前になるが、助手になりたての年に、初めて主体的にこの清華亭の実測調査にとりくんだことはすでにふれた。** ただ、ここ偕楽園はまったく個人的な記憶のなかでも特別の場所だった。

前節にも書いたことだが、わたしはここから東へ二ブロックほど行ったところで生まれた。そこに住んでいたのは五、六歳までだから、ほんの幼少時のことだが、それでも偕楽園は行動範囲のなかにあった。清華亭は低地にあると書いたが、周囲のミニ地形でいうとむしろ小高くなったところに建っており、地

＊ サクシュ（シャクシ）コトニ川の呼称は、札幌市が「サクシュ琴似川」、北大は「サクシュコトニ川」としている。その水源は、鉄道を南へ越えたところにある伊藤邸庭園のメム（泉水）だったとされる。現在の北大構内「中央ローン」の小川は、ローン南端から汲みあげて人工の川流をつくっており、その水源は市水道というから、はるか市街の南方、藻岩浄水場の余水を引いていることになる。

＊＊ 実測調査は助手になった前年の昭和三十六年、札幌市有形文化財に指定されたことから、その資料を整える目的でおこなわれた。清華亭は竣功後、明治天皇行幸時に立ち寄られたことによって、昭和八年には史蹟に指定されたが、第二次大戦後は指定を解除されていた。

高は南へさらに低く落ちこんでいる。今は周囲にびっしりと住宅が建てこんでいるが、それでもこの高低差は容易にわかる。

その一番落ちこんだところに、当時はメム（アイヌ語で泉水、湧泉の意）があった。南から流れてきたサクシュコトニ川の副水源のひとつである。心象に刻みこまれた記憶に即していえば、そこはおそろしい場所だった。メムはいたって小さいのだが、それでも深さは底知れず、足をつけてみるほどの勇気もなかった。幽邃《ゆうすい》の泉水などと形容されるのだろうが、子ども心には近づき難い霊気

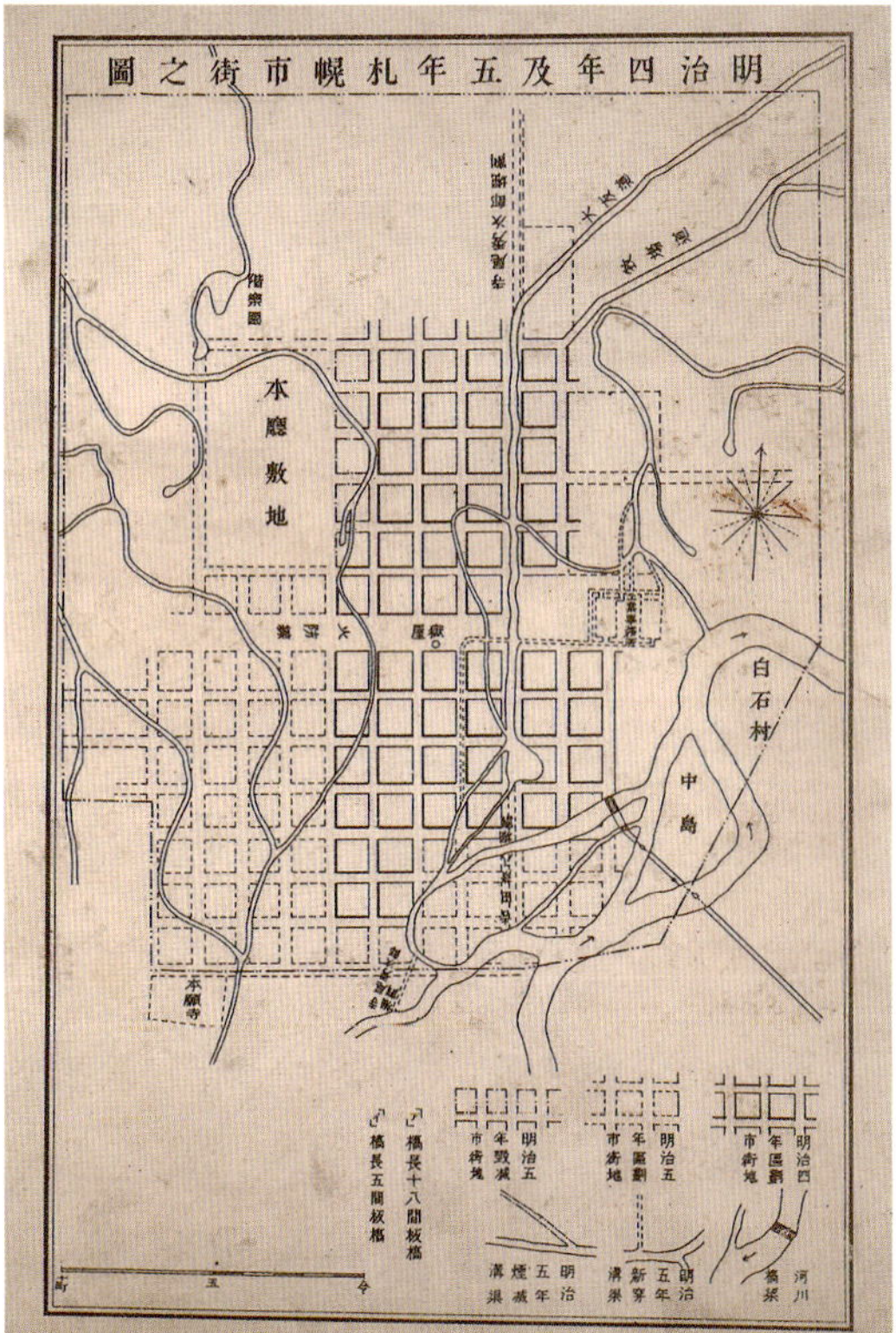

「明治 4 年及 5 年札幌市街之図」（「札幌沿革史」〔明治 30 年、札幌史学会〕所載図、北海道大学附属図書館所蔵）。市街地に複数のメムや流れがあったことがわかる

の充ちるところだった。

偕楽園はこのメムのあたりを公園にしたもので、清華亭はその庭園四阿《あずまや》としで明治十三年に建てられた。ただし、偕楽園自体はもっとさかのぼった明治四年につくられたという。園内には「(仮)博物場」が設けられたり、農作物の試験栽培場がひらかれたり、サクシュコトニ川清流を利用した鮭鱒の孵化場が設けられたりした。

さらに明治十一年からは、ルイス・ベーマー*を起用して庭園整備がおこなわれ、その延長で開拓使の貴賓接待所として清華亭が建てられたのである。偕楽園の規模を今の清華亭敷地から想像してはいけない。はるかに広大な総合試験場兼都市内自然公園だったのである。

清華亭の実測調査

清華亭実測調査の内容については、「札幌市有形文化財水木清華亭実測調査報告書」**に詳しく書かれているので、ここでは強く記憶に残っていることにかぎって書きとめておきたい。

昭和三十七年(一九六二)の調査はたいへん丁寧なものだった。報告書によると、「約一週間の予備調査の後、七月十一日から同二十一日までの十一日間」を費やしておこなわれた。動員されたのは北大建築工学科の三年目の学生だったが、有能なのはもちろん、初心ならではの生真面目さいっぱいのチームだった。総監督は横山尊雄先生だったが、京都大学の学生時代に桂離宮を実測調査さ

＊ Louis Boehmer(一八四三〜九六) 開拓使に草木培養方として雇われたアメリカ人。明治五年に来日し、同七年北海道に着任した。廃使後は横浜で園芸の商会を設立した。

＊＊ 横山尊雄、木村徳国、越野武「札幌市有形文化財水木清華亭実測調査報告書」(『北大北方文化研究報告十九号』一九六四に掲載)。報告書は『百年の清華亭・清華亭創建百年記念誌』(札幌市教育委員会、一九八〇)に再録されたほか、『さっぽろ文庫15 豊平館・清華亭』(札幌市、一九八〇)でも詳しく述べた。

偕楽園内に建てられた水木清華亭（明治13年築、北区北7西7)。上は明治20年代に撮影された清華亭（北海道大学附属図書館所蔵)。下は昭和63年筆者撮影。わたしが実測調査を担当し、調査のやり方や報告書の書き方をイロハから学ぶ機会となった

れた経験をお持ちで、そのときのことをときどき口にされるのである。

「床板の木目まで正確に写したものですよ」

離宮新御殿の縁側には、マツの板目をあらわした有名な床板が張られている。そのことだろうと思うが、建築のレベルがちがいすぎる。さすがに木目まで計ることはなかったが、ともかく立派な実測野帳《やちょう》(実地調査のための記録帳)ができあがった。

報告書を執筆されたのは木村徳国先生で、報告書の書き方もイロハから教えていただいた。教えられたことのひとつに、「遺構判定」がある。清華亭の基本史料には『開拓使事業報告』などがあるものの、そこに記録されている建築がはたして眼前の遺構なのか——まあ自明のことだが——を実証するとなると、これが簡単ともいえない。

たとえば「事業報告」記載の面積は「三七・〇〇坪」だが、実測の結果は三七・二二坪となった。このちがいをどう解釈するのか? 結論は、洋室棟と和座敷棟とを接合するところで、平面寸法が一〇センチほど増していた。これは、洋室が大壁《おおかべ》造り(柱を壁面内に収めた構造)で壁が厚くなったことを調節するためである。

天井裏にもぐりこんで和洋のつなぎ目を見ると、洋室棟の屋根構造が組みあがってから、和室棟の梁桁《はりけた》を差し掛けたようになっていた。このことは普通、和室棟があとから増築されたことを示す。もし増築なら、遺構は創建時の清華亭とは異なることになり、これにも頭を悩まされた。

水木清華亭の和室（平成26年筆者撮影）。洋室、廊下へつながる洋風扉額縁を和室側にあらわしており、鴨居までの内法高は6尺となる

和洋両棟の屋根は架構手法がまったくちがっており、構造材をきちんとつなぐことができなかったから——という解釈に落ちついた。それにしても、〝証明〟とはなんとしんどいことかと思い知らされた。

先に平面寸法の割り増しについて書いたが、平面の寸法を計測するのもそう簡単なことではない。「報告書」の実測作業を記した冒頭に、計測で「特に主眼とした」ことが四項目あげられている。そのひとつに、「設計施工時の心の探索に十分の時間と労力を掛けた」とある。

ここだけを抜きだすと、「心」は「こころ」と読まれそうだが、これは「芯＝中心寸法」のことなのである。建築を設計するのに、平面寸法は柱のような構造部材の「芯（心）」間の寸法を使う。実測でも「芯（心）寸法」探索を心がけるのだが、これが簡単ではない。柱をあらわす真壁の和室ならともかく、柱を隠してしまう大壁造りの洋室では、解体でもしないかぎり芯（心）寸法を直接計ることはできないからである。

内法寸法

どうでもよいような些末なことを書いてしまった。すこしでも実測調査の経験を積めば、こんなことは意識しない。まあ、表にはでない苦心が隠されているのだ、ということをおわかりいただければよいだけのことである。

ただ、ひとつだけ清華亭の細部寸法で見逃せないことがある。和室の「内法《うちのり》寸法」のことである。先の報告書には「鴨居内法高　六尺」とあるだけで、なんのコメントもないのである。

建築屋は省略してただ「内法」といったりするが、ここにあるように敷居から鴨居までの高さ、つまり障子や襖の高さのことである。和室空間の基本を定めるような寸法で、普通の書院座敷では五尺八寸（約一七六〇ミリメートル）と決まっている。

だから六尺とするのはあまりないはずで、* わずか二寸（六センチ）のちがいだが和室の性格をかなり左右するので、なにか補足説明があってしかるべきところなのである。

コメントがないということは、関心がないか、知らなかったか、どちらかであろう。わたしはまったく無知だった。何十年もあとになって、和室の「内法寸法」が話題になり、** わざわざ清華亭まで出かけて再確認したが、やはり六尺で間違いなかった。

和洋室を接合する住宅は、このあとごく普通の形式になるが、清華亭では和洋棟境での寸法調整といい、書院座敷の内法寸法六尺といい、微妙なところでいろいろな試行錯誤があったと考えるべきであろう。

旧開拓使工業局庁舎

開拓使の建築でもうひとつだけ、今は北海道開拓の村（厚別区）に移築・復原されている旧開拓使工業局庁舎（重要文化財）について、ちょっとだけふれておきたい。

＊ 内法五尺八寸が「普通」と書いたが、厳密には「この時代には普通」とすべきかもしれない。清華亭とほぼ同時期で、同じ和洋折衷様式の旧永山武四郎邸（64頁参照）の書院座敷では、内法高五尺八寸である。設計者も共通の開拓使営繕の建築技術者と推定される。

＊＊ 函館の旧相馬邸主書院座敷の内法は、長押分だけ通常より高く設定されていた。これについては、前出『北海道のまちと建築　老眼遊記』の「一　函館」でふれている。

明治十年（一八七七）に建てられた建築だが、この年代がまず問題になる。開拓使の木造洋風建築は明治十年ごろを境に前後にわけて考えることが多い。というのも、前年に開校した札幌農学校のアメリカ人教師が、積極的に同国の新様式をもちこんだからである。次章でとりあげる札幌市時計台がその典型例なのだが、豊平館のような開拓使後期を代表する建築も、こういう建築の新風を脇においては語ることができない。

残念ながら、洋風建築の初習プロセスを示すはずの、開拓使前期の代表作である本庁舎は焼失しているから、あまり具体的な議論はできないのだが、すこしは考えておかねばならないであろう。というところで、札幌市中から発見されたのが旧開拓使工業局庁舎なのである。

昭和三十九年（一九六四）のことだと記憶するが、実際に古ぼけた洋風建築が発見されたときは、本当に開拓使の庁舎建築なのかどうか、まだはっきりしていなかった。この年の夏、江別市野幌の旧屯田兵第二中隊本部を調査する延長で、簡単な実測調査をしているのだが、正直なところ半信半疑だったのではないかと思う。札幌市街にもまだ、こんな貴重な建築が隠れていたのである。*

昭和四十四年、旧開拓使工業局庁舎が取壊されるというニュースが流れた。この危機を救ってくれたのが、前年まで北海道庁旧本庁舎（道庁赤煉瓦庁舎）** 調査や修復でご一緒していた廣田基彦さん（北海道建築設計監理株式会社創設者）だった。北海道には歴史的建築物の野外博物館をつくる構想があって、そのために解体材を保存してくれるというのである。

＊ 発見当時は札幌彰徳会所有、北海道電波学校校舎だったが、開拓使から払下げられた後、長い間、陸軍の親睦組織・偕行社だった。創建位置は大通東一と推定できるが、わずかだが東二に移動されていた。向きが変更され、一部増築もあって、前身がはっきりしなくなっていたが、『北海道開拓使工業局庁舎（明治十年）について』（日本建築学会大会、一九六六年十月）の公表までには、開拓使の建築であることをつきとめていたのであろう。隠れていたといえば、「北海道開拓の村」に移築・復原されている旧開拓使爾志通洋造家（明治十一年頃築、中央区南二西六）もそうで、知らせを聞いても信じられない思いだった。

＊＊ 「赤れんが庁舎」と平仮名で表記されることが多い。本書では漢字で表記する。

そのために、どういった資金があてられたのかはまったくわからないのだが、実際に博物館構想が「北海道開拓の村」として実現するのは、十数年もあとの昭和五十八年になってからのことである。予算などまだないから、「機密費」のたぐいではなかったろうか。

似たようなケースで解体材を保存していたものに、小野幌（現厚別区厚別東）の旧樋口家農家住宅（明治三十年築）がある。わたしが直接、開拓の村への移築にかかわったのは、これくらいのはずだ。*

こうした歴史的建築物の野外博物館は後年、ヨーロッパ諸国でいくつか見ているが、ヨーロッパのなかでも北側や社会主義諸国で目立つことを知った。イタリアをはじめとする南側では、むしろ町並みの一部として現地で保存しているように思える。

どこかの野外博物館に歴史的建築物を集めてしまい、古い都市はどんどん再開発していく方が効率的かもしれない。また、博物館として多くの観客を呼ぶためには積極的に収集する必要もあって、しばしば現地保存と矛盾することがある。痛し痒しのところもあって難しい問題ではある。――ちょっと話をひろげすぎたかもしれない。

工業局庁舎も知られるかぎり、開拓使洋風建築では一番古いことになっている。ただし、明治十年竣功は微妙なところで、前期ともいいきれない。それでも上げ下げ窓の上に飾られた三角破風飾り（ペディメント）は、前期にはいくつかあったものの、後期になると次節で見るように豊平館ですら積極的に捨て

* 樋口家住宅は昭和四十五年十月、北海道開拓記念館（現北海道博物館）の要請で調査した。このころには開拓の村も、単なる構想の域ではなくなっていたのであろう（『厚別樋口家住宅および周辺開拓農家住宅調査報告』北海道開拓記念館、一九七一）。そのほかの開拓の村に移築・復原された建物では、「旧巡査派出所」（札幌警察署南一条交番、明治四十四年築）、「旧有島家住宅」（明治三十七年築）、「旧福士家住宅」（明治前期築）は移築前に見ている。

開拓使の建築がその前後で変化した明治 10 年頃、器械所内に建てられた旧開拓使工業局庁舎（中央区大通東 2、重要文化財）。上は明治前期撮影と思われる「札幌工業局事務所」（北海道大学附属図書館所蔵）。下は北海道開拓の村に移築された工業局庁舎（平成 5 年筆者撮影）

られたデザインであった。持送り形の軒蛇腹《のきじゃばら》も注目できそうである。

また構造的には、背の高い断面の屋根垂木や床組材、二重張りされた床板など、普通は後期のバルーンフレームの特色にあげられるものだが、これだけではどちらとも判断できない。

なお、開拓期にさまざまな物を生産した工業局配下の工作場全体については、Ⅳ章「1　赤煉瓦の時代」に登場する札幌麦酒会社第一工場のところで、すこしふれることにしたい。

旧永山武四郎邸

清華亭によく似た建築に、明治十年代築の旧永山武四郎《ながやまたけしろう》邸*（北海道文化財）がある。開拓使期だけにとどまらない木造洋風建築のひろがりを考えるには、こちらもとりあげた方がよさそうだ。

昭和四十七年（一九七二）の夏をはじめとして再三、実測調査をおこなっている。敷地は中央区北二条東六丁目、サッポロファクトリーに接する東側一帯が記念公園になっており、その園内に建つ。ファクトリーのアトリウムを出るとすぐ公園があるので、そのまま訪ねることができるわけだ。**

記念公園は開拓使時代、札幌麦酒醸造所というよりは、隣接の葡萄《ぶどう》酒醸造所があった場所のようだ。開拓使は麦酒と葡萄酒双方を同様に可能性ありと踏んでいたようだが、その後の歴史はビール産業が大発展したのに較べ、ワインの方は残念ながらあまりうまくいかなかったようである。***

＊永山武四郎（一八三七〜一九〇四）の私邸。鹿児島県出身の軍人で北海道庁長官、貴族院議員等を歴任した。永山の死後、三菱合資会社が買収したが昭和六十年、札幌市に寄贈された。昭和十二年ごろに増設された旧三菱鉱業寮・倶楽部や庭園とともに保存整備されている。昭和四十七年夏の実測調査に加え、同六十年夏にも札幌市による修復工事のため詳細調査を行った。

＊＊令和二年は新型コロナウイルスの蔓延で自宅逼塞がつづいたが、自粛がひどくなる前にサッポロファクトリーとあわせて訪れていた。ひと気は薄かったが、旧寮内に新設されたカフェはほぼ満席だった。カフェの方は客が多すぎて行列ができることもあり、本末転倒かもしれないが、待ち時間に歴史文化財の永山邸を見学することもあると耳にした。

＊＊＊開拓使廃止後、麦酒と同様に葡萄酒醸造所も払下げられ、明治二十一年から谷七太郎が経営し、大正時代までつづいたという。

お酒だけでなく、創成川東方のこのあたりは札幌市街の外れで、開拓使が器械所、つまり総合的な工業基地を建設したところである。基幹となるエネルギーは豊平川水系を利用する水力であった。一帯は低湿地で、人が住むのに適したところではなかったのだが、いくつかの大邸宅は営まれたようである。かつては永山邸も、池を主役とした庭園を巡らしていた。

旧永山武四郎邸（明治10年代築、中央区北2東6）。上は西面の玄関部（平成6年筆者撮影）。下は南面の縁側と便所棟（平成25年撮影）

永山武四郎は第二代北海道庁長官として著名で、旭川市の永山にもその名を残している。明治五年（一八七二）、開拓使に入って札幌在勤を命じられ、開拓次官黒田清隆（一八四〇〜一九〇〇）のもとで屯田兵制度の創設にあたった。開拓使の高級官僚だったわけで、邸宅はその住まいということになるのだが、実はいつ創建されたのかまだわかっていない。

『札幌繁栄図録』（明治二十年刊）に邸宅のすがたが記録されているから、それ以前ということは間違いないのだが、この建物を紹介するのに創建年は定まらずということになってしまった。[*] 今のところ、わたしは清華亭と同じ明治十三年ごろと推定している。創建年の想定は清華亭との類似にもとづいているのだが、建築サイドからのこういう推定は誤る可能性も否定できない。[**]

清華亭と旧永山邸は、いろいろな点で似ている。和洋室の併設方式が基本だとして、外から眺めたときの印象もそうだ。玄関妻飾りや外壁の腰壁など細かなデザインも共通するが、なによりも黒ずんだ下見板張りがある。時計台や豊平館とちがってペイントを塗っていないためで、西南戦争後の緊縮財政のせいで塗装をけちったからだろうと推考されている。

もちろん素木《しらき》のままではなく、柿シブのような樹液をかわりに塗ったのだろう。[***] 代用品による塗装は、二、三年でまっ黒になってしまうからだ。その後、素木下見板は民間の洋風建築にひろがり、すっかり定番になっていった。旧永山邸の近くにあった旧菊亭邸[****]（のちの灰野邸、明治二十年頃築、東区北七条東八丁目、取壊し）も同類で、清華亭や旧永山邸と似た印象の住宅建築だった。

＊『札幌市史　第七巻　史料編二』（札幌市、一九八六）は、「地価創定請書」（明治十二年）の記載をとって明治十一年としているようである。調査時点で筆者は、開拓使廃止後かと考えていた。北海道近代建築研究会編、角幸博監修『札幌の建築探訪』（北海道新聞社、一九九八）は、明治十年代築としている。

＊＊ 拙著『北海道における初期洋風建築の研究』（北大図書刊行会、一九九三）参照。問題がちがいすぎて例示するのも恐縮だが、法隆寺再建非再建論争において、非再建説の基本には、法隆寺が「飛鳥様式」であるという建築サイドの感覚的な判断があったと思う。

＊＊＊ 開拓使は明治十一年、「ペンキ油ヲ道産楢樹ノ渋ヲ代用」することを布達している。

＊＊＊＊ 京都の公家で知られる菊亭家の菊亭脩季［ゆきすえ］（一八五七〜一九〇五）内大臣を務めた三條實美が伯父にあたる。明治十二年に開拓使へ入り、のちに雨竜華族農場を開いた。灰野清太郎（一八四八〜一九三九頃）営繕分野で活躍した開拓使、北海道庁の吏員。

伝統的な和風住宅を住まいの本体としながら、洋風の応接間を加えるというのは、明治末期から大正期に盛行した日本近代住宅様式で、清華亭や旧永山邸はその先駆けとなる。しかし、和洋室を直接行き来できるように直結し、間の洋風扉を和室側にも見せる手法は、開拓使時代ならではのように思う。

旧菊亭邸では、間に一間幅の納戸空間をはさんでいて、両者が直結するのを避けている。永山邸の扉額縁デザインには、簡素な清華亭以上の大胆さが強調されていて、和洋直結を誇るような気分すら感じられるのである。*

永山邸での接客はこの和洋両室でおこなわれた。** 和室は床の間、飾り棚、付書院を並べた一五畳敷きの書院座敷である。清華亭も向きはちがうものの同じ一五畳書院座敷なのだが、永山邸の方が和座敷として手慣れた感じがする。これはまったく感覚的な話だが、内法寸法を清華亭座敷が六尺としたのに対し、通常の五尺八寸にしたことが効いていると思う。清華亭のところでも書いたことだが、永山邸も実際に訪れて再確認している。

永山邸では、この一五畳主座敷の隣りに八畳間を設け、天井板をマツとカツラだろうが、交互に樹種をかえて貼りあげている。今は古色を帯びてよく見ないとわからないが、新築されたときにはかなり目立ったであろう。交《まぜ》張りは清華亭玄関内の竪羽目板壁（ヤチダモ三枚、カバ二枚を交張り）にも見られる。

一方、永山邸の一五畳主座敷では、鴨居にカバ、カツラ、敷居にエンジュを使っており、北海道産の樹種を誇示する意図があったかもしれないが、そうとばかりもいえないデザイン性が感じられる。

＊ 北大の池上重康君が、開拓使古文書に永山邸扉額縁デザインのスケッチを発見した。構造部材に開拓使工作場の機械製材を使っていることなどとあわせ、永山邸の設計、建設が開拓使営繕組織を動員しておこなわれたことを示す。ほかにも、永山邸の平面スケッチではないかと思われる図面もあった（拙著『北海道における初期洋風建築の研究』参照）。

＊＊ 洋間の床は、調査時点では和洋室を並べる際の定法にならい、すこし下げられていた。創建時は和室と同じ高さだったことは、痕跡からも明らかだったが見送っていた。その後、もとの状態に復原されている。

永山邸の書院座敷（平成6年筆者撮影）。応接室境壁の引分け扉を和室側に直接あらわすのは清華亭と同じだが、額縁のデザインはより大胆になっている

開拓使後の木造洋風建築

北海道の建築には、バタ臭いところがあるかもしれない。小樽では伝統的な和風邸宅も建てられたが、札幌をはじめとするそれ以外の地域では、和風伝統に徹しきれず、開拓使木造洋風建築の影響がすこし強いような気がする。

まあ、そういう初期の洋風建築が及ぼした影響こそ、わたしの研究テーマだったわけだが、「影響」などという実体のないものをちゃんと捉えるのは、易しいことではない。ここでは、明治十五年（一八八二）に廃された開拓使以後の木造洋風建築を一、二、あげておきたい。

前項でとりあげた永山邸は、開拓使後に展開していく洋風建築の出発点くらいに考えることができるだろう。開拓使を指揮した黒田清隆長官は、防寒建築技術の導入にとりくみ、明治九年に「家屋改良の告諭」を出したことで知られる。その黒田長官が永山邸竣功の宴に招かれた際、建物の造りが自分の唱道する寒地住宅に反するといって怒ったと伝えられている。

黒田は明治十一年、二度にわたってロシアを訪れ、ロシア風丸木組み家屋の導入をはかっているから、相当気をいれていた時期だったかもしれない。それにしても、当時の一般的な札幌の建築水準からすれば、下見板張り外壁、上げ下げガラス窓とした住宅なら、そこそこ防寒的な構造ともいえるので、ちょっと厳しすぎるように思える。

明治十年代後半以降の建築では、北区新琴似の新琴似神社内にある新琴似屯田兵中隊本部（明治十九年頃築、札幌市文化財）が、開拓使後の木造洋風建築としてはかっこうの事例といえる。札幌市外ではあるが、江別市野幌の旧屯田兵第二中隊本部*（同十七年築、北海道文化財）や月形町の旧樺戸集治監本庁舎（同十九年築、現月形樺戸博物館）が同類である。

野幌や新琴似屯田兵中隊本部は、わたしが北大にもどってから比較的早い時期に建築調査している。野幌は札幌のすぐ近くなのだが（鉄道で二十分もかからない）、昭和三十九年（一九六四）夏の調査では現地に泊りこみだったことをよく憶えている。どちらもあちこち改造されていて、経験を積めばどういうこ

新琴似屯田兵中隊本部（明治 19 年頃築、北区新琴似八-三、札幌市文化財、令和 6 年撮影）。上は建物全体、下は正面部分のクローズアップ。正面中央に切妻の玄関を設け、外壁は下見板を基本に下部を箱目地板張りの腰壁としている

＊平成五〜七年に解体修復され、現在は江別市屯田資料館となっている。

ともないのだが、当時のわれわれには難物だった。

双方は兄弟建築といってよいほどよく似た建築で[*]、左右を引っくり返しただけだと認識できたのは、何度も訪れてからだったと思う。原形に復原する際も、両者が同形なのにずいぶんと助けられたものだ。

「中隊」というのは兵二百人ほどの規模で、屯田兵村はひとつがおよそ二百戸――つまり中隊単位を基本に設けられた。これは軍制のことだが、中隊本部は兵農兼務だった兵村内の諸事万般を扱ったとされ、屯田兵制度の廃止後は普通の村役場と同じような役割をはたしていたようだ。

建築の概要をいえば、切妻平屋（中二階）建て、平側が正面で中央にやはり切妻の玄関を設けている。外壁は下見板だが、下部を箱目地板張りの腰壁[**]とし、正面右側（新琴似の場合、野幌では左側）が引違いガラス窓で、三方に連窓を巡らしているのが注目される。

内部は、前側が「下士集会室」、奥が「中隊長室」で、間境《まざかい》には四枚引きの建具がはめこまれていた。こうした引違い連窓や引違い戸をよく使うようになったことも、開拓使時代とは異なる、洋風建築の定着期に試みられた新しい要素といえる。

屋根構造は、バルーンフレーム風の垂木・合掌を組み、ここを収納用の中二階にしていた。構造そのものは清華亭でも見られたものだが、屋根裏を利用した中二階形式の定着として評価できる。[***]

＊ 中隊本部の役割は共通のため、これら二つの庁舎が兄弟建築であるのは一種の標準設計だったからではないかと思う。しかし、建築概要が残る他の兵村では、同じスタイルの庁舎は見当たらなかった。

＊＊ 腰壁については次章「北大の建築」でふれる。箱目地というのは、下見板の側面を相欠き（部材の接合部分の厚みをそれぞれ半分に削って重ねること）に加工して重ねる形式。一般の下見板張りよりはていねいな仕事である。

＊＊＊ 令和元年の道東ドライブの途路、別海町で「開拓使缶詰所」（明治十一年築）の遺構か、という建物（本別海の漁業組合倉庫）を拝見した。屯田兵中隊本部などと同様の開拓使風屋根構造が遺っている。前出『北海道のまちと建築　老眼遊記』参照。

3——豊平館、華の世界

大通にあったころ

話は開拓使期にもどる。

豊平館（明治十三年〔一八八〇〕築、重要文化財）は、開拓使を代表するような建築といえる。記憶のなかということなら移築前、まだ大通西一丁目にあったころということになる。* ただ、個人的なつながりでは当時、豊平館と背中合わせにつながっていた札幌市公会堂（昭和二年〔一九二七〕築、同三十二年取壊し）の方に親しみがあって、豊平館に出入りすることはあまりなかったように思う。

両者をあわせて豊平館と呼んでいたような気もするが、背中合わせの札幌市公会堂は、北一条通り側の正面玄関から入るようになっていた。正面の櫛型アーチをつらぬく双柱や両側の角屋根・小アーチなど、セセッション** 風デザインが、この時代のモダンな雰囲気をよくあらわしていた。豊平館の移築と前後してすがたを消したことで、大正時代や昭和初期のモダンぶりを示すものが市街中心部に見あたらなくなってしまったような気がする。

観光客の人気度では、札幌市時計台に較べてすこし落ちるようだが、豊平館が開拓使の建築文化を代表することにかわりはない。豊平館の場合、建築としての内容で語るべきこともたくさんあるし、史料の上で設計のプロセスのよう

＊ 大通西一に創建された豊平館は昭和三十三年、中島公園に移築され、同三十九年には重要文化財に指定された。昭和五十四年夏、著者は豊平館の現状および構造老朽度など調査し、以下にまとめた。『重要文化財豊平館修復基本調査報告書』（札幌市教育委員会、一九八〇）。

＊＊ 鉄筋コンクリート建築が普及した大正期に流行した、質実剛健な構造を重視し、平面と直線を多用するデザイン。

なことまで踏みこむことができる珍しいケースといえるかもしれない。

建築史研究を目指すようになってからは再三調査に出かけたし、特に昭和五十四年の調査や、そのあとの復原修理工事*には入れこんでとりくんだ記憶がある。たまたま平成二十二年（二〇一〇）に札幌で開催された「カルチャーナイト」で、豊平館について話す機会があったので、そのときの講演を以下に再録したい。** ここだけ文体が他と違うのは、そのためである。

まずは豊平館をご紹介

今晩はカルチャーナイト――札幌のすばらしい夕べをおおいに楽しもうという趣旨ですから、いつもより楽しいお話になればよいな、と思っています。普段のような豊平館ガイドですと、

――豊平館は開拓使の官営ホテルで、明治十三年（一八八〇）に竣功し、翌十四年の明治天皇東北北海道巡幸に際して、札幌の行在所《あんざいしょ》としてオープンしました。中島公園のこの場所は、昭和三十三年（一九五八）の移築以降です。最初に建てられたのは北大通西一丁目（現大通西一丁目）で、今の札幌市民ホールやＮＨＫ札幌放送会館のある場所でした。*** 木造総二階建て（一部地階）、建築面積五二八・八㎡。設計は開拓使工業局営繕課御用掛《がかり》の安達喜幸《あだちきこう》、工事請負は大岡助右衛門――

＊ 昭和五十八～六一年にかけて解体調査と復原修理工事がおこなわれたが、その前年の昭和五十七年に札幌市豊平館修理委員を拝命した。

＊＊ 道庁主催のカルチャーナイトは、平成十五年にはじまった夜間公開イベント。文化財や公共施設はもとより、さまざま民間企業にも会場をひろげている。カルチャーナイト「豊平館、華の世界」（於豊平館、二〇一〇年七月二十二日）は、豊平館二階の旧舞踏室を会場に開催され、当日は開拓使時代の晩餐会をイメージしてシカ肉料理が供された。

＊＊＊ ＮＨＫ札幌放送会館はその後、北一西九に移転し、跡地は空地のままになっている。

明治13年築の豊平館（中央区中島公園1）。上は竣功時の外観（北海道大学附属図書館所蔵）。下は昭和63年筆者撮影。開拓使後半期を代表する建築で、現在は中島公園内に移築されているが、もとは中心市街地の大通西1丁目北側にあった

＊遠藤明久（一九一五〜一九九五）は、北海道工業大学（現北海道科学大学）名誉教授。紹介文は『北海道大百科事典』（北海道新聞社、一九八一）より引用。

ということになるでしょうか。

つづけて、遠藤明久先生による紹介文＊を引かせてもらえば、「開拓使の代表建築作品……開拓使の建築は、米国木造建築の影響を強く受けたが、豊平館はその好例であり、開拓使の洋風建築様式への理解度と技術の高い水準を示す遺構として意義深い」となります。

そして、昭和三十九年には国の重要文化財に指定されました――こんな感じでしょうか。これでは二、三分で話が終わってしまいそうです。

なんでもそうですが建築の特色をいう場合も、豊平館はこうこう、こういう特徴点があります、と並べていくだけではつまらない。それがどのような意図で設計されたか、どんな人がどんなことを考えながらデザインしていったか、を想像してみると、その建築の特色が立体的というか、なにか生き生きしたすがたで見えてくるのではないでしょうか。

といっても、デザイン・プロセスのようなことは、一般的にブラックボックスですし、ましてや昔の建築ですと設計者に話を聞くわけにもいきません。ですから、なにがしかの史料を使って経緯をたぐってみたいと思います。

今日はなるべく〝華〟のところをお話したいのですが、まずは花を育てた人間のことから、ちょっと見ていきましょう。

設計者・安達喜幸のこと

豊平館の設計者は、先にも紹介したように開拓使工業局営繕課御用掛の安達

＊ 田町は町名としては廃止され、現在ではJR「田町駅」周辺をさす通称として残る。

＊＊ このように正規の官吏ではないものの、高額な報酬で登用される例は、昭和戦前期でも見られるようだ。独立した民間の建築家が広く成立する前の、建築活動のあり方のひとつだった。

安達喜幸の肖像写真。江戸の大工棟梁だった（北海道大学建築デザイン学研究室所蔵）

喜幸（一八二七〜八四）とされており、安達がどんな人物であったかについても、すこしはわかっています。まずは顔写真をお見せします。通り一遍の経歴を聞くより、もっと雄弁に人物像を語ってくれるかもしれません。

安達はれっきとした開拓使勤めの技術官僚です。この時代のお役人はたいてい「士族」、つまりさむらい出でしたが、この顔つきはあまりさむらい顔ではありません。背広こそ着ていますが、職人の顔だといわれれば納得できそうです。そう、安達は大工の出身でした。江戸芝《しば》・田町《たまち》（現港区）＊の生まれで、代々棟梁職の家柄だったそうです。

明治四年（一八七一）、安達は明治新政府の役人に登用（民間登用）されます。掛《かかり》は工部省会計局営繕方で、数か月後には開拓使勤務にかわります。今でいえば国土交通省（北海道開発局）営繕部にあたるでしょうか。生まれは文政十年（一八二七）ですから、当時四十四歳です。

歳からいって、立派なベテラン大工になっていたはずです。ただ、ここにいたるまでの経歴は、残念ながらよくわかっていません。おそらく横浜開港場あたりで、洋風建築の現場にかかわっていたのではないか——とわたしは想像しています。

おもしろいのは、お役所での安達の処遇で、最初は「営繕方付属」、次いで「開拓使御用掛」でした。「付属」「御用掛」というのは、臨時雇いのことです。判任官つまり正規のお役人ではありませんでしたが、給料はものすごく高い。＊＊札幌勤務となった明治五年秋の月給が六十円でしたが、これは正規の高級官僚

明治６年築の開拓使札幌本庁舎（明治６年撮影、北海道大学附属図書館所蔵）

である大主典《さかん》ないし権大主典に相当します。大雑把にいうと、今の部長クラスの給料でしょうか。

正規の役人ではないものの、実務に関しては抜群の能力をもった人物――。その実務（建築）も、この当時まったく前例のない洋風建築にとりくむわけですから、柔軟で創造力の豊かな能力の持ち主だったといわねばならないでしょう。このようなタレントがとりくんだ、しかも終生の代表作が、この豊平館だったのです。

二つある建築仕様書

さて、どのように設計が進められたか、ですが、設計者本人に聞くわけにはいきませんし、おしゃべりの建築家とちがって職人肌の安達喜幸はなにも書き残していません。というわけで、この問題を考えるのに一番有効な資料は、残された設計図類ということになります。

ところで開拓使建築の代表作といえば、前期の代表選手が開拓使札幌本庁舎、そして後期がこの豊平館です。本庁舎は明治六年（一八七三）に建てられましたが、残念ながらその六年後にあえなく火事で焼失してしまいました。

建築設計にかかわることですが、それぞれにちょっと不思議な点があるのです。前者の開拓使札幌本庁舎は、わりあいたくさん設計図が残っているのですが、困ったことに豊平館はあまり設計図が残っていません。何枚かの図面（平面図や立面図）はあるのですが、本当に豊平館を建てるのに使われた設計図か

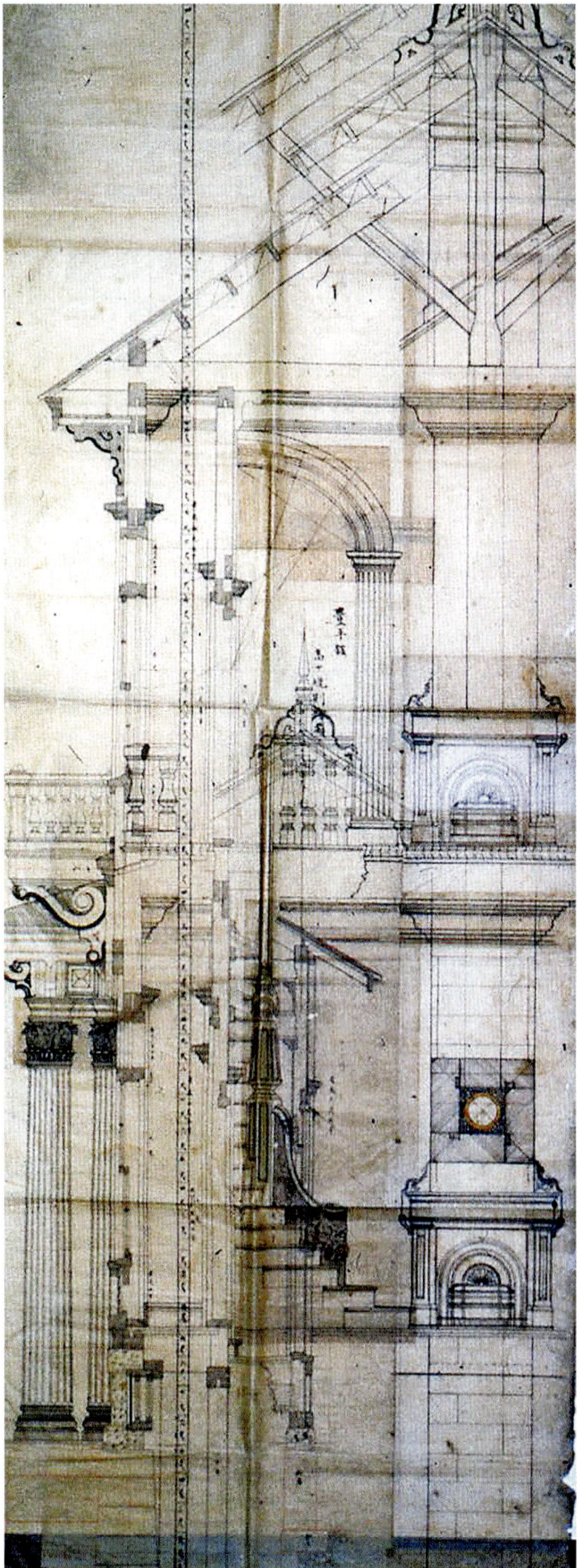

『豊平館高サ規則絵図』(明治12年頃作成、北海道大学附属図書館所蔵)。唯一残る豊平館の設計図だが、詳しく見ると現状とは細部が異なる

というと、どうもちがうらしい。それらしいのはたった一枚、北大北方資料室が所蔵する『豊平館高サ規則絵図』だけなのです。

これは一種の標準的な断面詳細図で、われわれは「矩計《かなばかり》」といいます。立体的な建築デザインの基本や標準を、それもかなり細かなところまで表わす図面なのです。建築設計の要といってもよいものですから、この『高サ規則絵図』が残ったおかげで、いろんなことがわかるのです。

でも、これが厳密に実際の設計図だったかというと、ちょっと疑問も残りま

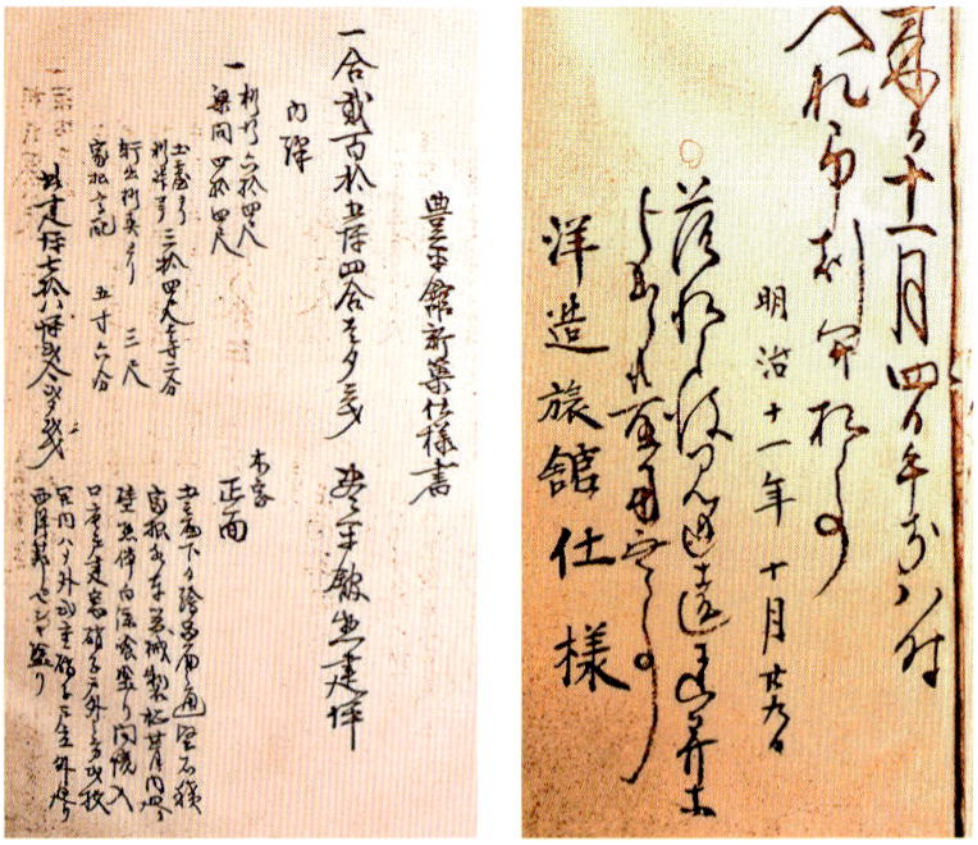

右はA『洋造旅館仕様』（明治11年10月29日）、左はB『豊平館新築仕様書』（北海道立文書館所蔵）

す。〝ちょっと見〟ではわからないのですが、実際の建物と較べると主として細かな寸法があちこち、ずいぶんとちがっているからです。

　というわけで豊平館の設計プロセスを想像するには、都合の悪いことになっています。ところが、うまいことにこれを補ってくれる資料が残っていました。建築仕様書です。妙なことに、設計図が多く残る開拓使札幌本庁舎の場合は、同様の仕様書が見当たらないものの、豊平館では以下の二通の仕様書が残されていました。*

A．洋造旅館仕様　明治十一年十月廿九日　工業局
B．豊平館新築仕様書

　仕様書というのは、必ず設計図とセットになっているもので、設計図では表現しきれないことを文章で指示するものです。設計図はできあがりの姿形《すがたかたち》をあらわすものですが、その姿形をどのような材質で、どのようにつくるか、といったことを示すものですね。

豊平館の設計とコンドルのスケッチ

『洋造旅館仕様』の日付は明治十一年（一八七八）十月二十九日、表紙には「来る十一月四日午前八時入札即刻開札之事」と書きこまれています。入札の結果、二万八八〇〇円（ついでにいうと、実際の建築総工事費は五万五五〇八円余で、予定

＊三通目も存在するが、工事が終わってから書かれたものと推定している。その内容は、ほぼBの『豊平館新築仕様書』と同じである。

の二倍くらいになりました）の最低札を入れた大岡助右衛門が工事を請負います。
つまりこの仕様書は、実際の新築工事に供された〝本物〟です。『豊平館新築仕様書』の方は、この後でお話するように内容が異なっています。日付はないのですが、この入札後、翌明治十二年春に着工するまでの間につくられた、と推定しています。

これは考えてみると、かなり変なことです。普通、こんなことは決してやりません。そしてこの「変なこと」「異例なこと」にこそ、豊平館の設計プロセスを考える重要な鍵がある、と考えています。

ひとつは、建物の名称が「洋造旅館」から「豊平館」にかわっていることで、おそらくこの間に明治天皇行幸が決まり、行在所として使われることがはっきりしたのだと思います。

問題は建築デザインの内容ですが、行在所使用が確定したことを受けて、施設の内容が再検討されたのでしょう。とはいえ、施設の内容が行在所使用のため根本的にかえられた、ということではないので、もうすこし詳しく見ておく必要があります。

工事入札から二週間後、十一月一八日付の建築家ジョサイア・コンドルから開拓使に宛てた『旅館略図ノ件』という書簡が存在します。お雇い外国人として招聘されたコンドルのことは、ご存知の方もおられると思います*。

来日したコンドル最初期の仕事のひとつが、東京の日本橋箱崎町にあった開拓使の物産売捌所《うりさばきじょ》です。明治十一年六月着工、同十三年六月落成ですが、安

＊ Josiah Conder（一八五二〜一九二〇）イギリス人建築家。明治十年、政府の招聘で工部大学校造家学科（現東京大学建築学科）教授として来日。以降、終生日本で活躍した、近代日本建築生みの親とも称される。鹿鳴館（明治十六年築）、東京神田のニコライ堂（同二十四年築、原設計はミハイル・シチュールポフ。大正十二年の関東大震災罹災後、岡田信一郎の設計で再建。重要文化財）、東京茅町（現台東区池之端）の岩崎久弥邸（同二十九年築、重要文化財）などを設計したことで知られる。

＊ 十一月四日の入札で、コンドル書簡の日付が同月十八日とは、微妙なところである。仕様書作成前から、コンドルに設計を依頼していた（が間にあわなかった）可能性もないわけではない。しかし当時は、すでに札幌・東京間の電信連絡も可能だった。

達喜幸もこの工事の初期にかかわっていますから、人脈は太くつながっていたわけです。

書簡の内容は、「地方ホテル　Provincial Hotelのスケッチを作成したので、お送りする」というものです。スケッチ自体が残っていないので断言は難しいのですが、前後の関係から豊平館を指すことは間違いありません。しかし、日付からするととても不思議な話です。

コンドルは「短時間に最善をつくし」と書いています。印象としては数日もしくはせいぜい一週間程度のような気がします。＊はたして、十月末の仕様書作成、十一月初めの工事入札の日程は、コンドルに伝えられていたのでしょうか。どうやら開拓使は、豊平館の設計を本気でコンドルに依頼する気はなかった、とわたしは見ています。

本筋は札幌で安達らが進め、その一方でコンドルにスケッチ程度の設計図をつくってもらい、参考に供する——そんなところではなかったかと推定しています。十一月の入札時点で、札幌はそろそろ冬に入ります。この間を利用して、安達らは豊平館のデザインを徹底的に再検討したのだと思います。

練りあげられたデザイン

それら仕様書の内容ですが、拙著『北海道における初期洋風建築の研究』（北海道大学出版会、一九九三）に詳しく書きました。わたしが書いた本ですが、だいぶ昔のことで細かなことまで憶えているわけではありませんので、読み直

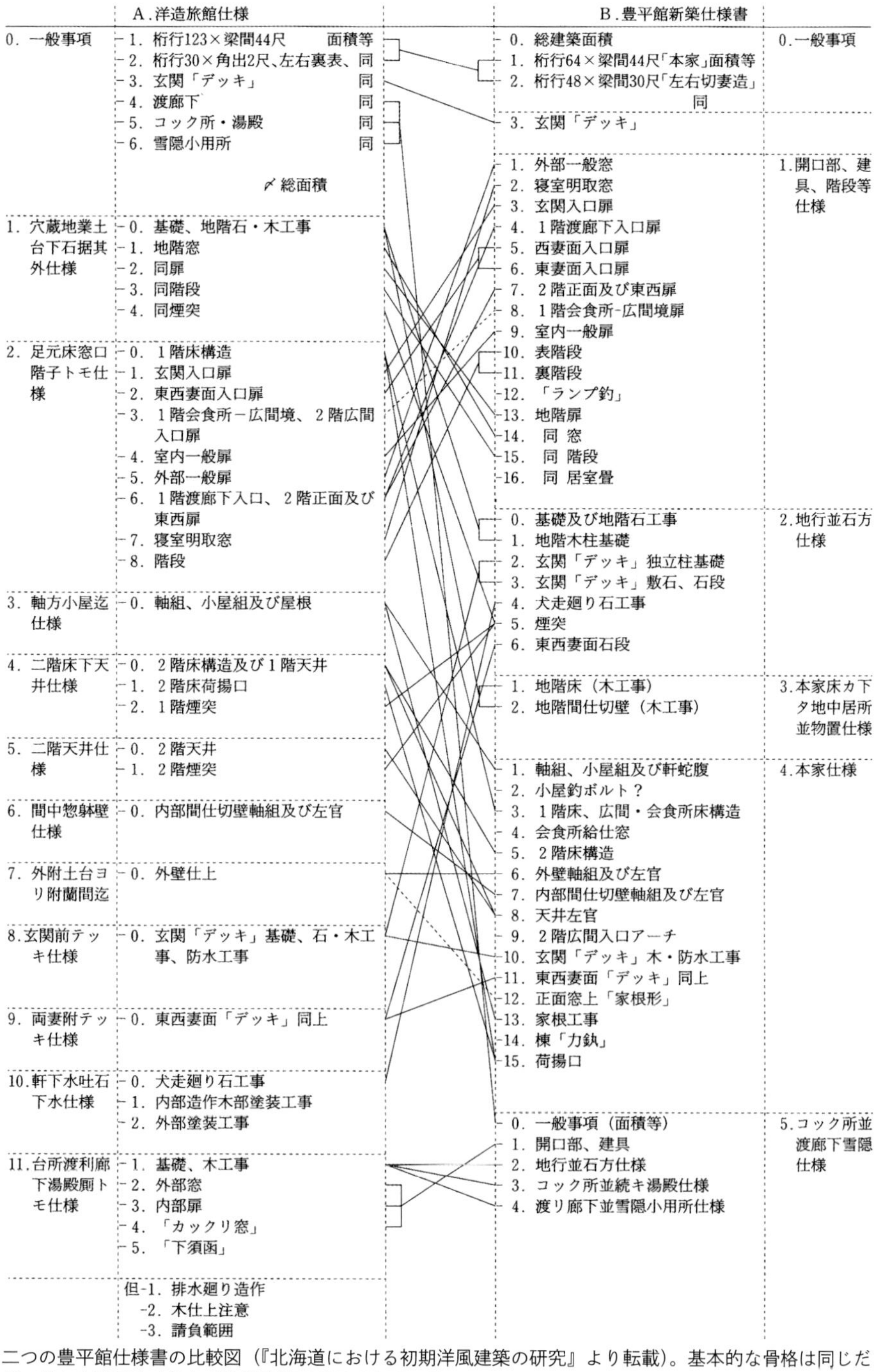

二つの豊平館仕様書の比較図（『北海道における初期洋風建築の研究』より転載）。基本的な骨格は同じだが、細かな意匠や寸法などは徹底的に変更されている

さねばなりません。この自著に載せた図表をご覧ください。二つの仕様書の記載事項を対比したものです。左が『洋造旅館仕様』、右が『豊平館新築仕様書』となります。

同じ事項を線で結んでいますが、ゴチャゴチャしていて詳しく見ようとすると頭が痛くなりますから、美味しそうなディナーの前にそんな野暮なことはしません。要は、ほぼすべての事項が、両仕様書とももれなく記載されているということです。

ゴチャゴチャしているのは、この時代は仕様書の記載様式が未完成で、近代的な仕様書ができていく過渡期にあったからです*。それはそれで面白い話なんですが、今日の話題にはしません。

問題は記載内容、つまりはデザインの内容、設計内容がどのように変更されていったかにあります。結論から申しあげると、「建物の基本的な骨格はかえずに、しかし平面立面の細部、細かな意匠、指定寸法などは、同じところがないといってよいほどに、徹底的な変更をおこなった」ということになります。『洋造旅館仕様』が書かれた段階で、豊平館の建築デザインの基本は、しっかりと固まっていました。その上で細かなところを、これでもかこれでもかという感じで練りあげていったのです。コンドルのスケッチは参考にされただけで、その骨格をかえるほどのことはなかったわけです。

以下に三つほど具体例をあげてみます。

＊ 昭和末期から平成初期にかけて、佐々木（大條）理乃、長尾充らによって、開拓使建築を主とする建築仕様書の研究が進められた。その研究成果により、豊平館工事の時期は近代的な建築仕様書作成の過渡期にあったことがわかってきた。

①「洋造旅館仕様」の段階で、H型をした全体の基本平面形や内部平面構成などは確定していたが、主屋の桁行《けたゆき》総長を一二三尺（約三七メートル）から一二四尺へ、わずか一尺だけ変更して実施された——という具合です。

②軒高《のきだか》の変更。玄関敷石から桁上端までを換算すると、「洋造旅館仕様」は三四尺強、「豊平館新築仕様書」では三八尺弱に変更され、さらに実際に建てられた軒高は三五・九尺でした。その過程で、立面デザインがああでもない、こうでもない、と何度も描き直されたはずです。

③やはり立面デザインにかかわりますが、屋根勾配が細かく変更されています。特に両翼部の屋根勾配は、正面左右に見える三角破風《はふ》飾りの形に直結します。三角破風飾り（ペディメント）は、古典主義的な建築では要《かなめ》のデザインのひとつです。

勾配がちょっとちがうだけで三角形が大きくかわってしまいますから、あだやおろそかにはできない問題ですね。この翼部の屋根勾配は、どちらの仕様書も七二／一〇〇ですが、実施の際には七七／一〇〇に変更されました。数字だけ見るとわずかに急勾配にしただけのようですが、かなり頭を悩ました結果ではないかと思います。

まあ、こんな設計変更は細かなことですから、ひとつひとつ気にされることはない、ともいえます。ただ、こういう細かなディテールのチェックと、粘り強いシェイプアップが、できあがりのすがたがもつ〈奥深い美しさ〉のような

＊ 木村徳国先生は、上げ下げガラス窓を豊平館建築の特色としてとりあげた。木村徳国「豊平館覚え書」（『林』七十三号、一九五八）。

ものを支えたのだ、ということは理解してほしいのです。

わたしも建築の修業時代に、姿図《すがたず》（建築物の外観や完成状態を図面化したもの）のスケッチなら百枚は描くものだ、と教えられました。同じ花を育てるにしても、まさしくプロフェッショナルの仕事ぶりですね。

窓デザインの設計変更

最後にもう一点、窓のデザインが変更されたことも見逃せません。窓の形式が両開窓《りょうびらきまど》から、現在のような上げ下げ窓にかわったこと＊に加え、なによりも注目すべきは、窓まわりの装飾デザインの変更です。ディテールはディテールですが、豊平館を見たときの印象を左右するともいえる、とても重要な設計変更です。

『洋造旅館仕様』には

「腰絵様《こしえよう》形造リ出シ……持送《もちおくり》形化粧家根《けしょうやね》」とあり、

『豊平館新築仕様書』にも

「雨押《あまおさえ》 鎊《かざり》屋根《やね》形」とあります。

つまり原設計では、窓台《まどだい》飾りやペディメント（破風飾り）が指示されていて、今のすがたからは想像もつかないほど賑やかな、バロック風の建築が構想されていたと想像してよいと思います。

これが、いま見るように窓台飾りはおろかペディメント飾りもない、まことに簡素な窓に変更されたわけです。すこし残念な気がしないでもありませんが、

〈練りに練った結果、簡素なデザインに還る〉というのは、安達喜幸ら開拓使建築デザイナーの見識というか、美意識をあらわすわけで、高く評価してよいのではないか、とも思います。予算がなかったからという理由は、行幸を控える豊平館の場合、ちょっと考えられません。

　窓設計でもうひとつ加えるならば、内側建具はA「両開」からB「ハメ外《はずし》」に変更、実施されています。なお、『豊平館高サ規則絵図』では、床上六寸高の敷居が設定されていて、この高さまでのはめ外し式の建具を建てこむ設計であったようにも見えます。

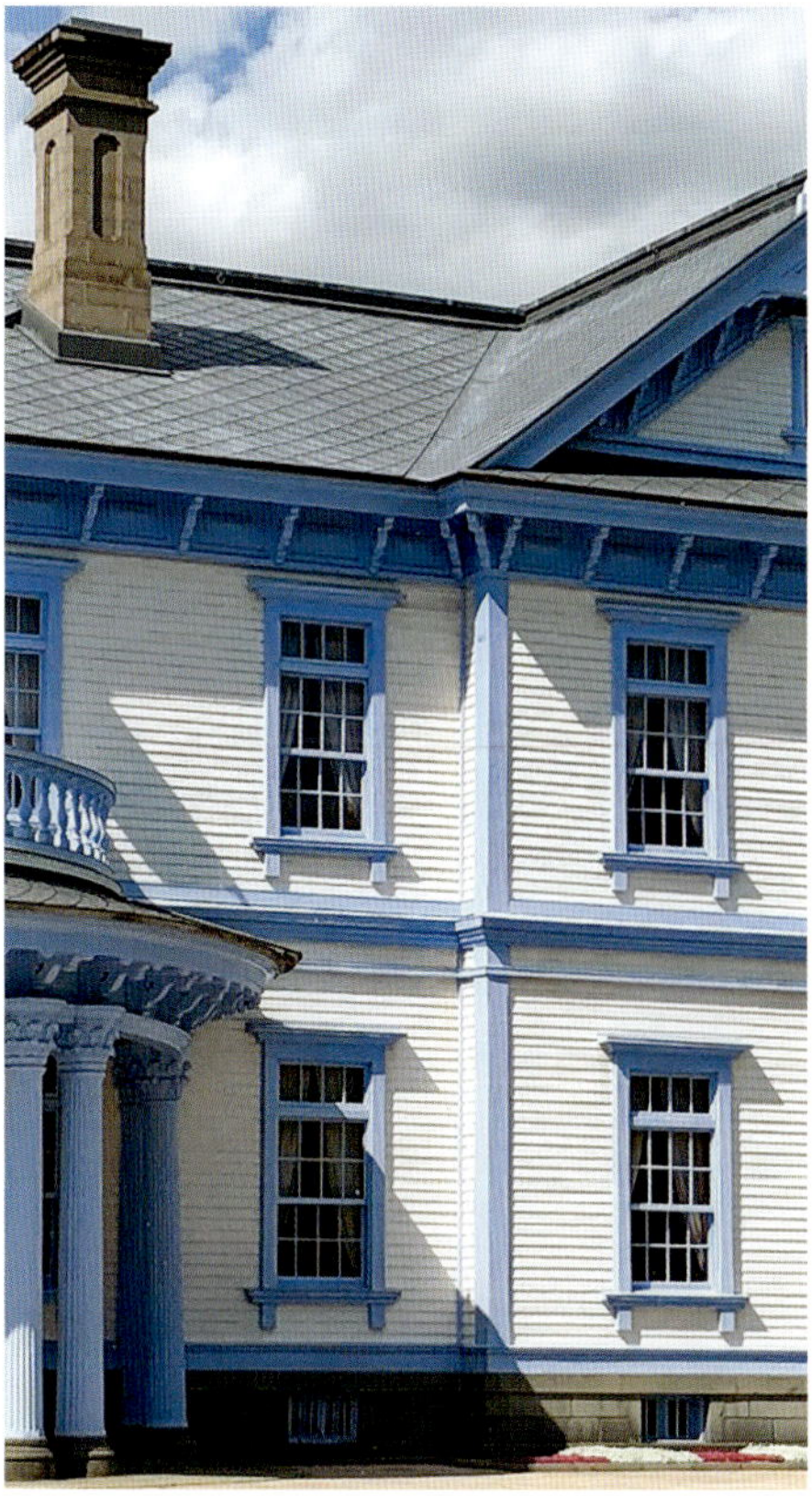

豊平館正面の簡素なデザインの上げ下げ窓（令和２年撮影）

豊平館の華〈その一　正面中心軸のデザイン〉

【円形車寄】

いよいよ本題です。豊平館の建築を飾る〝デザインの華〟といってよいところを、いくつかとりあげていきましょう。

豊平館本体は、全体として抑制の利いたデザインに仕上がりました。あえていえば、全体の表現を抑えて、見る人の目を中心軸に集中させようとした——そう考えてよいと思います。中心にあるのは玄関の車寄《くるまよせ》です。

これも想像するしかないのですが、舞踏会やイヴニング・パーティーのもっとも華やかでわくわくするところは、招かれた客たちが次々と馬車を車寄に乗りつけるプレリュード・シーンではないでしょうか。今晩のカルチャーナイトも会場が豊平館ですから、やはりシャンシャンと鈴を鳴らして馬車で乗りつける、となれば最高だったのでしょうね。

【ポルティコの列柱デザイン】

豊平館の車寄は、半円形の列柱玄関廊にされました。これは、イタリア語でポルティコ*と呼ぶのがよさそうです。円柱を並べたポルティコは、それだけで建築表現の一番の見せ場、花形となります。

円柱のデザインは、柱頭をアカンサス**飾りにしたコリント・オーダー***です。ご存知の方も多いと思いますが、三大オーダー（ドリス、イオニア、コリント）のなかで、もっとも華やかな祝祭的建築で用いられるのがコリント・オーダーです。ついでながら、洋風建築導入期のこの時代、複雑なアカンサスは例が少

＊ 柱廊（Portico）は、建物の玄関へと導く、屋根と柱列からなるポーチのこと。

＊＊ 古代ギリシャやローマで用いられた、アカンサス（西洋アザミ）を意匠化した装飾。

＊＊＊ オーダーとは、古代ギリシャやローマ時代に確立された、柱と梁の組み合わせの形式。古代ギリシャにおいてコリント式は、稀にしか使われないものだった。

ないのですが、そういうなかで豊平館のアカンサス彫刻はなかなか秀逸といってもよいのではないでしょうか。

その上、円柱を二本対にして吹寄せ風に並べています。こうした二本対の列柱廊で有名どころをあげるなら、クロード・ペローのルーヴル宮東翼*（一六六七〜七四）やクリストファー・レンのセント・ポール大聖堂（一六七五〜一七一〇）などでしょうか。比較的簡素で古典的なルネサンスよりは、バロック的な華麗さをひと味加えたような建築で好まれたデザインです。

豊平館正面中央の車寄まわり（昭和63年筆者撮影）。見る者の目を華やかな中心部に集中させようとしている

＊ 東京・赤坂離宮迎賓館（明治四十二年築）庭園側のファサードでも、二本対円柱の列柱廊が見られる。ルーヴル宮東翼を踏襲したものであろう。

中島公園内にある札幌コンサートホール・キタラの正面玄関まわり（平成 19 年撮影）

半円形というのも、ありそうでなかなか稀少な形式です。わたしに思いおこすことができるのは、ローマのバロック時代の小聖堂、ピエトロ・ダ・コルトナのサンタ・マリア・デッラ・パーチェ聖堂*（一六五六〜五七）くらいです。このポルティコも二本対の列柱としています。建築デザインの系譜からしても、かなり派手やかなタイプのポルティコといえるでしょう。

【バルコニーと中央ペディメント】

豊平館車寄のポルティコは、その上が手摺《てすり》（バラストレード）をまわしたバルコニーになっています**。木造で雨にさらされるバルコニーをつくるのは、ちょっと無理があり、残念ながら普段は閉じられています。こうしたバルコニーの存在も、イヴニング・パーティーの脇役ではありますが、秘められた華のシーンを演出する部分でしょう。

バルコニーに出る両開扉の上には、元勲の三條實美《さんじょうさねとみ》が揮毫《きごう》した「豊平館」の扁額《へんがく》が掲げられています。さらに大屋根の軒の中心部は、円弧形の小屋根というか破風《はふ》飾りにされています。ここは、ヨーロッパ建築でもしばしば破風飾りが飾られる場所ですし、日本の洋風建築でも中央に和風の唐《から》破風***を架けることがよくあります。

反転曲線を描く唐破風は、とても表現力の強い建築エレメントですから、これひとつだけでも日本をシンボリックに表現してしまうのですね。「和魂洋才」の表現だ、というわけです。豊平館はいたるところに和と洋が混在していて、それがこの建築の基調ともいうべきテーマでもありましたから、デザイナーは

* 修道院部分にD・ブラマンテ設計の中庭があり、こちらの方が知られているかもしれない。

** 札幌コンサートホール・キタラで、設計者の宮部光幸君が、豊平館のバルコニーを模写したかのようなバルコニーを設けてくれた。

*** 中央部を頂点に左右両端が緩やかに低くなった、弓形の優美で装飾性の高い破風。

中央ペディメントとその上に置かれた寺院の懸魚に似た飾り（令和６年撮影）

こうした選択肢をあれこれ考えたにちがいないでしょう。

で、あれこれ考えた末、唐破風は廃案にして、ちょっと微妙な形の円弧形が選ばれ、これが中央ペディメント（破風飾り）となりました。わたしどもは「セグメンタル（円弧、櫛形）・アーチ」と呼んでいます。

ただし、ヨーロッパ本家のペディメントは、底辺を「弦《つる》」で閉じるのが基本形です。それに対し、豊平館は上の円弧だけですから、扱い方としては軒を切りあげた小屋根に近い、ヨーロッパの「セグメンタル・ペディメント」と和風の「軒小屋根ないし唐破風」のいわば中間形式になっています。

それを示すのが、円弧中心の上部につけられた飾りで、日本のお寺の破風によく見られる「懸魚《げぎょ》」と呼ばれる飾りがありますが、これによく似ています。大げさになりかねない唐破風はやめて、和風の要素は中心の要《かなめ》の位置だけにさりげなく飾っておく——。そんなメリハリの効いた、〈大人の選択〉をしていると思います。

豊平館の華〈その二　外壁ペイントの色〉

【ウルトラマリンブルー】

ここに参加されている方ならおそらくご存知と思いますが、外壁に使われているペイントはウルトラマリンブルー（群青色）です。豊平館をひと目見て、なにか建築に気品のようなものを感じるとすれば、半分ほどはこの色のせいではないでしょうか。

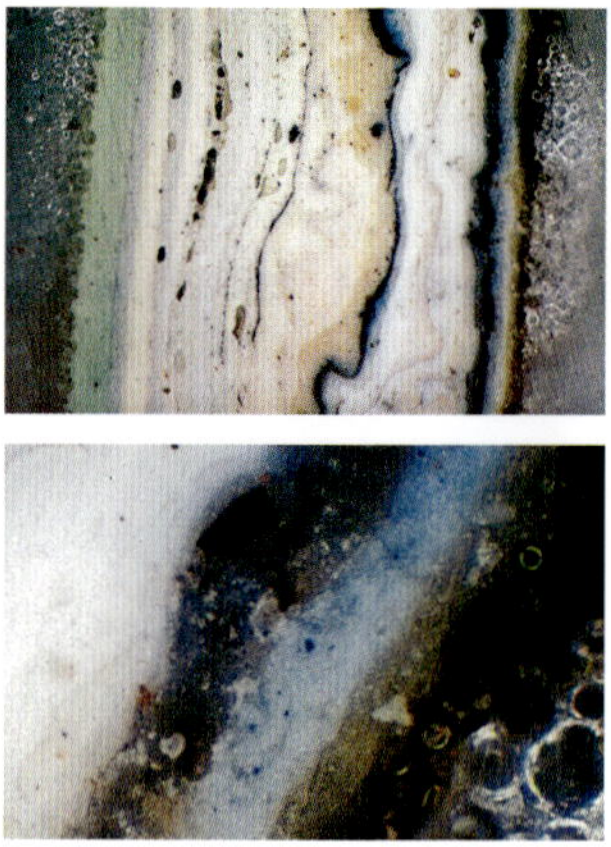

豊平館修理工事に際して、田畑昌祥さんがおこなった外壁ペイントの分析調査より。上は塗膜断面。左右を樹脂層で固定し、右から左へ塗膜が新しくなっている。下は右側の建設当初にあたる部分を拡大したもの。青い粒子が入る薄青色の層が最初の上塗り部分

昭和五十八〜六十一年（一九八三〜八六）の修理工事当時、北海道大学合成化学工学科におられた田畑昌祥《まさよし》さん*の塗膜分析により、もともとの外壁の色が判明したことから復原にいたりました。

ウルトラマリンブルーは、青色のなかでもひときわ深く鮮やかな色をしています。この顔料は、もともとラピスラズリ lapis lazuliという宝石（貴石）からつくられたとされます。宝石というものにはトンと縁がありませんが、ラピスラズリという言葉を初めて知ったのは、美術全集かなにかで古代メソポタミアの出土品を見ていたときです。

ウル第一王朝期、というと紀元前二五〇〇年ごろでしょうか、黄金の山羊像とか「ウルの軍旗《スタンダード》」（大英博物館所蔵）とか、さまざまなものに深い群青色の石が使われていて、とても強い印象を受けました。解説には「青金石《せいきんせき》」とあって、なんのことかわからず辞典で調べたことを憶えています。アフガニスタン特産の貴石などと説明されていました。

【兼六園成巽閣】

言葉の意味はわかっても、実のところラピスラズリがなにものなのか、理解できていたわけではなかったのですが、次に思いがけぬところでラピスラズリに出あいました。加賀の国金沢です。

金沢の兼六園は、多くの方が一度は訪れたことのある名所でしょう。その園内に、成巽閣《せいそんかく》**（重要文化財）という幕末期に建てられた御殿があります。奥にある小座敷「書見の間」に入ると、壁と天井には目を見張るような群青色が使

* 現在は公立千歳科学技術大学客員教授を務められている。

** 文久三年（一八六三）に建てられた十二代前田斉広（なりなが）の御殿。十三代斉泰（なりやす）が、母堂金龍院のためにその一部を移築整備したもの。

金沢湯涌江戸村に移築された家老横山家の小座敷（昭和 59 年筆者撮影）。お姫様の部屋らしい艶っぽさがあった

＊旧横山家は、金沢湯涌江戸村のウェブサイトに掲載されておらず、現在どうなっているかは不明。拙著『時と人と』（私家版、二〇一九）でふれている。

われていて驚きました。

壁土《かべつち》に顔料のラピスラズリを混ぜて塗っているのです。手許に写真がないので、かわりに金沢市の湯涌温泉にある歴史博物館「金沢湯涌江戸村」に移築された、家老横山家の小座敷＊の写真をお見せします。お姫様の部屋だったと思うのですが、なにか秘めやかな艶っぽさを感じました。

メソポタミア、金沢、そして札幌の豊平館と、話はびっくりするほど世界にひろがります。ペイント分析をされた田畑さんから教えられたのですが、ラピスラズリの代用顔料は一八二七年、フランス人ギメーによって化学合成されたそうです。金沢や札幌の時代ですと、おそらく工業生産品だろうということでした。

残念ながら天然のアフガニスタン産宝石ではなさそうですが、それでもかなり高貴な舶来品だったはずです。今はそんなに高価でもないようで、ここのお土産店でもラピスラズリの原石を売っています。記念にお買いになってはいかがでしょうか。

なお、開拓使がどのようにして、ラピスラズリ顔料のことを知ったのかはわかりません。豊平館の建設以前に、同じ群青ペイントを使った可能性もありますが、いずれにせよ、天皇をはじめ高貴な客が泊まるホテルにふさわしい華やかさと気品を表現するため、あえてこの色を選んだことは間違いないと思っています。

豊平館のシャンデリア釣元メダイヨン「波に千鳥」（昭和61年筆者撮影）。漆喰が固まるまでの早業を、上向きで仕上げる職人芸だ。落款には「藤高」とある

豊平館の華〈その三　シャンデリア釣元メダイヨン〉

【シャンデリア】

次は室内です。この会場（二階広間）は、舞踏会を想定して設計されました。舞踏会やディナー・パーティーの華やかさを演出するのは、暖炉マントルピース（飾り棚）、その上の鏡、床の絨毯、窓に架けられた牡丹唐草紋のカーテン、バルコニーなどです。

でも、なんといっても一番の花形はシャンデリアでしょう。今ついている電灯は、明治後期に電気が供給されるようになった時代を想定して復原したフィラメント電灯です。しかし、創建当時はもちろん電気はありませんので、明かりはローソクだったと思われます。ただ調べてみると、シャンデリアの器具はガス灯用のものでしたから、ローソク用に改造して使ったと推定しています。

【漆喰レリーフ】

今日はシャンデリアの釣元を飾る、丸い天井浮彫り装飾についてお話します。華やかな建築ですと、いろいろなところにこうした丸い浮彫り装飾があって、medallion――フランス建築が好んだので、フランス語風にメダイヨンと発音されることが多い――といいます。石彫刻や木彫などいろいろありますが、豊平館のシャンデリア釣元メダイヨンは漆喰のレリーフです。

まずそのつくり方です。普通「漆喰彫刻」といってしまうのですが、正確には「彫刻」ではありません。漆喰や石膏のようなものでまず塊をつくってから〝彫り刻む〟こともできますが、豊平館のものは鏝《こて》を使い、まだ柔らかな漆喰

を盛りあげながら、塗り固めてつくったものです。

漆喰というのは、石灰をフノリ液でドロドロ、グニャグニャと捏《こ》ね、鏝で塗っていくもので、一時間ほどで固まってしまうそうです。ですから、固まってしまうまでに、ぱっぱっとつくってしまわければならないんですね。たいへんな早業ですし、鏝先一丁にすべてをかけた、手だれの職人芸です。しかもこの早業を、天井ですから上向きになってやるわけで、想像を絶するような苦行です。先の修理工事でなくなったひとつ（二階の百合）を復原した際は、なんとか床の上でつくってから天井にはめこみました。

念のためいっておきますが、壁塗りも同じ左官《さかん》職人の仕事です。


【伊豆長八】


シャンデリアの釣元をメダイヨンで飾ること自体はヨーロッパ建築のものですが、実は豊平館が建てられた時代――江戸末期から明治期にかけては、江戸をはじめ関東一円で装飾的な漆喰仕事が流行っていました。土蔵や土蔵造りの家の壁や戸袋、土扉など要所に、鏝細工のレリーフを飾るのです。

この漆喰レリーフに色をつけたものは「鏝絵」と呼ばれたようですが、この「鏝絵」を発明し、名人と謳われたのが「伊豆の長八」こと入江長八《いりえちょうはち》です。＊伊豆松崎にある地域最古の小学校校舎、岩科《いわしな》学校（豊平館と同年の明治十三年〔一八八〇〕築、重要文化財）などに長八の仕事が残されていますし、伊豆長八美術館（昭和六十一年〔一九八六〕開館、石山修武設計）もあります。

豊平館メダイヨンの漆喰仕事をだれが手がけたかについては、正確にはわか

＊入江長八（一八一五〜一八八九）。静岡県松崎町生まれの左官職人、名人といわれた。

静岡県松崎町にある岩科（いわしな）学校（明治13年築、重要文化財、平成16年筆者撮影）に残る、入江長八作の鏝絵メダイヨン。江戸好みもあってか、作風には繊細な芸を誇示するところが見うけられる

っていません。しかし、長八系統の左官職人集団の仕事だろうと想像されています。ちなみに一階ホールのメダイヨン「波に千鳥」の落款には、「藤高」とあります。

実は、先に述べた東京の開拓使物産売捌所で、入江長八が仕事をしていたという記録が残っています。ですから、長八自身が札幌まで来た可能性はないと断言はできません。ただ高齢ですし（明治十三年で六十五歳）、なにより肝心の作風がちがっているので、長八の来道はなかったと思います。

【豊平館メダイヨンの作風】

作風ということになると、これは好みの問題もあってなんともいえませんが、一階ホールの「波に千鳥」（「藤高」落款付き）、二階ホールの「鳳凰」、広間の「紅葉」「大菊」など、長八に勝るとも劣らない仕事ぶりです。

長八の方は江戸好みなのか、繊細なのか、その仕事に細かな芸を誇示するところがあります。それに較べて豊平館は骨が太く、力動感とすっきりした気品があって、こちらの方に軍配をあげたくなるほどです。

ご覧の漆喰レリーフの花びらや鳳凰の嘴のところに、ちょっと紅色がつけられています。修理工事に際、鳳凰の目玉とともに発見、復原されたものですが、こうした色の〝注《さ》し〟方もたいへん上品です。豊平館のような洋風建築に無理なくとけこんでいるのは、このような表現方法や作風が効いていることは間違いないと思います。

そういうわけで、豊平館のシャンデリア・メダイヨンの絵柄というか、具体的なデザインそのものは、「波千鳥」をはじめ、「鳳凰」「紅葉」「菊」のいずれも、ほぼ一〇〇パーセントが江戸風・日本風です。舞踏室のシャンデリアというヨーロッパ文化の精髄というべきものに、生粋の江戸デザインがぴたりと寄り添って、しかも破綻を見せないでいる。

開拓使物産売捌所の工事現場で長八一派の仕事を見わたした上で、そのなかから一番ふさわしい作風の職人を選んで札幌へ送りこんだ——そんな場面が想像できます。このあたりは、実に見事なデザイン・プロデュースぶりといってよいのではないでしょうか。

まだまだお話すべきことは残っていますが、そろそろ美味しいシカ肉のご馳走にとりかかった方がよさそうですね。

講演はここまで。その後、豊平館は改修を経た平成二十八年（二〇一六）、背後に鉄骨造の観覧施設を新設して再オープンしている。

先にもおことわりしたように、本節はかなり以前（平成二十二年）の講演をもとに構成したものだ。今なら同じお題でも、いくつか話を追加する必要があるかもしれない。たとえば一階玄関ホールの階段とか、二階大広間マントルピースの大理石風模様などについてである。

特にメインの階段は、正面半階をのぼり、踊場両側から折返して二階にいくような儀式的な形式で、吹抜け大空間の正面を飾るのが通形になっていた。*ただし、こういう儀式的階段形式がひろまるのは明治後期からで、開拓使期には

＊日本では複層階建築の伝統はあまりなく、階段の技術も未熟だった。豊平館の建設時には、単純な直通階段をかけるのにも苦労している。北大大学院工学研究院の小澤丈夫教授がロンドン大学のジャクソン教授から、このような格式ある建築なのに、階段が儀式的な形式を備えていないのは何故か、と訊ねられたと伺った（拙著『時と人と』）。またずいぶん前のことだが、昭和六十一年に札幌で開催された建築学会大会の記念講演で訪れたクリスチャン・ノルベルグ＝シュルツさん（一九二六〜二〇〇〇、建築哲学者として知られる）を、筆者があちこちご案内したことがある。その時、一番興味をひかれたのが豊平館だったようである。和洋を混淆させるデザインに刺激されたのではないだろうか。

まだ認識されていなかったような気がする。

また、マントルピースは大理石を使っているように見えるが、実際は漆喰細工で模様を筆書きしている。北大理学部本館（現北大総合博物館）のインテリアに見られる「大理石」も同様で、大理石の本場イタリアではこういう偽装術が発達していたらしい。*

＊これについては、III章「北大の建築」の理学部のところでふれる。

III 北大の建築

[生まれ育ったところ]

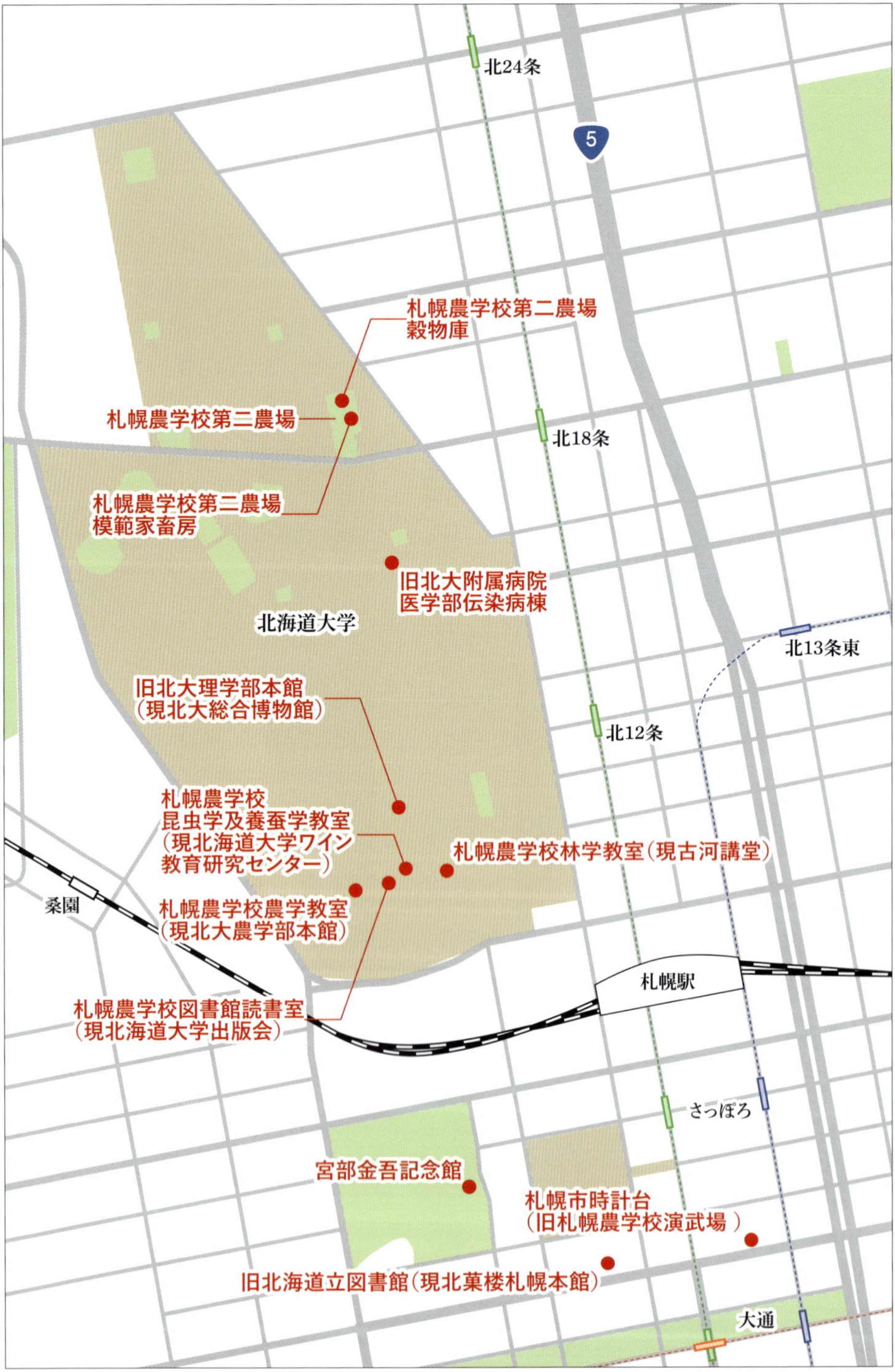

北24条
5
札幌農学校第二農場
穀物庫
札幌農学校第二農場
北18条
札幌農学校第二農場
模範家畜房
旧北大附属病院
医学部伝染病棟
北海道大学
北13条東
旧北大理学部本館
(現北大総合博物館)
北12条
札幌農学校
昆虫学及養蚕学教室
(現北海道大学ワイン
教育研究センター)
札幌農学校林学教室(現古河講堂)
桑園
札幌農学校農学教室
(現北大農学部本館)
札幌駅
札幌農学校図書館読書室
(現北海道大学出版会)
さっぽろ
宮部金吾記念館
札幌市時計台
(旧札幌農学校演武場)
旧北海道立図書館(現北菓楼札幌本館)
大通

1——札幌農学校創設期の建築

腰壁の話

札幌の建築について話をするなかで、それこそ生まれたときから一番身近にあった北大の話を、ここではまとめて見ていきたい。すでにくりかえし語ってきたような気もするので、あまりポジティヴな気分にはなれないのだが、それでも農学校時代に建てられた札幌農学校演武場（現札幌市時計台）や札幌農学校第二農場の建築なら、話題がないわけでもない。

そうした明治初期に焦点を合わせた見方を別とすれば、実際にキャンパス内に建っている大半の歴史的建築は、当然ながら明治期後半以降に建てられたものだ。そのため、おのずと明治期後半から大正期、昭和期にかけての歴史展開を見ていくことになる。

若いころは、歴史的建築としてあまり真剣に見ていなかったような気もする。そもそも北大に入って勉強をはじめた昭和三十年（一九五五）代、講義を受ける教室自体が旧農学校校舎群のなかにあり、あまり歴史的建築として眺めるような状況ではなかった*。

教養部から学部に進んだとしても、農学部（昭和十年築）はもちろん、理学部（現総合博物館、同四年築）や医学部（大正九年〔一九二〇〕築）、工学部（同十

＊重要文化財に指定されている第二農場の建築群は別格として、平成九年以降、キャンパス内の農学部旧林学教室（現古河講堂）、旧昆虫学及養蚕学教室（現北海道ワイン教育研究センター）、旧図書館読書室が新たに登録文化財に指定された。このほか旧理学部本館（現北海道大学総合博物館）なども、歴史的評価が高まっていることだろう。平成二十七年には「北海道大学歴史的資産保存活用シンポジウム」が開催され、報告書も作成された。

二年築）の本館や講義室はまだ現役だったし、法文系教室も旧予科の木造講堂が健在だった。

ひとつだけ、明治期洋風建築の外見で気にかかっていたのが、腰壁《こしかべ》のことである。字義通り壁の「腰」の部分で、外壁の下部を上部とは区別してつくっている場合、*たとえば板を水平に貼る下見板《したみいた》の外壁上部に対して、腰壁は板を垂直に貼る竪羽目《たてはめ》にしたりする。北大キャンパスのなかには、同じ下見板の洋風建築で、腰壁のあるものとないものがいくつかあった。**

原型である組積造《そせきぞう》（石などを積み上げて作る工法）建築でいえば、基壇《きだん》（石積みにした建物の基礎）が腰壁にあたるのだろう。しかし頭のなかにあったのは、北アメリカの木造建築で、外壁の上から下まで一様に下見板を張りあげた平明《プレイン》なデザインだった。***

もちろん初期洋風建築にかかわってのことで、さらにいえば、プレインな下見板壁は開拓使のようなごく初期の洋風建築、たとえば演武場建築の特徴でもあることから、腰壁がつくのは明治期後半以降の建築の特徴ではないか——と考えたのである。結論を先にいえば、そんなことはなく、初学者の早とちりでしかなかったのであるが。

木造建築の腰壁を初めて知ったのは、水木清華亭（明治十三年〔一八八〇〕築）だったろうか。和洋の二棟を接合した建築で、双方とも外壁下部を竪羽目板の腰壁にしている。この場合、和風棟は床下に相当する部分を竪羽目とし、そのまま洋風棟までまわしたように思われる。このデザインは旧永山邸も同じだ。

＊ ここでは外見の話に限定する。室内にも腰壁はあるが、仕上げ（材）に偏しているため、別の議論が必要になるかもしれない。伝統的な和風建築でも「腰」は用語として使われたが、障子の「腰板」とか、茶室・数寄屋座敷の土壁下部に紙を張り巡らす「腰張り」はあるものの、外見で「腰壁」をつくるデザインはあまりなさそうである。

＊＊ 中條精一郎設計の農学教室（農学部本館、明治三十四年）以下の建築は、木造だが白漆喰壁だった。これらメインの諸建築のほか、腰壁付き木造下見板の群小建築が設けられた。現存するものでは、第二農場の事務所（明治四十三年築）や、メインのキャンパス外だが植物園の博物館事務所（同三十五年築）などがある。

＊＊＊ ジークフリート・ギーディオン、太田實訳『空間　時間　建築』（丸善、一九五五、復刻版二〇〇九）。学生時代にはあまり知らなかったが、この本の翻訳は太田實先生のもとで進められ、北大助手赴任に前後して刊行されていた。

木造洋風建築のデザインには、どこか石造（組積造《そせきぞう》）建築の残香を嗅ぐことがある。手本であるヨーロッパ世界では、建築デザインの骨格が石造建築だったからで、*外壁の腰壁はいうなれば基壇の感覚（の残香）だと思う。言い添えれば、イギリス英語ではfloorを日本でいう二階から数えるのも、日本（およびアメリカ語）の一階がもともと基壇（地階）foundationだからなのであろう。

清華亭とちがって、演武場・時計台のような上から下まで一様に下見板を張りあげるスタイルの方が、かえって新鮮に見えてこないだろうか。ギーディオンが、アメリカ木造建築の平明《プレイン》さを特にとりあげた意味も、すこしはわかるよ

上は石造建築の旧札幌控訴院庁舎（現札幌市資料館、大正 15 年築、重要文化財、令和 6 年撮影）正面の腰壁。下は木造建築の水木清華亭（明治 13 年築、札幌市有形文化財、撮影年不詳）の西南面腰壁

* 拙論「北海道における近代建築の展開」（一九七九、北大工学部研究報告）で、窓枠にかかわる木造洋風建築の石造痕跡について書いた際、飯田喜四郎先生（名古屋大学）からお叱りを頂戴した。ヨーロッパにも木造建築の歴史的基盤があり、ヨーロッパ建築をひとくくりに単純化してはいけないということだったと思う。

うな気がする。

札幌市時計台・札幌農学校演武場

札幌市時計台は「札幌の顔」である。あまりにも有名だし、「さっぽろ文庫」[*]のように比較的容易に手にできる基本文献にもこと欠かない。基本的なことはそれらにゆずるとして、ここではあまり活字にすることのなかった個人的な感想などを書いておきたい。

かつては生家のあった鉄北でも、時計台の時鐘《じしょう》の音を聴くことができた。幼い札幌市民にも存在が知られていたわけだが、高校・大学時代はしばしば近くまで行くわりに、縁のない建物だった。図書館は、学校の図書室でもあまり近づくことはなかったし、時計台は図書館である期間が長かったからである。[**]

明治期末に現在地へ移動し、そのあとは札幌教育会の施設となるのだが、上階の大ホールは音楽会や講演会などに供され、下階はもっぱら図書館として使われた。昭和四十二年（一九六七）の修理時に二階ホールの天井裏にもぐってみたところ、高いカマボコ形天井の下方、低い位置に平らな天井が張られていた。この低い天井は、おそらく昭和二十四年の修理時のもので、上階も図書館の閲覧室として使っていたためであろう。[***]

時計台を建築学の俎上にのせたもっとも早いものは、昭和三十六年の横山尊雄先生、木村徳国先生らによる日本建築学会論文報告であろうか。時計台の実測調査をふまえて、開拓使の洋風建築を日本の「米国風」建築スタイルに結び

＊『さっぽろ文庫6　時計台』（札幌市、一九七八）。昭和四十二年の復原修理については、市教委に提出した報告書を『北方文化研究　第四号』（北海道大学、一九七〇）に再録しており、「さっぽろ文庫」にその概要を掲載した。

＊＊北海道教育会図書館（明治三十二年開設）は、明治四十四年に現在地へ移動された時計台内に移転。昭和二十五年に市立となり、同四十一年に新館へ移転するまで、市民にとっては時計台イコール図書館だった。

＊＊＊カマボコ形天井は、昭和四十二年報告書で昭和八年修理時のものと推定されている。ここにはシャンデリアも遺存していた。当時は上階を集会用のホールにあてていたと思われる。昭和二十五年に札幌市立図書館となるが、同四十一年には新築された図書館（北二西十二）に移転した。そして昭和四十二年の修理工事で、上階の天井を上下ともとりはずしたことで、現在のような小屋組までをあらわす大空間となっている。

札幌農学校演武場（現札幌市時計台、明治 11 年築、中央区北 1 西 2、重要文化財）。上は明治 34 年開催「農学校創基 25 年記念式典」（北海道大学附属図書館所蔵）。下は平成 10 年筆者撮影。かつては札幌駅北側の鉄北でも鐘の音が聞こえた

つけた論考である。* わたしの卒業前後のことであり、同じ研究室にいたわけだが、ほとんどなにも知らずにいたことは先に記した通りだ。

演武場・時計台の建築で一番印象に残ったのは、すでにふれたように、上から下まで一様に下見板を張りあげた平明《プレイン》な外壁のデザインである。あたりまえすぎてあまり目をとめる人こそいないが、時計台の建築はスタイルの根幹から「アメリカ風」なのである。

木村先生は「時計台の窓は今より低かった」といっておられた。もちろん実測調査などを通じて、手にふれるように精細な感覚をもたれた結果なのだろうが、先生はそのことを思いがけぬところから指摘された。

「時計台ってアメリカの建築なんだけど、西部劇で、二丁拳銃をふりまわすような酒場の喧嘩のシーンがあるよね。男どもはよく窓に腰掛けたり、窓を乗りこえて飛び出したりする……」

先生は西部劇映画の大ファンで、よくおもちゃの拳銃で遊んでおられた。二丁拳銃を素早く抜きだして腰だめにしたり、指にかけてクルクルまわして決めたりするポーズがお得意だった。西部劇の一場面を時計台の建築に重ねておられたわけである。ギーディオンの議論などよりもっと直截に、下見板の時計台をアメリカのシーンのなかに見ていたのである。

実際に解体してみると、たしかに窓は一段高く改造されていた。もとにもど

＊横山尊雄・木村徳国他「札幌農学校演武場の建築――演武場と博物館　その一」（『日本建築学会論文報告集』第六九号、一九六一年十月）、木村徳国「北海道における初期木造洋風建築と明治初期米国風建築スタイルについて」（『日本建築学会論文報告集』第六六号、一九六〇年十月）参照。

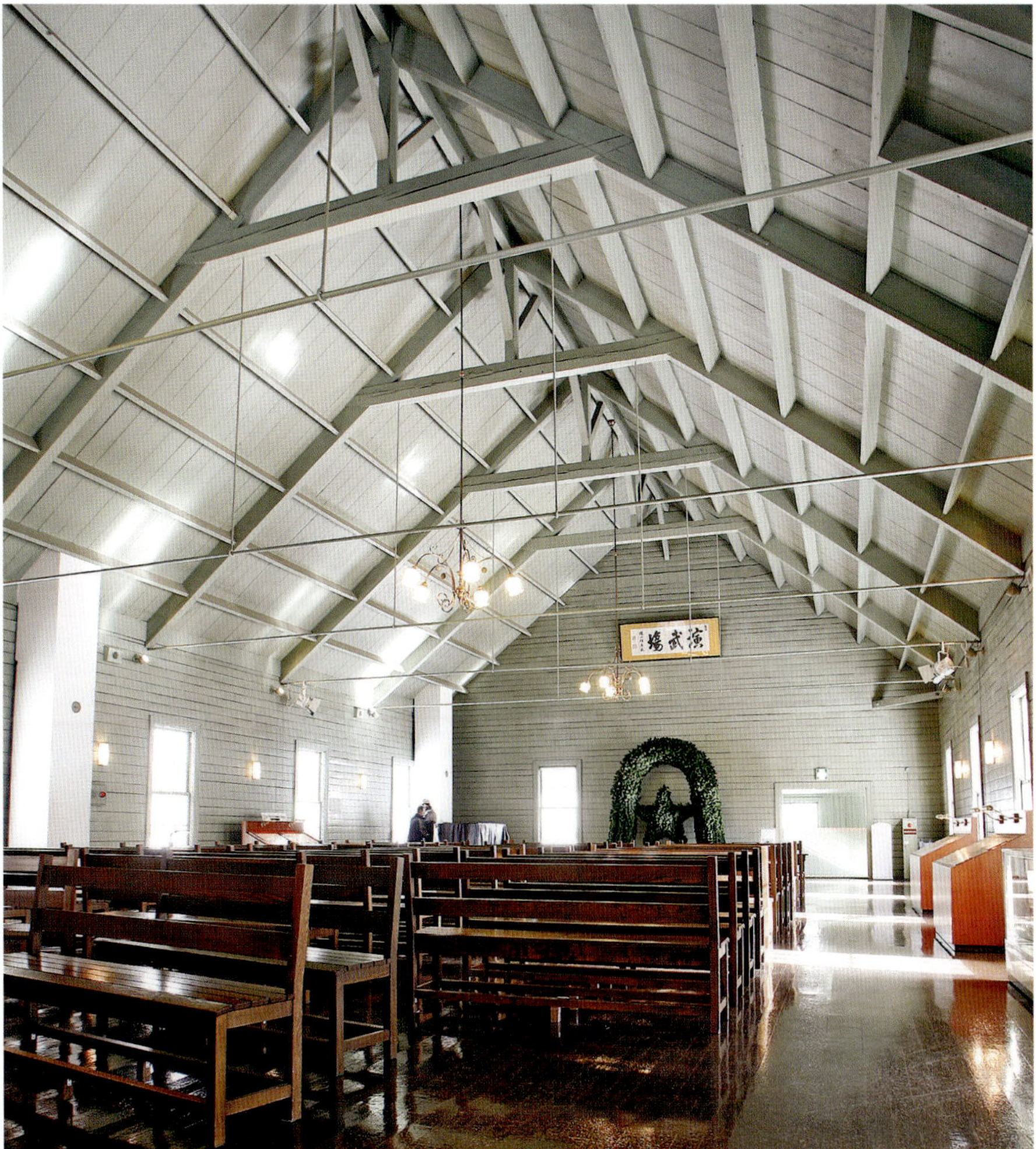

上右は昭和 42 年の修理工事で天井をとりはずした直後の札幌市時計台 2 階ホール（昭和 42 年筆者撮影）。上左は平成 7 年の改修工事であらわになった屋根の骨組み（平成 7 年筆者撮影）。下は小屋組まであらわす現在の 2 階ホール（平成 18 年撮影）

したのはもちろんである。こういう建築に対するリアルな感性は、普通の研究者には欠けがちだし、ときには邪魔物にすることさえある。

ずっとあと、木村先生が川崎市生田の明治大学工学部に移られてからのこと。古代エジプトの神殿遺跡について、儀式的階段だったと記憶するが、先生は計測報告された寸法を研究室の床に印して、実際に歩いてみるようなことも試みられていた。

上は札幌市時計台の下見板張りの壁面と元の位置にもどされた窓（平成 25 年撮影）。下は昭和 32 年撮影の旧札幌市立図書館時代の時計台（札幌市公文書館所蔵）

2——札幌農学校第二農場

第二農場の建築と船木幹也さん

札幌農学校第二農場に遺存する農学校附属農場の建築は、重要文化財に指定、保存されている。模範家畜房[*]（モデルバーン）や穀物庫（コーンバーン）は、札幌市時計台（旧札幌農学校演武場）と並ぶ、もうひとつの農学校創設期の建築でもあり、開拓使の洋風建築を考える際には欠かすことのできないものだ。

まず、船木幹也さんという北大建築工学科の大先輩のことから書きはじめたい。船木さんは学科の先輩（昭和二十九年〔一九五四〕卒業）というだけでなく、わたしが建築史研究室[**]に出入りするようになったとき、助手として勤務されておられた。こまかなことは記憶がうすくなっているが、生意気盛りの卒論生を手取り足取り教えてくださった。[***]

わたしの助手赴任の前年になるが、昭和三十六年の日本建築学会論文報告集に「（札幌農学校）演武場と博物館」という二編の連続論文を発表されており、横山尊雄先生、木村徳国先生とならんで船木さんのお名前が見える。こうした北海道の歴史的建築の実地調査で、陣頭にたっておられたのである。

船木さんはわたしの助手赴任と入れちがいのように上京され、集団制作建築事務所へ移られた。[****] 後年、事務所が札幌に移ったことで、建築家・船木さんと

＊　正式名称は産室追込所及耕馬舎となる。

＊＊　正式名称は建築計画学第二講座、のちの建築史意匠学研究室、現建築デザイン学研究室。

＊＊＊　すでに書いたことだが、わたしが助手になったときには、模範家畜房など第二農場建築の実測調査は終わっていて、担当したのは実測図を作成することだった。

＊＊＊＊　集団制作建築事務所は、昭和二十七年に北大を卒業後、東京大学大学院丹下研究室に進んでいた吉川健さんが、船木さんおよび上田陽三先生と共同で設立した。昭和四十年には札幌事務所を開設している。

のおつきあいも長くつづくことになった。

実は米寿を迎えて、船木さんは回顧録と、『「水の星」を生きる――ヒトはどこへむかっているのか』という自著を出版され、札幌の建築家協会（JIA）のきもいりでお祝いの会もひらかれている。[*] わたしが著作「老眼遊記」の続編を出したことなども、それに刺激されたようなものである。

それにしてもここ数年、船木さんとあちこちで顔を会わせることが多くなったような気がする。あるとき、北大の建築史研究室を訪ねようとしたところ、部屋のなかから船木さんの大きなお声が聞こえてきた。大学院生をつかまえてお話されていたのは、第二農場模範家畜房のことで、どうやらその構造補強のための調査にかかわったらしい。

船木さんがやり玉にあげていた模範家畜房の断面図というのは、以下で述べるようにもとはわたしが作図したもので、責任はまぬかれないのだが、お話をうかがって驚嘆したのは、船木さんの建築家としての感性である。そんなことは当然なのだが、わたしの方に決定的に欠けていたのはリアルに建築をとらえる感性で、研究者としてしばしば陥る欠陥につながることでもあった。[**]

家畜房の小屋組構造

後日頂戴した小冊子『北海道大学重要文化財建造物の構造について』[***]の記述より補足しながら要点を書いておく。

模範家畜房は明治十年（一八七七）、札幌農学校の附属農園（農校園、現在の北

* 『「水の星」を生きる――ヒトはどこへむかっているのか』（私家版、二〇一七。改訂版二〇一八、第二改訂版二〇二〇）。JIA主催の祝賀会は、平成三十年十二月一日に開かれた。船木さんの健筆はつづき、『自然とともに生きる』（私家版、二〇一九）、『建築についてのエッセイ』（同前、二〇二一）などを上梓されている。後者には、本項でもふれる第二農場の建築についての論考などが含まれる。

** 船木さんは、建築構造学第二講座で卒業論文を書かれており、人並み以上に建築構造の専門家でもあるわけだ。あの時代は建築計画・デザインを専門にしていても、今より構造技術の素養が強く求められたような気がする。

*** 主旨は船木さんの著作『建築についてのエッセイ』（私家版、二〇二一）に「北大重要文化財建造物の幾つかの構造的問題」と題して再録されている。構造補強の調査は、文化庁の重要文化財（建造物）耐震診断指針に基づき、平成二十年に北大施設部の委託で株式会社集団制作建築事務所がおこなったものである。第二農場だけでなく、北大キャンパスや植物園にある重要文化財および登録文化財建造物が対象とされ、翌平成二十一年に「基礎診断」がおこなわれた。

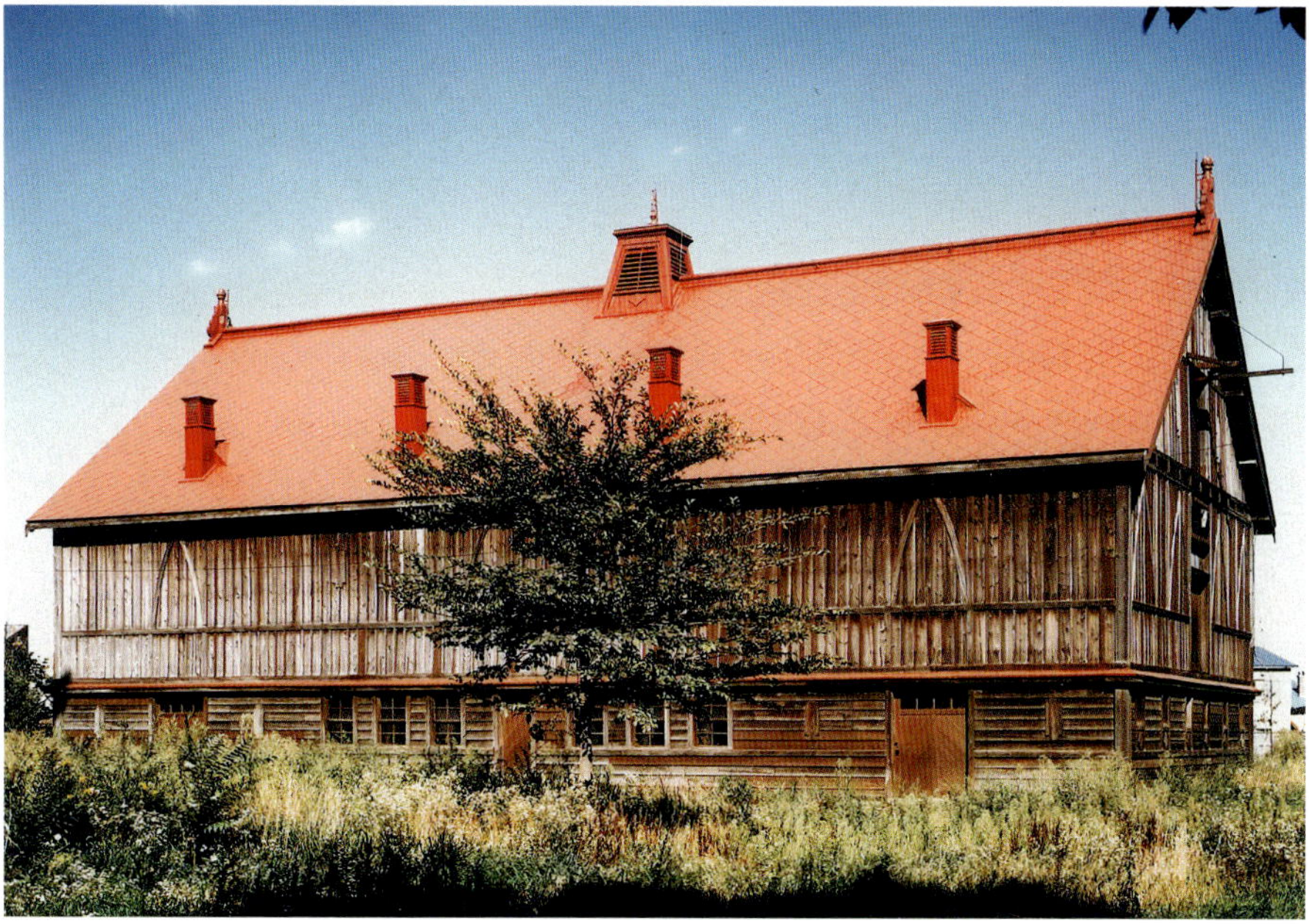

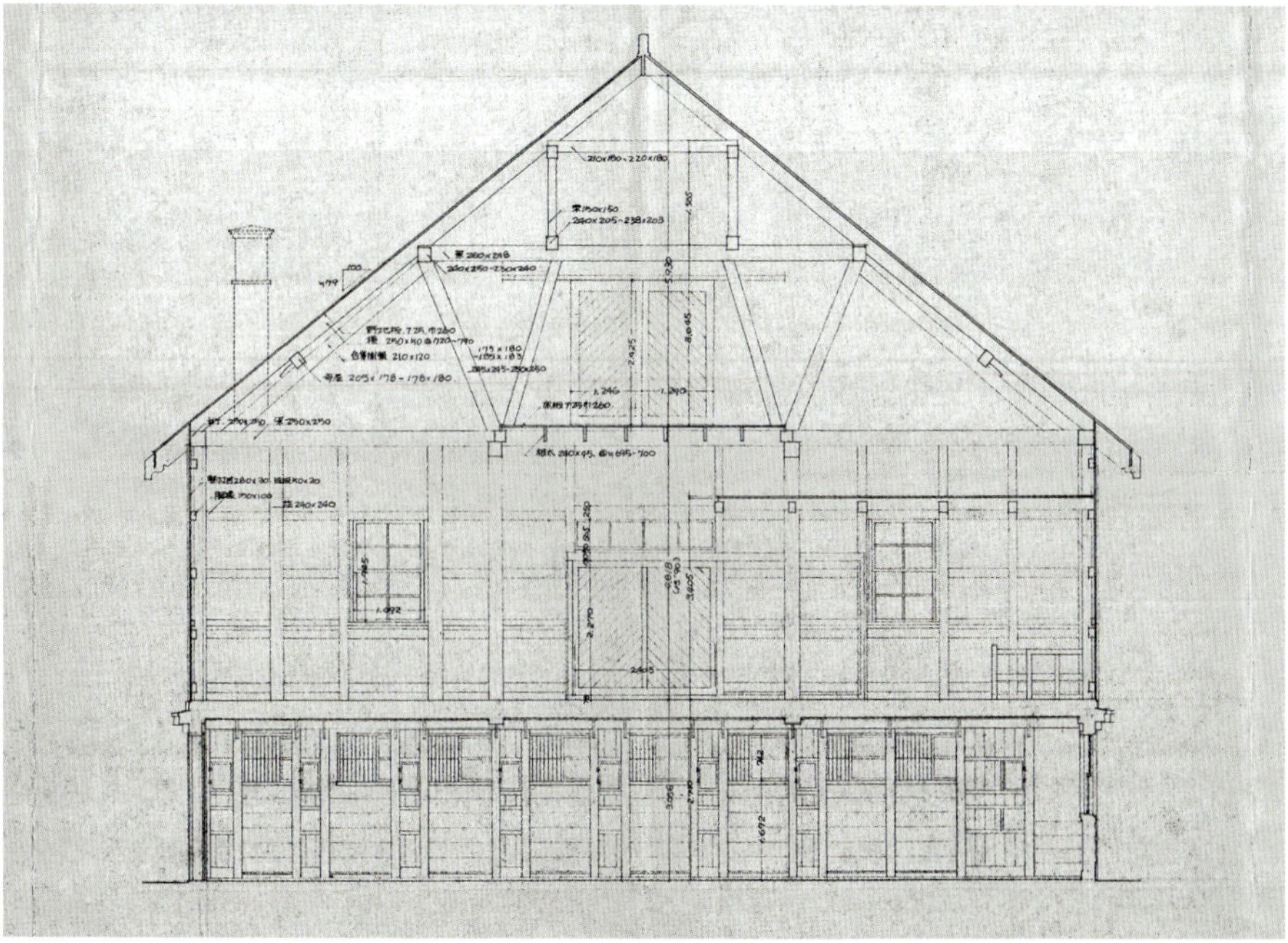

上は北海道大学附属農場模範家畜房（明治 10 年築、重要文化財、撮影年不詳）。もともとは現在の大学本部（旧予科教室）近くにあった。下は筆者が作図した模範家畜房実測断面図。小屋組下部の三角束の外側は、創建時になかったものとして点線で表現している　※ともに北海道大学建築デザイン学研究室所蔵

大本部北裏側にあった）に創建され、同四十二年、現在地に移築された。移築に際して、小屋組が大幅に補強されたことがわかっている。創建時の小屋組（梁間《スパン》五〇尺、約一五メートル）は、中間に一本陸梁《ろくばり》（洋風屋根を支える最下部の梁）・母屋《もや》（屋根を垂直方向に支える水平な部材）を入れるだけで（方杖《ほうづえ》〔横架材と柱の接合部に斜めに入れる補強材〕は一本だけか？）、あとは長さ一〇メートル強の垂木／合掌材（五×二五センチ、二×一〇インチ）で構成される、いたって単純な構造だった。

しかし、移築時に中間陸梁を支える斜めの方杖を加え、垂木／合掌材の中間にも母屋を挿入する補強がおこなわれている。問題は「中間陸梁を支える斜めの方杖」のうち、一番端部の垂木／合掌材に並行する部材で、流布している家畜房の現状断面図（わたしの作図）では点線、つまりもとはなくて移築時の補強挿入としている。*

これでは、創建時の中間陸梁が「逆台形」になってしまう。船木さんがやり玉にあげておられたのはこの点で、「だってこんな逆台形の方杖では、中間陸梁を組めないよ」とおっしゃられるわけだ。

あたりまえのことだが、建てていく手順としては中間陸梁・母屋を組んでから、その上に垂木／合掌材をかける。これができあがってしまうと、垂木／合掌材と方杖で安定した三角形を構成するから、図面だけを見ると端部の方杖はなくても矛盾を感じないで済む。

ここが作図を担当したわたしのドジなところで、研究者がときに陥る落とし穴だというのは、言い訳的な強弁にほかならないのだが、心しなければならな

＊言い訳の上塗りになるが、わたしが作図したときに参照した、横山尊雄・木村徳国「札幌農学校および模範家畜房の建築について」（日本建築学会論文報告集第五七号、一九五七年七月）に掲載の「在来小屋組」図には、この端部方杖が描かれていなかった。そのこともあって点線で作図したのだろう。

北大植物園内の宮部金吾記念館（旧札幌農学校動植物学教室東翼、明治 34 年築、中央区北 3 西 8、平成 20 年撮影、角幸博氏所蔵）

＊ 船木さんが耐震改修に携わった北大植物園の宮部金吾記念館（明治三十四年築、旧札幌農学校動植物学教室の一部）も、小屋組トラスの陸梁が「五間（約九メートル）の継ぎ目のない、一本物だった」という。

いところだと思う。船木さんは、移築時につくられた図面《在来小屋組図と移転時小屋組》を見直して、この端部方杖が移築前から入っていたことをたしかめ、「はじめからあったもの」としている。賛成である。

船木さんがこの点に気づかれたのは、あらためて構造計算してみたところ、垂木／合掌材を中間で支持する母屋の荷重負担が、過重だったことがあるのではないかと思う。

垂木／合掌材（二×一〇インチ）の強度は十分だが、創建時に中間陸梁位置にしかなかった母屋材（八寸角）は「大幅な強度不足」で、「三十年間、問題がなかったのは急な屋根に雪がほとんど乗らなかったことによる偶然」と船木さんは推定している。移築時にこの点が問題視され、上下に母屋を加える補強がなされたにちがいない、というのである。

上方の母屋は中間陸梁に束を立てて支え、下方はくだんの端部方杖をたよりに挿入されている。構造補強が調査の眼目だったから、当然といえばそのとおりかもしれないが、振りかえってみるに、研究者の側で実際の構造性能にまで考えがおよぶことはなかったように思う。家畜房の建築が、木構造の特性をたいへん強く表現する類いのものだっただけに、反省させられる点も少なくないのではなかろうか。

もうひとつ、船木さんは垂木／合掌材が、長さ一〇メートルもの巨材だったことにふれている。＊山からの伐出し、製材工場や現場までの運搬経路まで考慮に入れて、「産業技術史的な興味」を抱いておられるのである。さすが建築家だなあと感嘆したのも、研究者としての反省である。

軸組構造

家畜房の建築で、見方によっては小屋組以上に問題かもしれないのが、柱・梁や壁の構造、軸組の基本構造である。船木さんは、

「メインストラクチャーとして、縦横一七フィート（三間弱）の柱間を持った二層の木造建物……メインストラクチャーは、八寸角の柱、梁を日本の伝統的な工法の継手、仕口を用いて組み立てたもの」

とし、バルーンフレーム構法はサブストラクチャーであって、

「安達喜幸や当時の大工さんが生きていれば、バルーンフレームといわれるような雑駁な建物など作ってはいないと憤激するかも知れない」

とも言っている。バルーンフレームの位置づけについては、別に述べることになるだろうが、大筋はそのとおりだと思う。

この一七フィート角の立体軸組を基本構造とすると、明治末期の移築時に一階の柱を撤去し、二階床梁をそれまでの梁間（スパン）方向から、桁行方向へ九〇度転回したことは、ずいぶんと大胆な変更だった。従来の太い柱にかわっ

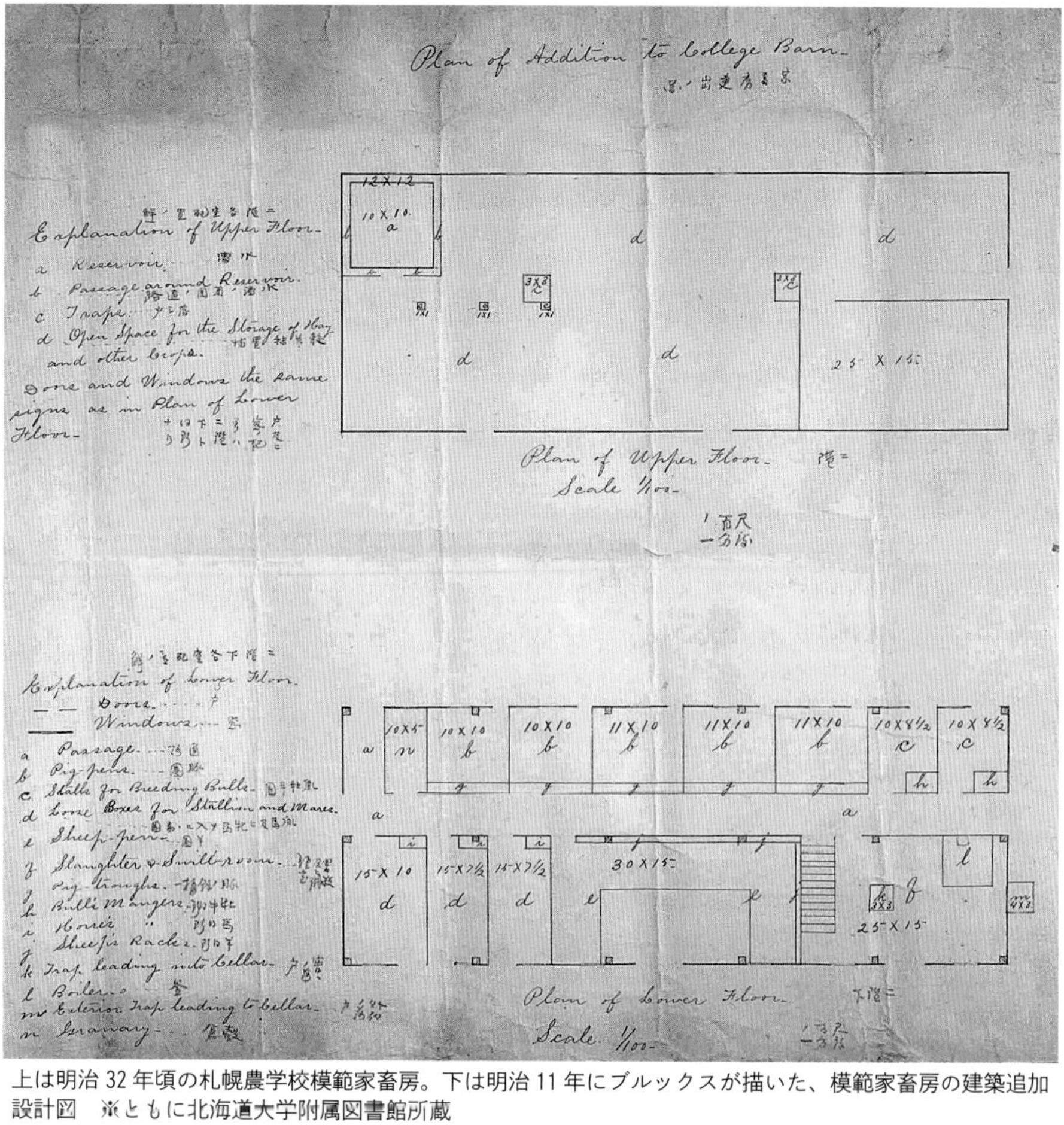

上は明治 32 年頃の札幌農学校模範家畜房。下は明治 11 年にブルックスが描いた、模範家畜房の建築追加設計図　※ともに北海道大学附属図書館所蔵

て、比較的狭い家畜囲い《ストール》構造の全体で、二階の柱と床を支えようというのである。船木さんは、在来の一階では家畜囲い《ストール》間の通路に立つ柱が邪魔だったからだろうと推察している。*

移築時に地階（全体が間仕切りのない大広間になっていて、主部で家猪《ぶた》を飼っていた）を撤去して、独立柱の必要性がなくなったことが直接の動機だろう。それにしても、副次的な構造体である家畜囲い《ストール》を柱にかわる主構造にして、二階床大梁を支えるというのは大胆な構造変更である。

なお、ここまでフィート・インチと尺・寸を混在させてきたが、実際の建築もこういう混淆状況でおこなわれていたようだ。原設計はフィート制でつくられ、全体の平面規模が五〇×一〇〇フィートとされていたにしても、実際の工事がフィート制でおこなわれたかどうかは、実測だけでは判断できなかった。

建築工事をになう日本人大工が、フィート尺を使ったとは考えづらい——というのが大方のところで、わたしもそのように想像している。ただし、製材工場の場合はちがっていたかもしれず、部材寸法はフィート・インチ制で考えられ、製材機械もそうだった可能性はおおいにありえるだろう。

これは細かなことになるが、船木さんは一七フィート・グリッドが全体にいきわたり、実際の建物は五一×一〇二尺（フィート）だったと考えておられるようだ。実測調査の時点では、五〇×一〇〇フィートの原設計規模に疑問を抱かず、また歪みの多い建物の現状もあって、あるいはしっかりした計測確認をおこたっていた可能性もある。

＊家畜囲い（ストール）のような副次的な構造体は、柱・梁などの主構造体とちがって、うっかりすると撤去されかねない。船木さんは『校園報文』の図面が、実際の建物というよりは、なにか家畜房模範図のような図面から直接引いているのではないかとし、地階が実際につくられたかどうかも疑問視されている。しかし、実地の地形にまで言及している地階まわりの書きようをみると、そうは考えづらい。なお、「サブストラクチャー」（112頁）という語は、本書では別の文脈で使っているため、ここでは「副次的構造体」と言いあらわした。さらに船木さんから電話をいただいた際（令和三年十二月）、地階が本当につくられたかどうかは疑問だと、重ねておっしゃられておられた。『農学校年報』に地階糞窖（ふんこう）の説明はあっても、創建時の本当のすがたを示す史料までは存在しないことから、積極的に断言することはできない。

なお実測調査では、桁方向で北端の柱間に間延び寸法が見受けられる。ただし、野帳の採取寸法をチェックしたかぎりでは、積極的に平面が五一×一〇二尺だったとまではいい切れないように思う。

附属農場の建築

後先が妙な語り口になってしまった。

逆さまついでに、附属農場についてちょっと説明しておく。農学校であれば、附属農場はなくてはならない必須の施設である。もちろん、札幌農学校の農園「札幌農校園」もそうで、開校とほぼ同時に設けられた。場所は現在の北大キャンパスに相当するのだが、当時は鉄道から北側一帯のひろがりといった感じで、現在のキャンパスよりはだいぶ広い敷地であったろう。

北大通り（西五丁目・樽川通り）沿いに生垣になっている、西五丁目キャンパス東面の東側が市街地化するのは、札幌尋常中学校（のちの第一中学校、現札幌南高等学校）が明治二十八年（一八九五）、現正門前（北十条西四丁目）に開校して以降のことである。* その数年後に農学校の新校舎建設がはじまるのだが、これについては次節で見ることにしよう。

その札幌農校園の中核施設として最初に建てられたのが、模範家畜房《モデルバーン》と穀物庫《コーンバーン》だった。前者が有畜大規模農業のシンボルとして、特に「モデル」と呼ばれたことはよく知られている。開拓使の農業方針にも重なり、大ざっぱにいえば酪農方式の原点だったと考えてよい。

＊大正十一年、南十八西六（現在の札幌南高校の位置）へ移転した。なお、大正二年に北三西十九に第二中学（現札幌西高校）が開校するまでは、当然ながら校名は番号のない状態だった。こうした大規模な学校が新設されるのは、建設時点での市街地縁辺になるため、市街地の拡張状況を推量するのに格好の指標ともなる。

穀物庫《コーンバーン》は家畜房に並べて建てられたのだが、「穀物庫」のほか「玉蜀黍《トウモロコシ》庫」とも訳された。もちろんコーンは「英」語なら集合名詞の「穀物」なのだろうが、アメリカ語では普通「トウモロコシ」を指していう。新大陸の穀物といえば、なによりもまずトウモロコシだったから、札幌農校園でももっぱらトウモロコシが栽培され、この貯蔵庫に入れられたのであろう。

これら初期の札幌農校園施設は、今の大学本部北から西側一帯に建てられたのだが、明治期末に現在の札幌農学校第二農場の位置へ移された。いうまでもなく、新キャンパス構想の一部としての移転である。

家畜房と穀物庫、それに家畜房に建て増しされていた角屋《つのや》（12頁参照）が、

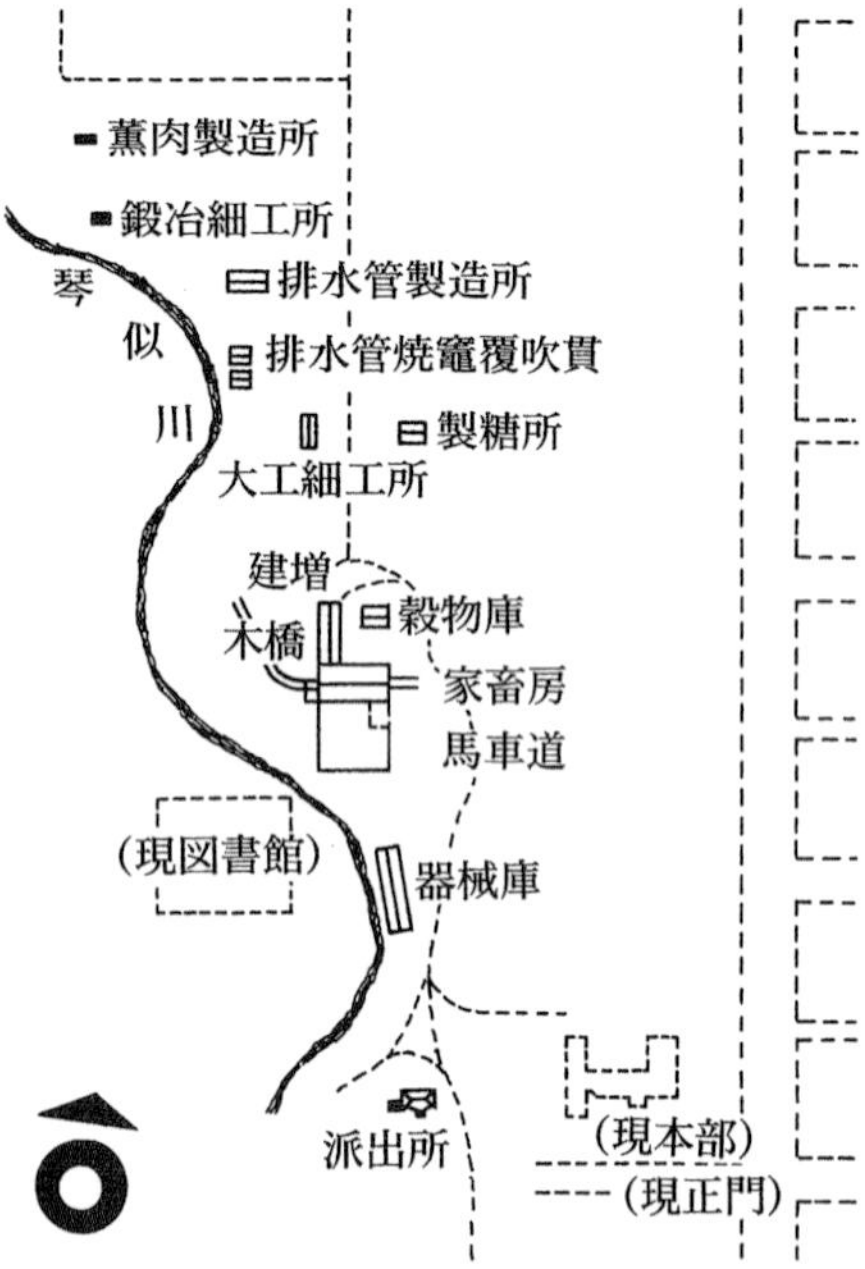

農校園建物配置略図（『北海道における初期洋風建築の研究』より）。『明治十六年　農学校引継書』付図を元に、おおよその位置を示した（現在の位置と照合できるよう、北大現本部、附属図書館、西5丁目街区を加筆）

上段は右が明治 42 年築の牧牛舎、左が明治 10 年築の模範家畜房。中段は右が明治 10 年築の穀物庫、左が明治 44 年築の収穫室と脱稃（だっぷ）室、下段は明治 44 年築の製乳所（すべて令和 6 年撮影）

独立した種牛舎として移築された。事務所庁舎以下、それ以外の農場施設一式が新築されたのだが、煉《れん》瓦《が》造《ぞう》の製乳所のようにバターなどを（多分チーズも）つくる施設が加わり、酪農場の色彩が鮮明になった。家畜房に石造のサイロが敷設されたのも、現在の第二農場の敷地に移ってからのことだ。

穀物庫の構造

さて穀物庫である。平面でいうと四〇尺×三〇尺（約一二×九メートル）、中二階建ての建物である。

全体を一メートルほど持ちあげて高床式にしたのは、穀物（トウモロコシ）を貯蔵するためで、もちろん束《つか》（1階の床下などに立てる短い柱）の上部には鼠《ねずみ》返しの出っ張りが細工されている。建物の四周は収穫物をいれる貯蔵囲いになっているが、このあたりは外壁とともに創建時の写真とは異なっている。

模範家畜房は図体が大きいこともあり、構造も複雑なことまで考える必要があったのに較べて、穀物庫の方は規模も手ごろで、バルーンフレーム構法を典型的なすがたで眺めることができる。

建築を学ぶ際にまず教えられるのが、建物の部分部分にかかる力にどう耐えるかという構造のイロハなのだが、この外力には部材を引っぱったり圧しつけたりする軸力のほかに、部材を曲げる力がある。

材質の強弱は別にして、軸力への部材抵抗は単純に部材の断面積で決まる。つまり、太いか細いかのちがいなのだが、曲げる力は文字通り曲者で、太い細いでは決まらず断面の形状がものをいう。同じ断面積なら断面の成《せい》（垂直寸法。正確には曲げ力のはたらく方向）の大きい方が曲げ抵抗力が大きい。*

例えば一〇×一〇センチの角材より、同じ断面積でも五×二〇センチとか、二・五×四〇センチの方が強い。極端にいえば、板のように薄っぺらな材が有効だ、という理屈ではあるものの実際にはそうならない。あまりに薄い材に曲

＊ 曲げ抵抗力は、断面成（だんめんせい）の二乗で大きくなる。

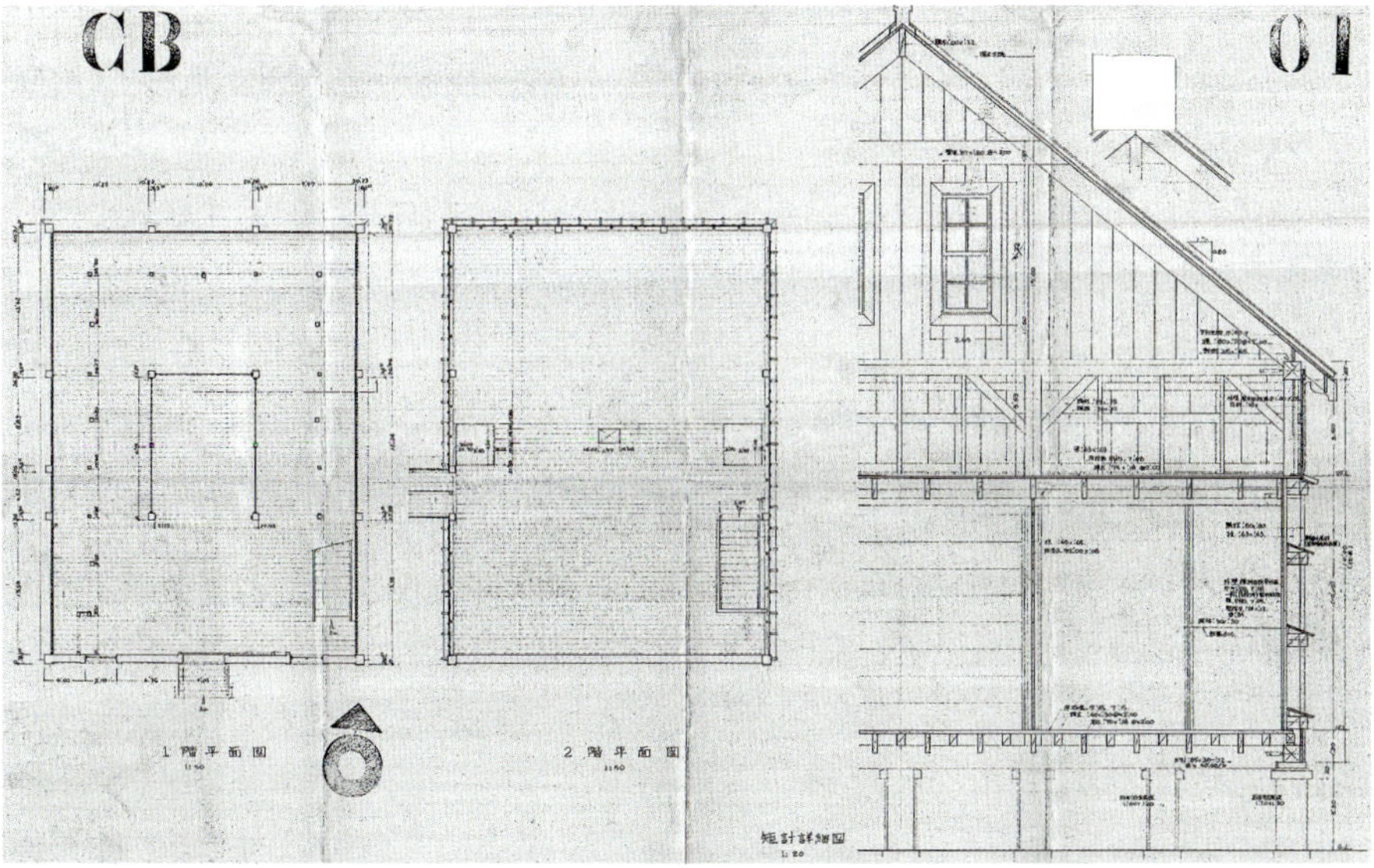

上は現在の第二農場穀物庫（明治 10 年築、令和 6 年撮影）。移転改築時に大半の部材が当初材から転用された。下は筆者が作図した穀物庫実測断面図（北海道大学建築デザイン学研究室所蔵）

げ力がはたらくと、部材がくしゃっとつぶれてしまうからだ。これを面外座屈《めんがいざくつ》（バックリング）という。＊

穀物庫一階に入ると、たいがいはまず視線を上向きにして、二階の床組を見ることになる。床板を支える垂木が、まさしく薄板のように成の高い部材なのだが、この垂木の間には、斜めばってん形のつっぱりが挿入されている。薄板状垂木の面外座屈を防ぐためである。まさしくバルーンフレーム構法に特有の手法のひとつである。

クラーク先生の「農学校報文」には、

「木工長安達（喜幸）氏……ハ其工業ノ仕法ヲ質問シ又タ其施業ヲ監督スルニ最モ執着ノ様子ナリキ」

と、開拓使の建築技術者が、この新構法を習熟しようと熱心に努めていたことが記されている。

先にも紹介したように船木さんは、安達喜幸や当時の大工たちは自分たちの手がけた構法をバルーンフレームといわれたら憤慨するかもしれない、と想像しておられる。新しい木構造技術を学びとることに熱心だった開拓使の建築技術者にとって、バルーンフレームは部分的な技術であったと考えた方がよいのかもしれない。

＊わたしが面外座屈の凄惨な実例に遭遇したのは、中央区の中島公園内にある茶室「八窓庵」（旧舎那院忘筌、江戸前期築、大正八年・昭和四十六年各移設、重要文化財）の覆い屋根鉄骨梁が、平成十七年春の大雪で崩壊した時であった。積雪荷重に対する通常の曲げ力抵抗は計算していたのだろうが、面外座屈対策までは思いがいたらなかったようである。

明治10年築の第二農場穀物庫1階内部（北区北大構内、筆者撮影、撮影年不詳）、重要文化財。バルーンフレーム構法の特色を見るには、穀物庫の方がわかりやすい

＊　ジークフリート・ギーディオン、太田實訳『空間　時間　建築』（100頁頭註参照）。

＊＊　百年後の二十世紀後半以降になると、熟練大工の不足があらわになり、併行してツーバイフォー工法や規格材パックが登場してきた。

バルーンフレームあれこれ

バルーンフレームは、十九世紀なかばのシカゴなどアメリカ中西部で成立した近代建築技術のひとつとして、ジークフリート・ギーディオンが紹介したことで注目された。[＊]ギーディオンは、先に紹介した「薄板状の部材」の開発だけでなく、アメリカ中西部における熟練大工の不足と、機械化による大量の規格製材・製釘《せいてい》、およびその供給が可能になったことを指摘している。

それからさほどときを経ずして、札幌にその技術が導入されたのである。すぐれた大工なら国内におおぜいいたはずだから、「熟練大工の不足」[＊＊]という点だけはちがっていたが、開拓使のもとでおこなわれていた規格製材と製釘という条件は、共通していたことも考えておかねばならない。

ちょっと横道にそれてしまうが、わたしがバルーンフレームを初めてリアルに感じとることができたのは、アメリカ映画『ウッドストック　愛と平和と音楽の三日間』（一九七〇年）ではなかったかと思う。即席で舞台かなにかをつくるのに、若者たちが薄板のような規格材（とおそらく鉄釘）を買ってくると、よってたかってたちまちのうちにつくりあげてしまうのである。「なるほどなあ」と納得すると同時に、「これはとても敵わないなあ」と思ったのは、かれらの腕っぷしである。角材ならぬ薄板状規格材ならノコギリで簡単に切れるし、あとは釘を打ちつけるだけ——というのはそのとおりだとしても、彼我の腕っぷしの差は結構なものではないだろうか。バルーンフレームという構法には、やっぱりアメリカ建築ならではのところがあるのだ。

話を穀物庫にもどそう。一階を見終えたら、普段は立ち入りが禁止されているかもしれないが、中二階への階段をのぼることになる。ところが、のぼったところで、横に張りわたしたワイヤーをくぐらねばならない（現在は耐震改修工事を終えて一般公開されているほか、ワイヤーも撤去されている）。

これは、垂直に一メートルほど立ちあがっている両側の壁軸組（骨組）が、横にひろがりかけているのをワイヤーで止めているためだ。一九六〇年代前半にはなかったから、もちろんあとで張りわたして補強したものである。

この一メートルほどの立ちあがりが、空間の使い勝手からはたいへん有効なものだが、同時に構造上の欠陥にもなっている。合掌（垂木）上部にわたした小梁（カラービーム）で、水平力を支持しようとして失敗したわけだが、こうした部分は一般に、三角形の底辺にあたる二階床組で水平に固められている。*

わたしが初めて見たころは、まだひろがりはさほど目立たなかったように記憶するが、**そのあとに崩壊のおそれがあるほどになったのであろう。移築時に手直しはされているだろうから、およそ半世紀しか保たなかったということになる。木造建築を設計する際には、木組みが緩むことを計算に入れた、余裕のようなものが必要だということである。

＊ 札幌市時計台では、カラービームだけでなく三角形底辺に相当するレベルに、太い鉄棒のタイビーム（つなぎ梁）をいれて、合掌／垂木が横にひろがるのをとめている。なおカラービームcollar beamの直訳は「襟梁」となるだろうか。

＊＊ 前出の船木さんも、ひろがり変形があったことを指摘しておられる。

3——移転キャンパスの建築

札幌農学校の新キャンパス

北大農学部の前に今も残る、旧昆虫学及養蚕学教室や図書館読書室（ともに登録文化財）などは、わたしの学生時代にはまだ授業で使われていた。そのため、当時はあまり歴史的建築物として見ていなかったことは先にふれた。

それらをきちんと見るようになったのは、昭和五十七年（一九八二）に刊行された『北大百年史』や、平成九年（一九九七）に北大で開かれた「高等教育に関する国際ワークショップ」で講演をおこなったあたりだろうか。*

広く知られていることだが、創立期の札幌農学校は現在の札幌時計台のあたりにあった。一帯が札幌の中心市街地になり、施設としても手狭になった明治三十六年（一九〇三）、旧農学校の農園地だった土地にキャンパスを移転したのである。当初、札幌農学校は今の区分でいう各種学校に近く、この新キャンパス建設の背景には、大学に格上げするという目論見があった。この企ては、四年後の明治四十年に実現している。**

新キャンパスの教室群は、一部だがまだ遺存している。農学部本館は昭和期になって建てかえられたが、要《かなめ》の位置はかわっていない。キャンパス・プランの基本形は、もとのましっかりと継承されているのだ。

＊「札幌農学校の建築」（『北大百年史　通説』北海道大学、一九八二）、および「キャンパスの歴史的建築」（「北大高等教育に関する国際ワークショップ」での講演、一九九七）

＊＊　札幌農学校は明治四十年、東北帝國大学農科大学に改組された。これに対応して翌明治四十一年以降、予科教室や林学教室（現古河講堂、登録文化財）や畜産学教室が建てられていく。その後、大正七年の医科大学（現医学部）設立と同時に北海道帝國大学となった。なお、翌大正八年の高等学校令改正により、官立の工業および農業高等学校（各旧制）などが発足している。

東側の「中央ローン」を抜けて東方からアプローチしていくと、突きあたりの一番奥まったところで農学部本館が迎えてくれる。かわらず継承されたといえば、中央に屹立する本館大時計塔もそうで、時計台以来の伝統的シンボルとされたものであろう。

こうしたキャンパス・プランにはちゃんと名前もあって、北大の場合は「モール（遊歩道）型」と呼ぶのがふさわしいようだ。現存する昆虫学及養蚕学教室と図書館読書室は、このアプローチ空間の北側列を構成しており、その向かい側に南列があったことは容易に想像できる。

一方、南列で最後まで遺存していたのは、東端の農業経済及農政学（森林学）教室だったが、西端の動植物学教室も半分だけ植物園に移築され、「宮部金吾記念館」として現存している。*

「モール型」プランは、アメリカの郊外に建てられた大学キャンパスで多く採用されたらしい。計画的なプランは、郊外地など十分な広さを確保できる場合に初めて実現するものかもしれない。そのルーツは、十九世紀初め（一八一七～二六）に建てられたヴァージニア大学であることがよく知られ、設計者はトマス・ジェファーソン（一七四三～一八二六）である。

もちろん、アメリカ合衆国第三代大統領の方が通りはよいが、多才を誇るルネサンス型の人物で、古典主義建築家としても著名だ。ジェファーソンは、ヴァージニア大学の創設者でありながら、その配置や建築の設計も自らの手でおこなったであろうとされている。

＊動植物学教室に対応する北列西端には、農芸化学（理化学及地質学）教室があった。どちらも建替えられた農学部本館の南北両翼に後継学科が置かれ、もとの位置を継承しているのがおもしろい。図書館読書室に対応する南列中央には、ユニークなデザインのゴシック風大講堂が構想され、図書館とともに主軸に交叉する副軸を考えていたのだろうが、実現しなかった。大講堂の位置には、のちに水産学教室が建てられ、中央講堂自体はこれとは別の南列東側に建てられている。

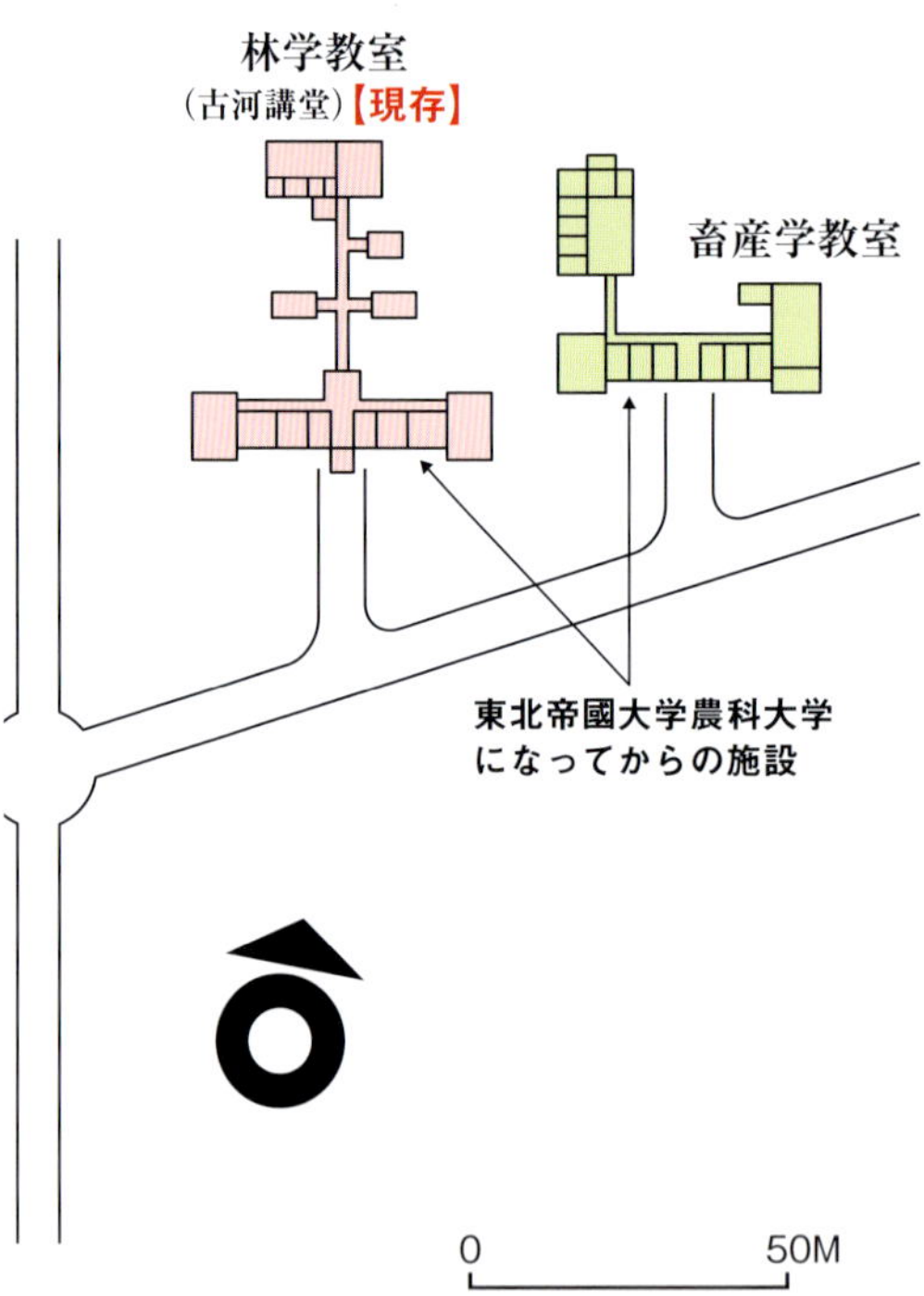

①農芸化学（理化学及地質学）教室（昭和元年頃）、②図書館読書室（昭和元年頃）、③昆虫学及養蚕学教室（昭和元年頃）、④動植物学教室（明治 35 年）、⑤水産学教室（明治 40 年）、⑥農業経済及農政学（森林学）教室（明治期末）　※①〜③『北海道帝國大学創基五十年記念写真』（北海道帝國大学、1927）／④〜⑥北海道大学附属図書館所蔵

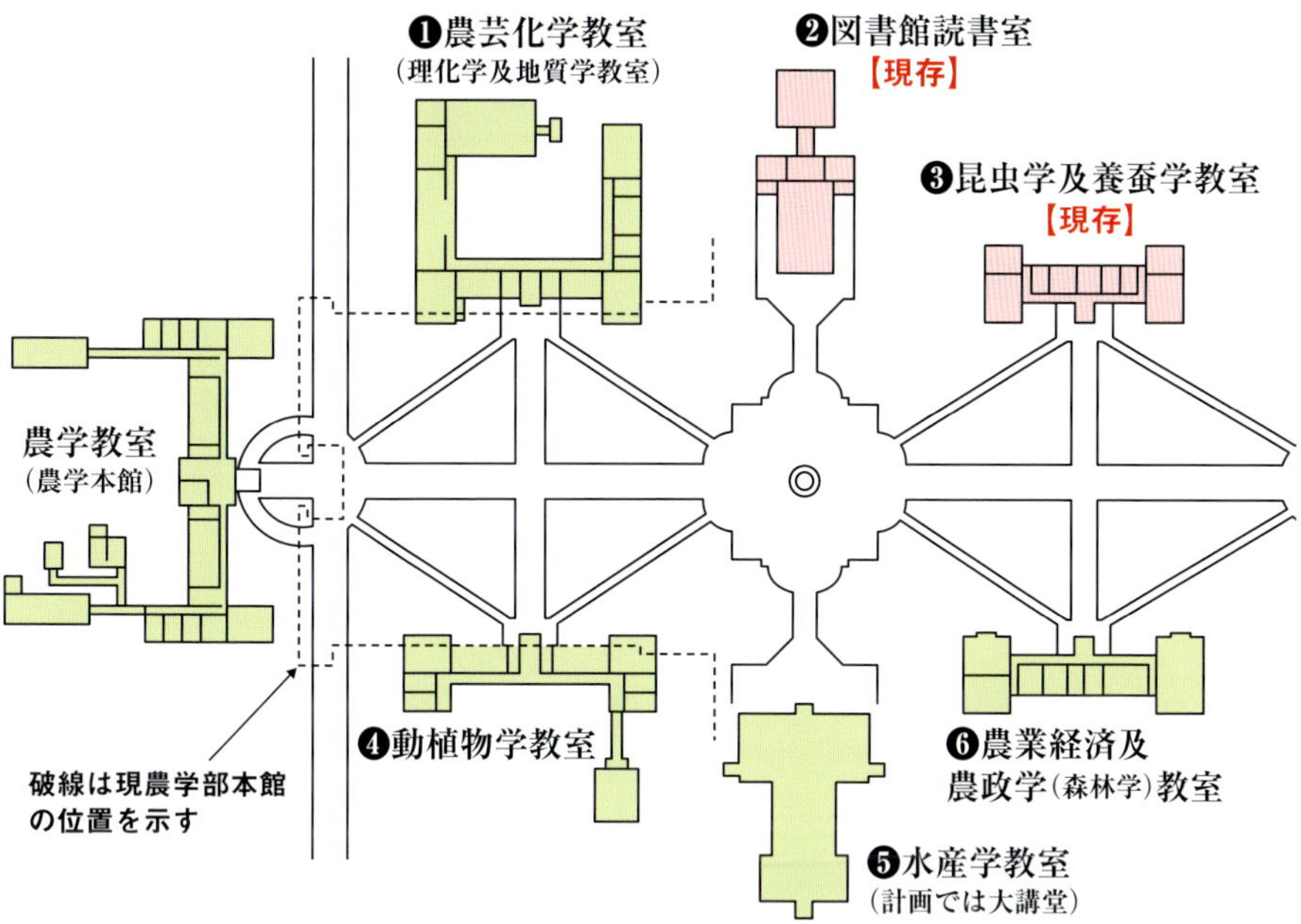

後期札幌農学校　新キャンパスの教室配置図（越野武「札幌農学校の建築」に加筆、『北大百年史 通説』北海道大学、1982）

中心軸をひろびろとした芝生の空間とし、最奥の焦点部にドームをかけたパンテオン＝図書館を置き、芝生〝モール〟の両側に列柱歩廊で結んだ十棟の校舎＝寄宿舎を配したもので、ジェファーソンの理想・理念を表現したキャンパス・プランだった。その図書館を農学部本館にかえたものが、札幌農学校と考えればよい。

こうした東西主軸の奥行きの深い「モール型」プランは、日本ではなかなかお目にかかれないユニークなデザインだ。* 旧帝國大学の場合、歴史ある施設はどこもそうだが、それぞれ独自の歴史があって、人為的というか計画的なキャンパス・プランを読みとることは難しい。

明治二十年代、次々に建設された五つの旧制高等学校のキャンパスが格好の先例なのだが、いずれも正門を入ったすぐのところに、いかめしい左右対称形の本館を構える形式だった。**

「モール型」といえるキャンパス計画は、官学にはほとんどなく、かえって私立のミッション・スクールに例がある。東京・立教大学（大正三年〔一九一四〕築、設計はマーフィ＆ダナ）や兵庫・関西学院大学上《うえ》ケ《が》原《はら》キャンパス（西宮市、昭和四年築、設計はヴォーリズ建築事務所）がよく知られ、*** どちらも大学創設の背景、建築家とも、アメリカに由来するキャンパスである。

建築家・中條精一郎

札幌農学校の校舎建築を設計したのは、こちらもよく知られているように、

* 小篠隆生学位論文より。大学キャンパス・プランについて、いろいろ教えていただいた。

** 第四高等学校（金沢市、明治二十二～二十六年、重要文化財）や第五高等学校（熊本市、同二十一～二十三年、重要文化財）が遺存している。

*** 関西学院大学のキャンパスについては、拙著『時と人と』（私家版、二〇一八）でふれた。そのほか、山形政昭『ウィリアム・メレル・ヴォーリズの建築』（創元社、二〇一八）、山形政昭・吉田与志也『日本評伝選　ウィリアム・メレル・ヴォーリズ』（ミネルヴァ書房、二〇二一）を参照した。

札幌農学校農学教室（明治 34 年築、取壊し）。上は農学教室正面、下は教室裏手と園芸用温室　※ともに『北海道帝國大学創基五十年記念写真』北海道帝國大学、1927

中條《ちゅうじょう》精一郎（一八六八〜一九三六）とされる。問題は、こうしたキャンパス・プランを決めたのもまた、中條かどうかということである。

というのも、中條は農学校着工の前年にあたる明治三十一年（一八九八）、東京帝國大学建築学科を卒業したばかりだったからだ。農学校校舎の起工式は明治三十二年六月におこなわれたのだが、中條が札幌へ出張を命ぜられたのはその翌月の七月だった。

起工式の新聞記事*をつぶさに読むとわかるのだが、「モール型」キャンパス・プランの基本はこの時点でちゃんと確定していたものの、細部はちょっとちがっていた。** ここからは想像でしかないのだが、中條は札幌赴任前、東京で農学教室の建築設計くらいは済ませていたのであろう。

キャンパス・プランの方はなんともいえないが、むしろアメリカとの繋がりが強い農学校創設以来の伝統を継承した、農学校教授陣のなかで発想されたものではないかと推定してみたいところである。

新キャンパスの建築デザインは、青年建築家の出だしを飾るにふさわしく***、白漆喰塗りの外壁、瓦葺きの屋根によって清楚な統一感を印象づける。個別に見ていくと、古典様式の要素である切妻破風のペディメント、軒蛇腹《のきじゃばら》（軒を支える帯状の装飾）、ペディメントつき開口部、ピラスター（壁面に付けられる装飾用の柱）などを簡略化しながら、かなり自由に組みあわせている。

中央時計塔を建てた農学教室はもっとも格式が高く、均整を重んじた古典的構成を示している。次の教室対では、ブロークン・ペディメント（軒と壁の頂

＊『北海道毎日新聞』（一八九九年六月十四日付）

＊＊北側校舎が東から農芸化学、昆虫学及養蚕学、南側が同じく動植物学、農業経済及農政学の各教室を配置し、実施プランとは逆になっていた。また、「大講堂図書館寄宿舎等の諸建物は皆此処より北東の方に建築せらるゝ予定」であった。ただし『札幌農学校』（第三版、明治三十五年）所収の新キャンパス鳥瞰透視図「札幌農学校改築教室予定図」や、遺存する建築設計図のうち、少なくとも農学教室の分は中條自筆と推定されているから、中條が札幌赴任前に配置も設計していた可能性がある。

＊＊＊中條精一郎は農学校の新キャンパスが完成する前年に札幌を離れ、イギリス留学に出かけた。帰国後、文部省を辞し、先輩の曽禰達三と組んで建築事務所を開設する。日本ではまだ、建築設計事務所があまりない時代で、当時日本では最大の事務所だった。事務所の建築作品は北海道でもいくつか知られているが、設計に才をふるったのはどちらかと言うと曽禰の方で、中條は主として事務所の経営にあたったとされる。札幌農学校の新校舎は、中條が直接手がけた貴重な建築作品というべきかもしれない。

部にある帯状の装飾〔コーニス〕が中央部で断絶したデザイン）やパラディアン・ウィンドウ（頂部が半円形の窓）を用いて、やや破調と動きのある意匠にし、図書館読書室・大講堂（計画時）対で思い切った表現をはさんだあと、東端の教室対はもっとも簡素かつ平明な意匠に仕上げた。

当然のことだが、古典的な建築ヴォキャブラリー（語彙）の豊かな知識を展開しているわけで、この時代の建築教育のレベルを物語っている。

＊ 大規模な建築工事に対処するため、大正七年に北海道帝國大学建築事務所が設置され、同十一年には営繕課に改組された。

4――大正から昭和へ

「様式主義」建築の理解

明治四十年（一九〇七）、東北帝國大学農科大学に昇格し、大正七年（一九一八）四月には北海道帝國大学として独立したことで、理系総合大学への拡充が開始された。医学部以下、工学部、理学部が設置され、もちろんそれぞれの施設が新たに建てられていった。＊

同じ歴史的建築とはいえ、昭和期の建築ともなると語る方のわれわれの立場や頭の中身もあって簡単にはいかない。そのうえ、それぞれの建築にとりくんだ建築家の設計ヴォキャブラリーも格段に豊かになっている。

比較的単純な木造洋風建築にしても、「腰壁」のところでふれたようになかなか複雑なデザイン体系があったらしい。結論だけ言ってしまうと、われわれの方の研究がまるで追いついていなくて、対等に建築を語れないといった案配なのである。

かつての理学部本館や農学部の建築では、「様式主義」が前面に立ちはだかってくる。同じヨーロッパ建築の「様式」でも、われわれだとせいぜい概要知識があるだけなのに対し、その時代に薫陶を受けた方々の場合、その「様式」で設計することができる。つまり、細部にいたるまで「ナントカ様式」を正確

農学部新館高塔より理学部を望む。昭和 11 年撮影（北海道大学文書館所蔵）

＊ 十世紀末から十二世紀にかけて、ヨーロッパ各地で発展した教会建築の様式。石造の厚い壁や小さな窓、半円アーチを特徴とする。ちなみにロマネスクは「ローマ風の」という意味。

に描きだすことができるのである。

わたしが教えを受けた先輩教員のなかには、まさしくそのように手の動く力がおられて、脅威を感じた憶えがある。さらにおまけを言うと、大正期から昭和初期にかけてこの時代は、この「様式主義」が崩壊過程にあり、それを「否定」するトレンドも生まれはじめていた。よってますます話がこんがらかってくる――といった事情を前提としての話となっていく。

理学部と農学部本館

北海道帝國大学理学部の建築（昭和四年〔一九二九〕築、現北大総合博物館）は、建築学会の『建築雑誌』に掲載された紹介記事に、「中世復興式」と様式が明記されている。「復興式」はリヴァイヴァルの訳だが（ルネサンスではない）、大学建築を中世様式で装うのにはひとつの理屈がある。

そもそもヨーロッパ世界における大学の起源は、しばしば中世の修道院にあった。そして、そのことを連想させることにより、正統性を強調しようというのである。日本でも中世様式の大学建築は多い。実は同じような理屈から、ルネサンス＝学芸復興に起源する大学も多く、ルネサンス様式ないしは古典的なギリシャ様式までさかのぼって装うものも少なくない。

理学部本館は「中世復興式」であるが、おおざっぱにいえばロマネスク様式＊を下敷きにしている。なによりも、円アーチ窓とバットレス（屋外に張り出した柱状の壁）の外観がそうだし、「ロンバルド帯」と呼ばれる軒を飾る小アー

北海道大学理学部本館（現北大総合博物館、昭和 4 年築）。外観はロマネスク様式だが、建物全体としては初期ゴシックを加えて「復興（リヴァイヴァル）」し、テラコッタが多用されている。上は昭和 11 年撮影の北海道帝國大学時代（『札幌市写真帖』札幌市役所、1936 ／北海道大学附属図書館所蔵）、下は昭和 62 年筆者撮影の理学部本館

チ列は、ロマネスク建築の大きな要素に数えられる。

しかし、中央玄関や「アインシュタイン・ドーム」と呼ばれる三階階段ホール天井の尖頭リブ・ヴォルト（リブ〔肋骨〕つきのアーチ型天井）は、初期ゴシックのスタイルである。ロマネスクとゴシック、双方を併せて「中世」と言っているわけだ。

アーチの縁は本来、石積みなのだろうが、理学部では焼きもののテラコッタ製である。また外壁全体は、縦に掻き傷をいれたスクラッチ・タイルを貼っているのだが、これらの窯業産物については、それはそれで背景が語られる必要がありそうだ。当方の知識が貧弱なだけかもしれないが、大型の焼きものを製作するのは簡単ではないはずである。

スクラッチ・タイルについては、F・L・ライトの帝国ホテル（大正十二年〔一九二三〕）で採用され、以降流行したとされているが、それ以上のことはあまり語られていない。なかに入ると、正面階段まわりには一見大理石に見える仕上げがあるが、これは漆喰壁に模様を描いたものである。これなどは、ヨーロッパの建築で存外に多く使われている技法なのだが、日本での類例を調べあげてみる必要がありそうだ。＊

では、農学部（昭和十年築）ではどうだろうか。外周の窓開口は長方形に単純化されており、ここだけを見ると著しく近代的なデザインである。

北海道大学理学部本館（現北大総合博物館）3階階段ホールの「アインシュタイン・ドーム」（撮影年不詳）

＊豊平館のマントルピースには、白大理石風の「石」が使われているが、これも装飾漆喰塗りによるものである。

北大農学部本館（昭和 10 年築）。上は平成 3 年筆者撮影、下は平成 30 年撮影

＊ 実際のオランダ語では「ヒルフェルスム」のように発音する。

＊＊ 一九二〇〜三〇年代の日本で、アメリカ建築の影響により主に住宅建築で流行した建築様式。緩い屋根勾配や小さい軒の出、明るい外壁などを特徴とした。

北海道大学農学部本館4階の大講堂（昭和10年築、平成9年筆者撮影）。内部にはアール・デコのデザインが見られる

昭和五十七年発行の『北大百年史』では、「大塔のシャープなシルエット」を含めて「同時代の北欧近代建築、たとえばW・M・デュドックのヒルヴェルシウム市庁舎＊に通ずる」と書いたのだが、ことはそう単純ではないだろう。

小割の板ガラスをはめた玄関扉のデザインや、中央大塔の繊細な装飾の部分実測図を描いた憶えがあるが、その複雑さは驚嘆させられるものだった。こうしたレースのような装飾は、遠目にはかすむことで、全体としては単純化された〝近代的〟な印象を生む場合がある。日本の「スパニッシュ建築＊＊」にも、そうした効果が指摘されているようだ。

農学部のなかに入り、大講堂などのインテリアをつぶさに眺めていくと、照明器具などあちこちにアール・デコのデザインが見られる。こんなことに気がついたのも、そんなに早くからのことではない。

北海道大学農学部本館（昭和10年築、平成9年筆者撮影）の脇扉口に見られるデザイン

＊ 吉田鋼市によるアール・デコ建築研究が著作として刊行されたのは、平成期後半になってからのことである。『アール・デコの建築』（中公新書、二〇〇五）、『日本のアール・デコ建築入門』（王国社、二〇一四）、『日本のアール・デコの建築家』『日本のアール・デコ建築物語』（各王国社、二〇一六）など。

怠慢といわれればそのとおりなのだが、アール・デコをきちんと評価し、個別のデザインを語れるほどのヴォキャブラリーがこちらに十分あったとは、とてもいえないような気もするのである。＊

モダニズム建築

前々項で、「様式主義」を「否定」するトレンドにふれた。理学部本館と同

上は北海道帝國大学附属病院伝染病棟（昭和４年築、取壊し、北海道大学建築デザイン学研究室所蔵）。理学部と同年の建築だが、モダンなデザインは当時、大学営繕課にいた岡田鴻記によると考えられている。下は北海道帝國大学理学部附属厚岸臨海実験所（現北海道大学厚岸臨海実験所、昭和６年築、岡田設計所蔵）。こちらも岡田が設計に参加したと思われる

じ昭和四年（一九二九）に建てられた北海道帝國大学附属病院伝染病棟が、ちょっと古めかしい理学部とは対照的なモダニズムの建築[*]だったからである。研究室に一枚の外観写真があって[**]、戦前期にもこんなモダンな建築があったのだと感銘を受けていた。北海道でモダニズム建築といえば、旧逓信省札幌逓信局庁舎（昭和十四年築、15頁参照）くらいしか知らなかったのである。

伝染病棟は鉄筋コンクリート造二階建ての建築で、窓開口を並べただけの単純な矩形のすがたをしており、屋上と側面の三角ガラス面温室やパーゴラで立体的な構成に徹しているのが印象的だった。こういうデザインは、機能主義とかインターナショナル・スタイルとかいろいろ呼ばれるのだが、ここでは「モダニズム建築」と言えばよいだろう。

厚岸の北海道帝國大学理学部附属厚岸臨海実験所（現北海道大学厚岸臨海実験所、昭和六年築）はその仲間で、できばえもずっと優れているように思える。だが、実見できたのはかなりあとになってからのことで、これについては拙著『北海道のまちと建築　老眼遊記』（私家版、二〇二四）でふれることにしたい。

「様式主義」建築の場合、同じ建築家がさまざまな様式を選択して使う、というところがあるのだが、それもある範囲内でのことだろう。そもそもモダニズムには、歴史的様式（の選択的使用）を否定しようという理論というか、建前がある。そう考えると、やはり伝染病棟や厚岸臨海実験所のような建築は、理学部と同じ建築家の手から生まれたとは考えづらい。

＊「モダニズム建築」は、それほど厳密な区分けを意味しているわけではない。近代建築と区別するための「主義」として、意図的に主張した建築——くらいの意味で使う。ところで、ニコラウス・ペヴズナーは著書『モダンデザインの展開』（原著増補版、一九四九／白石博三訳、一九五七）の執筆に際して、古典主義建築家C・バリーがイギリス国会議事堂をゴシック様式で設計（競技設計優勝）したことから書きおこしたことは有名な話である。直接見聞したところでは、樺太の豊原（現ユジノサハリンスク）に建てられた樺太庁長官官舎と守備隊司令官官舎（各明治四十一年築）は、まったく同じ平面の建築を、それぞれ外観だけスティック・スタイルとネオ・ゴシックで設計している。このことを初めて知ったときは驚嘆してしまった。

＊＊ 日本建築学会北海道支部編の写真集『北海道の建築』（一九五七）、同『北海道の建築一八六三〜一九七四』（一九七五）参照。

北大営繕課の建築家たち

こうした建築デザインでは、設計した建築家がとても大切になってくる。曲がりなりにではあるが、営繕組織のトップは知られている。

前述したように明治三十年代の農学校では、文部技師の中條精一郎、東北帝大農科大学時代には文部技師の新山平四郎*（一八六九〜？）がいた。医学部や工学部の時代だと、文部技師の田中豊太郎（一八七〇〜一九四七）、理学部や農学部は営繕課長をつとめた萩原惇正（一八九二〜？）である。

おもしろいのは、中條が農学校新キャンパスの仕事をほぼ終えるや札幌を離れたように、田中にしても萩原にしても、主な仕事の完了とともに職を辞していることである。**仕事のあるところを移っていく専門職といったところだが、この時代の建築家にはよく見られたことのようである。

手がかりになるのはまず履歴なのだが、かかわった建築の設計にあたって、どのようなことを考えたかまではわかりようがない。偶然にも、北大以外に手がけた建築が見つかることもあって、これらは有力な手がかりになる。

萩原惇正については、北大赴任前の北海道庁時代に、札幌で北海道庁立図書館（大正十五年〔一九二六〕築、現北菓楼札幌本館）を設計しており、杉野目邸（昭和八年〔一九三三〕築、登録文化財）も手がけたという（透視図は岡田鴻記による）。杉野目晴貞は理学部創設時の教授であるから、そのつながりがあったのであろう。また、函館のメソジスト教会（日本基督教団函館教会、昭和六年築、現存）にも記録が残っていた。

＊ふれる余裕はなかったが、農科大学林学教室（現古河講堂）などは、新山の設計とされる。茨城県出身の新山は、工手学校造家学科卒業の建築家で、明治二十九年に文部省に入省した。農科大学新営工事の時は、並行して小樽高等商業学校（現小樽商科大学）の建築も担当したと考えられている。

＊＊田中豊太郎は工学部が完成した大正十三年、札幌工事事務所長から旭川の日赤病院に転じている。田中はしばらく札幌で活動していたらしく、旧藪商事ビル（現三誠ビル、中央区南一西十三、大正十五年築）は田中の設計と伝えられている（皆川雄一ほか「田中豊太郎〔一八七〇〜一九四七〕の建築活動」日本建築学会大会梗概集、二〇〇二）。萩原惇正は農学部本館が完成した昭和十年、営繕課長を退官。病弱のためという。

こうしたいくつかの建築をつなげて、建築創造の世界へせまっていこうというわけである。いずれにしても、北大の建築デザインを深く考える手だてとしては、まだまだ不足しているというよりない。*

昭和初期、萩原課長（昭和二〜九年）の時代を中心に、北大の営繕組織はもっとも充実していた。というのも、この当時の北海道帝國大学では、総合大学の要《かなめ》となる理学部、次いで農学部本館の建替えという巨大建設がつづいていた

上は明治 43 年撮影の農科大学林学教室（現古河講堂、明治 42 年築、北海道大学附属図書館所蔵）。設計は新山平四郎とされる。下は萩原惇正設計の旧北海道庁立図書館（現北菓楼札幌本館、大正 15 年築、昭和 37 年撮影、札幌市公文書館所蔵）

＊『北大百二十五年史　通史編』（北大、二〇〇三）など。北大営繕組織については、池上重康ほか「北海道帝国大学の沿革と建築技術者について」（日本建築学会計画系論文集　第五四一号、二〇〇一年三月）などがある。岡田鴻記については、大田雄介ほか「岡田鴻記（一九〇七〜一九八二）の経歴と設計活動」（日本建築学会北海道支部研究報告、二〇〇七）、原朋教、角幸博、大田雄介「建築家・岡田鴻記の経歴と建築活動について」（日本建築学会計画系論文集　第六二五号、二〇〇八年三月）。このあたりのことは、二〇〇〇年代になって急速に研究が進んだわけで、知識が「不足」しているのは、新しい研究に追いついていなかっただけなのかもしれない。

旧北海道（札幌）師範学校（のちの北海道教育大学札幌分校、昭和4年築、取壊し、『札幌市写真帖』札幌市役所、1936／北海道大学附属図書館所蔵）

からである。大建築というだけでなく、これら二つの建築では、鉄筋コンクリートという新しい構造がとりいれられたことも背景にあった。

鉄筋コンクリート構造は、すでに明治期末から大正期に日本全体で試みられていたが、まだまだ揺籃時代であった。北海道では函館が先進地だった*ものの、札幌では北大理学部本館（と同年の昭和四年に竣功した北海道師範学校）が、大規模な建築としてはほぼ初ともいえる鉄筋コンクリート造建築だった。

揺籃時代と書いたが、大建築や公共建築では急速にひろまりはじめていた時代、といい直したほうがよいかもしれない。ただし構造技術自体は難しく、かなり高度な教育を経た技術者でなければ扱えないものでもあった。

札幌で最初の鉄筋コンクリート造建築とされる旧藪商事ビル（現三誠ビル、中央区南一条西十三丁目、大正十五年築）が、北大営繕の建築家だった田中豊太郎の手によるものらしいこと。また、萩原惇正が設計した北海道庁立図書館（現北菓楼札幌本館）や同年築の札幌控訴院**（現札幌市資料館）が、単純な鉄筋コンク

＊ 初期鉄筋コンクリート造建築としてよく知られるものでは、明治四十五年起工の大谷派本願寺函館別院本堂が、大正四年に竣功している。このほか、函館図書館書庫（大正四年定礎）や室蘭機関車庫（大正二年築、取壊し）があり、これらは北海道でもっとも早い鉄筋コンクリート造建築と思われる。

＊＊ 大正十五年竣功の札幌控訴院（現札幌市資料館、重要文化財）は、次のⅣ章「札幌の煉瓦・石造建築」でふれたい。

リート構造というより、組積造《そせきぞう》を組みこんだ過渡的な構造だったらしいこと。これらの事実は、この時代の様子をよく物語っている。

転換期のキーマンだった岡田鴻記

昭和初期の北大理学部建築の時代に営繕課へ入った岡田鴻記《こうき》（一九〇七〜八一）は、ひょっとするとこの転換期のキーマンだったのかもしれない。

理学部本館も農学部本館も、一般には萩原惇正の設計とされている。営繕組織を統括した役柄としてはたしかにそうなのだが、岡田の役割も過小評価するわけにはいかない。特に農学部本館では岡田の役割が大きくなっていて、だれの設計かを断言するのは難しい。

少なくとも、インテリアにちりばめられたアール・デコは、岡田のデザインとしてよかろう。[*] 外観の主調こそ萩原が主導したものの、ここでも岡田がかなり積極的にかかわっていた——くらいには想像しておきたい。

岡田鴻記の名を初めて知ったのは、札幌の杉野目晴貞邸（昭和八年〔一九三三〕築）で拝見した、杉野目邸の外観透視画に記されたサインだったと記憶する。[**] 北大教授でのちに学長も務めた杉野目が、岡田の能力を愛でて個人的な邸宅設計にともなったのであろう。

杉野目邸をハーフティンバー・スタイル（柱や梁の木組みの間を漆喰や煉瓦で埋めて壁にした木造建築、半木骨造とも）でデザインしたのは萩原かもしれない。しかし、理学部と同年に建てられた医学部附属病院伝染病棟（139頁参照）な

＊ アール・デコ（Art Deco）は、この時代のモダニズムと重なることがある。一九二五年に開催された「パリ現代産業装飾芸術国際博覧会（International Exhibition of Modern Decorative and Industrial Arts、パリ万国博覧会とも）」以降に流行したとされ、様式名もこの博覧会の名称にちなむ。しかし実際には、そのもっと前から各地で見られる様式であった。

＊＊ 岡田設計事務所（現岡田設計）の存在はかなり以前から知っていたが、建築家の岡田鴻記とは長らく結びついておらず、鴻記が昭和二十五年に設立したことをあとから知った。子息で現会長の岡田孝生君は、北大建築工学科を卒業しており、父君の事績を私家版として著作にまとめている。

萩原惇正・岡田鴻記設計の杉野目晴貞邸（昭和18年築、中央区南19西11、平成23年撮影、角幸博所蔵）。外観のハーフティンバー・スタイルが目を引く

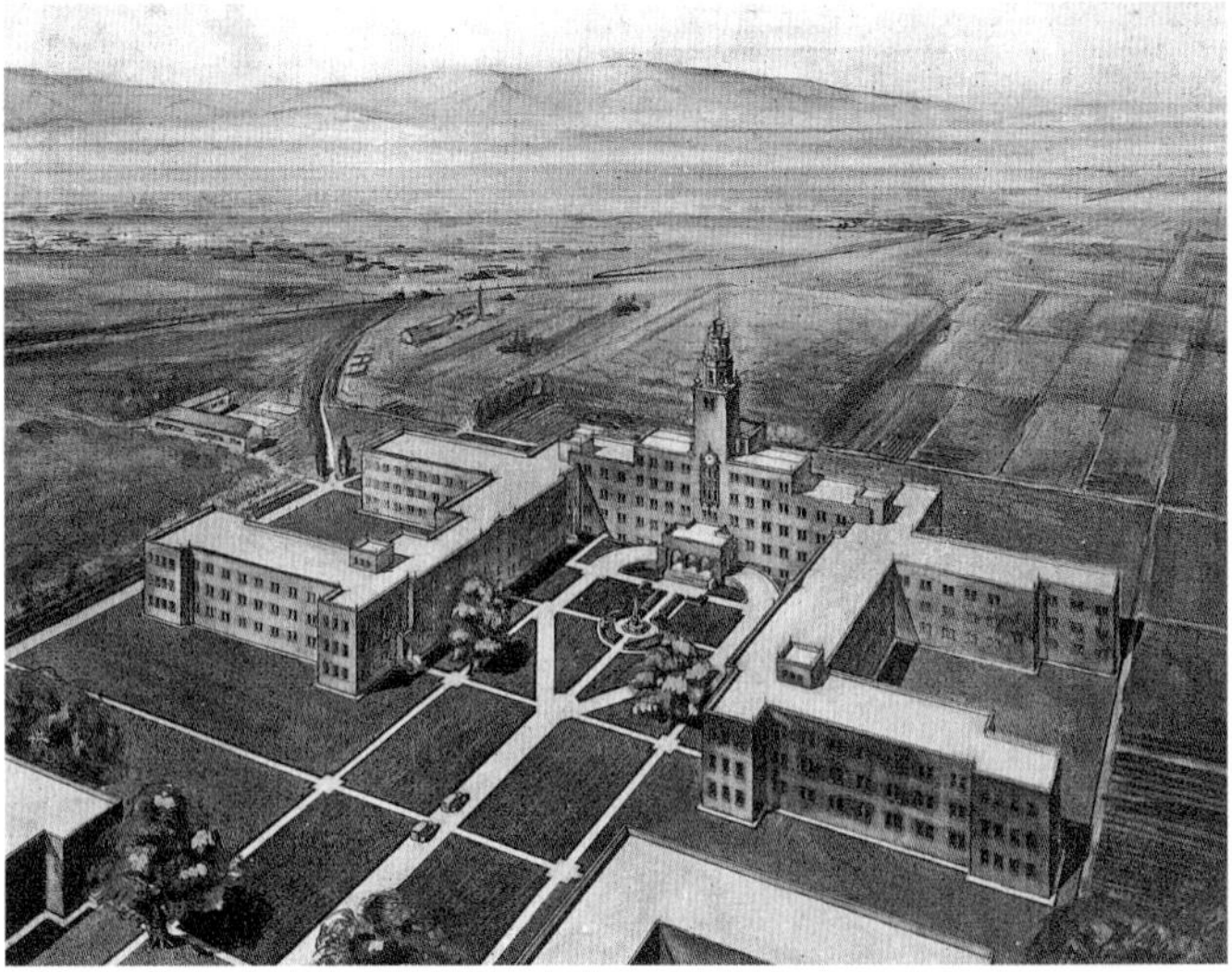

上は農学部の建替えに際して描かれた将来計画図（作成年不詳）。下は北海道大学農学部本館（昭和 10 年築、竣功当時の撮影か）。旧本館同様、学部校舎群の要を占める位置に建てられた　※ともに岡田設計所蔵

どのモダニズム建築になると、岡田の設計比重の方が高くなっていたと考えた方が自然である。厚岸町の厚岸臨海実験所（139頁参照）ではなおさらであろう。*

岡田鴻記は下富良野村（現富良野市）扇山の生まれで、昭和三年に神戸高等工業学校建築科を卒業してすぐ北海道帝國大学営繕課に入った。神戸高等工業学校建築科は大戦後、現在の神戸大学に継承されるが、岡田の時代に鉄筋コンクリート工学を講じていたのは田邊平学《たなべへいがく》（一八九八〜一九五四）だった。** おもしろいことに、萩原惇正も同じ学校の卒業である。学校つながりで、二十歳年下の後輩を配下に迎えいれたことになる。***

岡田は北大退官後の昭和二十五年、旭川市に岡田設計事務所（現岡田設計）を開設した。旭川事務所は「開基六十周年記念北海道開発大博覧会」の施設設計を目的に設けており、二年後には札幌に移っている。子息の岡田孝生君は、昭和四十年に北大建築工学科を卒業しており、のちに事務所を継承した。

ここまでしばしば引いた大田雄介君らの岡田鴻記研究も、岡田孝生君の協力によって成し得たことを、ここに書き添えておきたい。

＊　岡田は医学部の施設五件に携わっており、そのなかの製剤室（鉄筋コンクリート造二階建）は「矩形に円形を挿入した平面構成は、厚岸臨海実験所に類似する」とされる（前掲、原朋教ほか「建築家・岡田鴻記の経歴と建築活動について」）。

＊＊　田邊平学は大正十一年、東京帝國大学卒業。昭和十一年に刊行された『高等建築学』の第九巻「鉄筋コンクリート構造」の執筆を担当した。岡田鴻記は『高等建築学』刊行前だったが、実務で田邊の講義ノートを活用したという。岡田が昭和六年、北海道帝國大学予科の助教授になって構造力学を講じたのも、鉄筋コンクリート構造が新たに導入された当時の時代背景があったと思われる。

＊＊＊　前掲の大田雄介らによれば、やはり神戸高等工業学校を卒業し、萩原を追うように北海道庁から北大営繕課に移った小林諭一（一九〇一〜？）が、理由は不明ながら昭和三年に退官する際、自らの後任として二年後輩の岡田を起用したのが実際の経緯らしい。岡田が北大営繕課を辞めたのは昭和十九年一月で、終戦前後は赤平を拠点にして建築以外の業務も手がけた。旭川市に事務所を開設したのは、出身地の富良野に近かったことが背景にあるように思われる。岡田は庁立旭川中学校を卒業している。

Ⅳ 札幌の煉瓦・石造建築

［明治中期以降の展開］

北海道大学
札幌製糖会社工場
（現サッポロビール博物館）
5
北海道製麻（帝国製麻）工場
札幌駅
札幌麦酒会社第一工場
（現サッポロファクトリー
レンガ館）
さっぽろ
12
開拓使石庫
北海道庁赤煉瓦庁舎（旧本庁舎）
北海道立図書館
（現北菓楼札幌本館）
大通
札幌控訴院庁舎
（現札幌市資料館）
水原寅蔵の店舗と石蔵
豊平川
西4丁目
西8丁目
狸小路
藪商事ビル（現三誠ビル）
資生館小学校前
すすきの
豊水すすきの
36

中島公園
山鼻9条
豊平川
西線9条旭山公園通
230
豊平館
西線11条
ホテル三愛
（現札幌パークホテル）
※V章 214頁参照
453
行啓通
幌平橋
西線14条
静修学園前
中の島
西線16条
杉野目晴貞邸
※III章 143頁参照
89
ロープウェイ入口
幌南小学校前
札幌もいわ山
ロープウェイ
中央図書館前
北海道（札幌）師範学校

【章題について】
煉瓦造と石造建築を合わせて「組積造（そせきぞう）」とする建築用語がある。しかし、一般に使われる用語ではないため、本章では「煉瓦・石造建築」といいかえ、双方をとりあげる。なお素材の種類とは別に、塊状の材料を積みあげる構造を組積造ということもある（素材が木の場合は「校倉」）。字面からすると、こちらの方が正しいかもしれない。

＊ ヨーロッパでは、オランダが赤煉瓦建築の多い地域で、イギリスではある時代様式の特色として、赤煉瓦むき出しの建築があげられたりする。著名なデザイナーであるウィリアム・モリスの自邸が「レッド・ハウス」の愛称で親しまれるのは、外壁が赤煉瓦のままだからだ。わざわざ地域性や様式特徴のひとつにあげるくらいだから、表面を石張りなどにして、煉瓦を隠してしまう方が普通の感覚だったのであろう。ただし、これは建築様式（アーキテクチュアル・スタイル）のことで、工場のような実用建築はまた別の見方をする。

1――赤煉瓦の時代

明治中期を代表する赤煉瓦建築

北海道の建築を表象するのは赤煉瓦ではないか、と指摘されたことがある。だいぶ昔のことで、当時は木造の初期洋風建築しか頭になかったから、それはちがうと即答したのだが、今ならそういうとらえ方もあるかも――くらいに受けとめられるのではないだろうか。

札幌だと、だいたい明治十年代までは木造建築しかなく、明治中期になって煉瓦造《れんがぞう》建築がめだつようになってくる。建物の数はともかく、煉瓦造は大建築が多いし、また日本では、赤煉瓦をむき出しのままにすることが多く、煉瓦構造をなかに隠して、表側を石造に見せる建築＊はむしろ少数派かもしれない。もちろん、これは札幌にかぎるわけでもない。

ともかく明治初期の木造建築の時代にかわって、中期以降は赤煉瓦建築の時代だったといっても、そう的はずれではないだろう。そんな札幌の明治中期の建築を代表するのが道庁赤煉瓦庁舎で、この建築が本章前半の主題となるが、その話をはじめる前にそれ以外の建築にもちょっとふれておきたい。

赤煉瓦建築といっても、工場のような実用建築が大半を占める。札幌では明治十六年（一八八三）、札幌東郊の白石村（現白石区）で遠藤煉化場が持続的な生産を開始したことにはじまるという。* 煉瓦の産地はその後、東隣りの野幌や江別が本場になっていくが、白石村の煉瓦製造は道庁の庁舎建設のためと伝えられている。最初の煉瓦が、実用的な工場建築ではなく官庁建築に供されたあたりが、官主導で開かれた札幌らしいところといえるだろう。

もっとも札幌の東郊や野幌、江別で煉瓦が盛んに生産されるようになったのは、なにより鉄道建設のためで、** その後も、もっぱら土木構築物や実用産業建築を支えていたと思われる。そうした趨勢から考えると、道庁庁舎を赤煉瓦むき出しのスタイルで設計したことは、特別に評価する必要があるかもしれない。

札幌麦酒会社第一工場

道庁庁舎は次節でとりあげるが、それ以外の札幌を代表する赤煉瓦建築といえば、やはりサッポロビールの醸造所（旧札幌麦酒会社第一工場、明治二十五年〔一八九二〕以降築、現サッポロファクトリーレンガ館、中央区北2条東4丁目）だろうか。北三条通りに面してそびえる古びた赤煉瓦壁には、かつてこの通りを歩くたびに威圧感を憶えた記憶がある。

幼少時からの行動範囲では、煉瓦造の旧北海道製麻の工場***（のちの帝国製麻、明治二十三年築、中央区北7条東1丁目、取壊し）が近くにあって、頻繁に通りかかったものだ。同じ年に竣功した旧札幌製糖会社の工場（その後、札幌麦酒会社製麦所に転用、現サッポロビール博物館、東区北7条東9丁目）は、煉瓦造の建物が広い敷地のなかにあり、遠目で眺めていたような気がする。

＊ 函館周辺では、もっと早くから煉瓦が使われていた。開拓使が茂辺地村（現北斗市）に煉化石製造所を設け、煉瓦の試作をはじめたのは、明治五年のことである。二年後には函館支庁金庫や函館常備倉が煉瓦を使って建てられた。

＊＊ 明治十三年に開通した幌内鉄道の小樽・札幌間の鉄路自体は、仮設的な木構造で建設された。道庁舎に先立つ明治十八年には、小樽・手宮に赤煉瓦の機関車庫（重要文化財）が建てられており、その前後から鉄路を煉瓦造で補強してつくりかえる工事が進められた。

＊＊＊ 明治二十三年の操業開始時は、北海道製麻だったが、同四十年に日本製麻と合併して帝国製麻（現帝国繊維）となった。

上は創成川河畔に建てられた煉瓦づくりの北海道製麻の工場（のちの帝国製麻工場、明治 23 年築、取壊し、明治 23 年頃撮影）。下は札幌麦酒会社製麦所（旧札幌製糖会社工場、現サッポロビール博物館、明治 23 年築、明治末期撮影か）　※ともに北海道大学附属図書館所蔵

明治九年に開拓使が開業した麦酒醸造所*の払下げを受けて、札幌麦酒会社が設立されたことはよく知られる。渋沢栄一らが、葡萄酒ではなく麦酒の方に可能性を見出した経営的な慧眼には感服するよりほかないが、札幌麦酒は設立後の明治二十年代以降、大々的な煉瓦造の醸造所を建設していく。麦酒党としてはいうことなしだが、ワインがうまくいかなかったのは残念な気がする。ワインによる変革は、食事体系全体に影響が及ぶからだろうか。

正確なことはわからないが、聞くところによると明治期からビールの醸造自体は流れ工程で、施設規模も一定で済むのだが、できあがったビールはその後、数か月寝かせておく必要があるという。そのため、貯酒発酵室の大きさが生産量を左右するらしい。

かつて第一工場の貯酒発酵室だった建物は現在、商業施設「サッポロファクトリーレンガ館」の一部として保存活用されている。北三条通りに面して並ぶ旧醸造所の建物のうち、東側の仕込室（製氷室）、機関室が前者の製造部分にあたるため、ビール生産量の大小にかかわらずあまり規模を拡大する必要はない。**

一方、西側のひときわ大きな三角妻壁を二つ並べた部分が、後者の貯酒発酵室にあたり、その規模がそのまま生産高をあらわすことになる。明治二十五年の創建当時、貯酒発酵室は今よりずっと小さな建物だったが、明治末期にかけて平屋から二階建てになり、さらに棟長も後（南）側にのばしていった。

サッポロファクトリーに転用する前の調査時だったと思うが、この貯酒発酵室の一部に開拓使時代の「穴庫《あなぐら》」があるはずだと耳にしたが、見つけることは

＊ 同時に、隣接して葡萄酒醸造所も開業したことは、64頁でふれた。

＊＊ 東端の旧製氷室のファサード（建物正面）は、大正期初頭にいま見るような装飾性の強いバトルメント（西洋の城郭や要塞の最上部に見られる鋸壁）に改造されている。

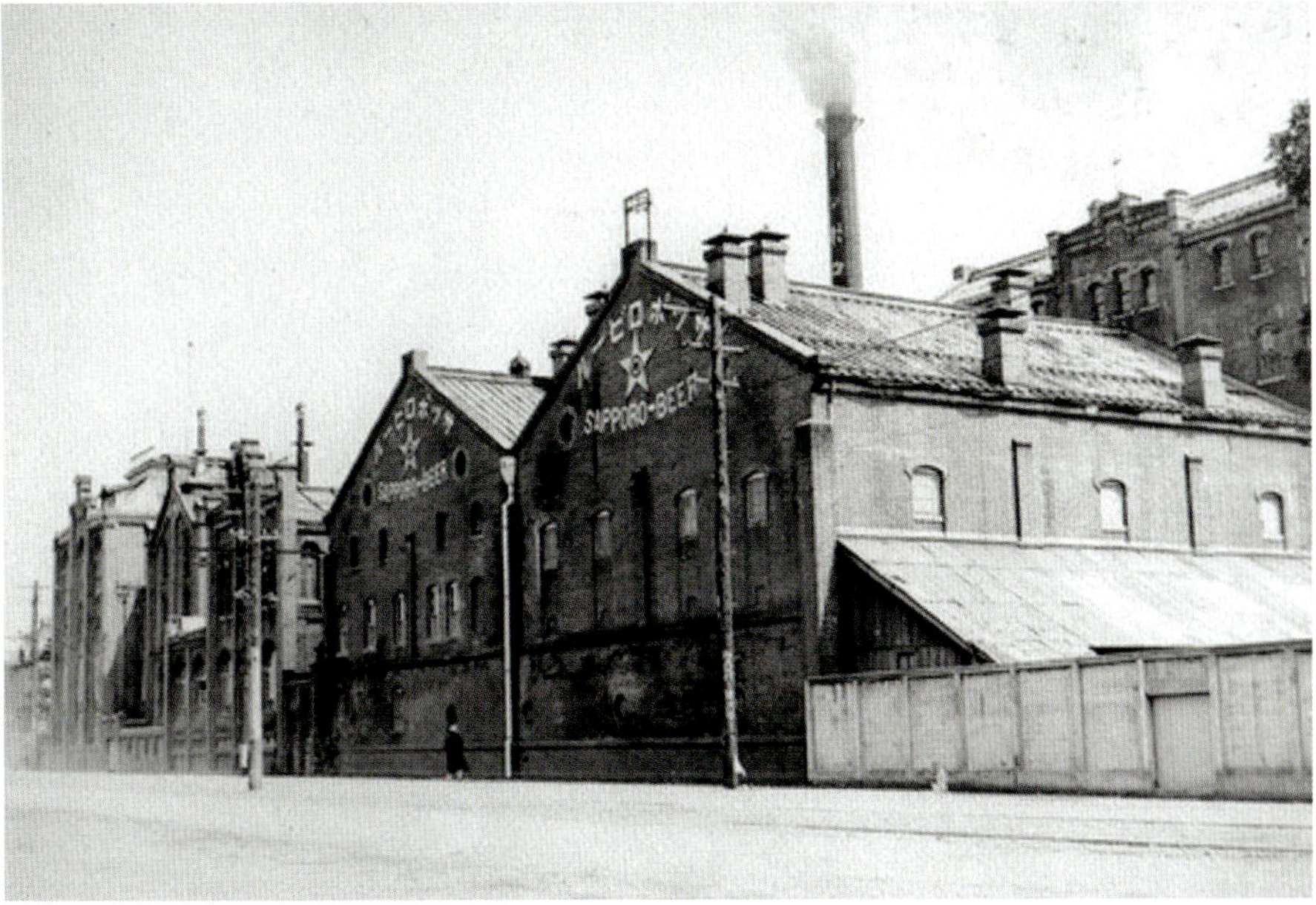

上は北三条通りに面した旧札幌麦酒会社第一工場（現サッポロファクトリーレンガ館、明治 25 年～築、昭和 5 年撮影、札幌市公文書館所蔵）。手前二つの三角妻壁が並んだ部分が貯酒発酵室にあたる。下は近年のサッポロファクトリーレンガ館北三条通り側（平成 10 年撮影、角幸博氏所蔵）

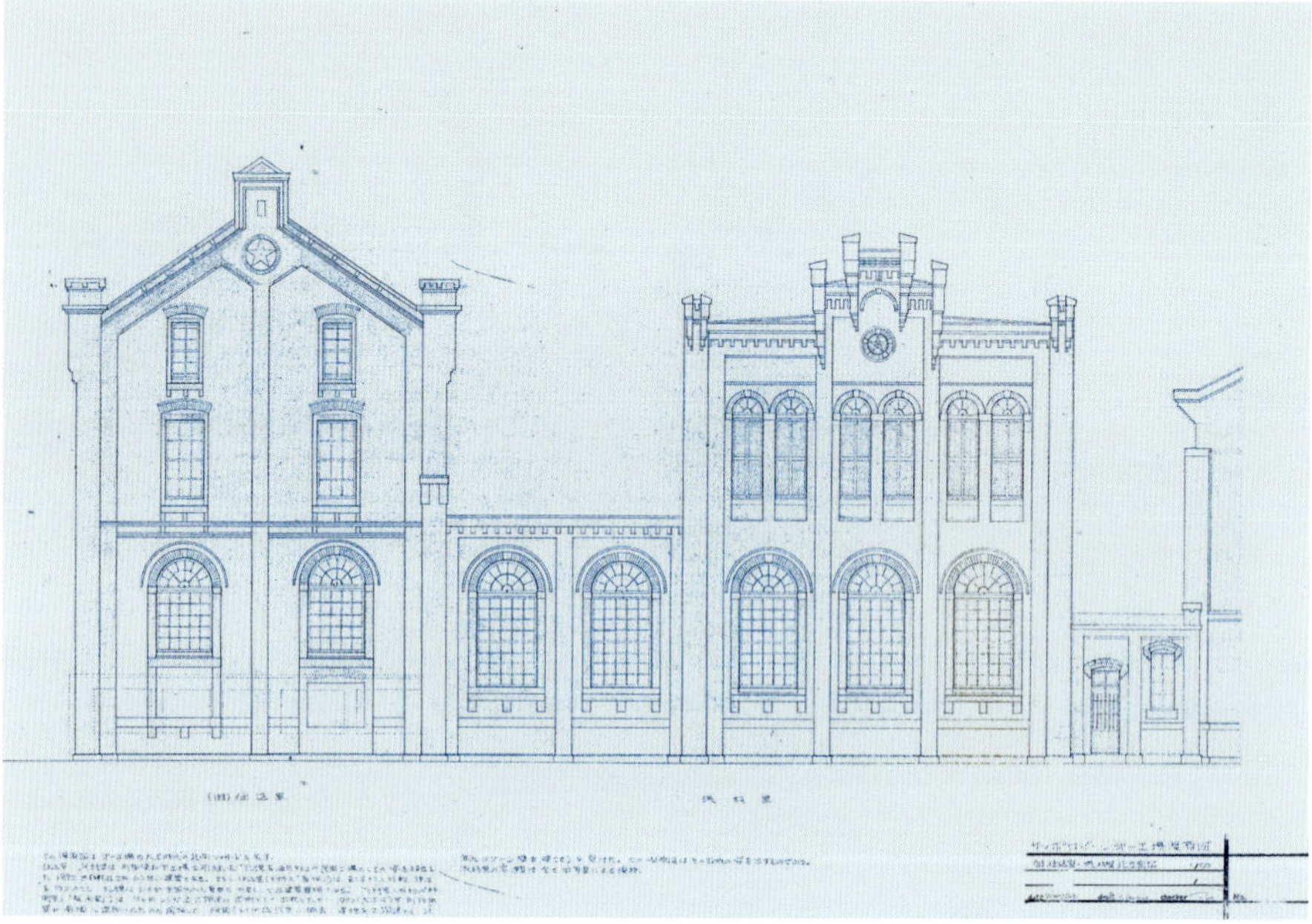

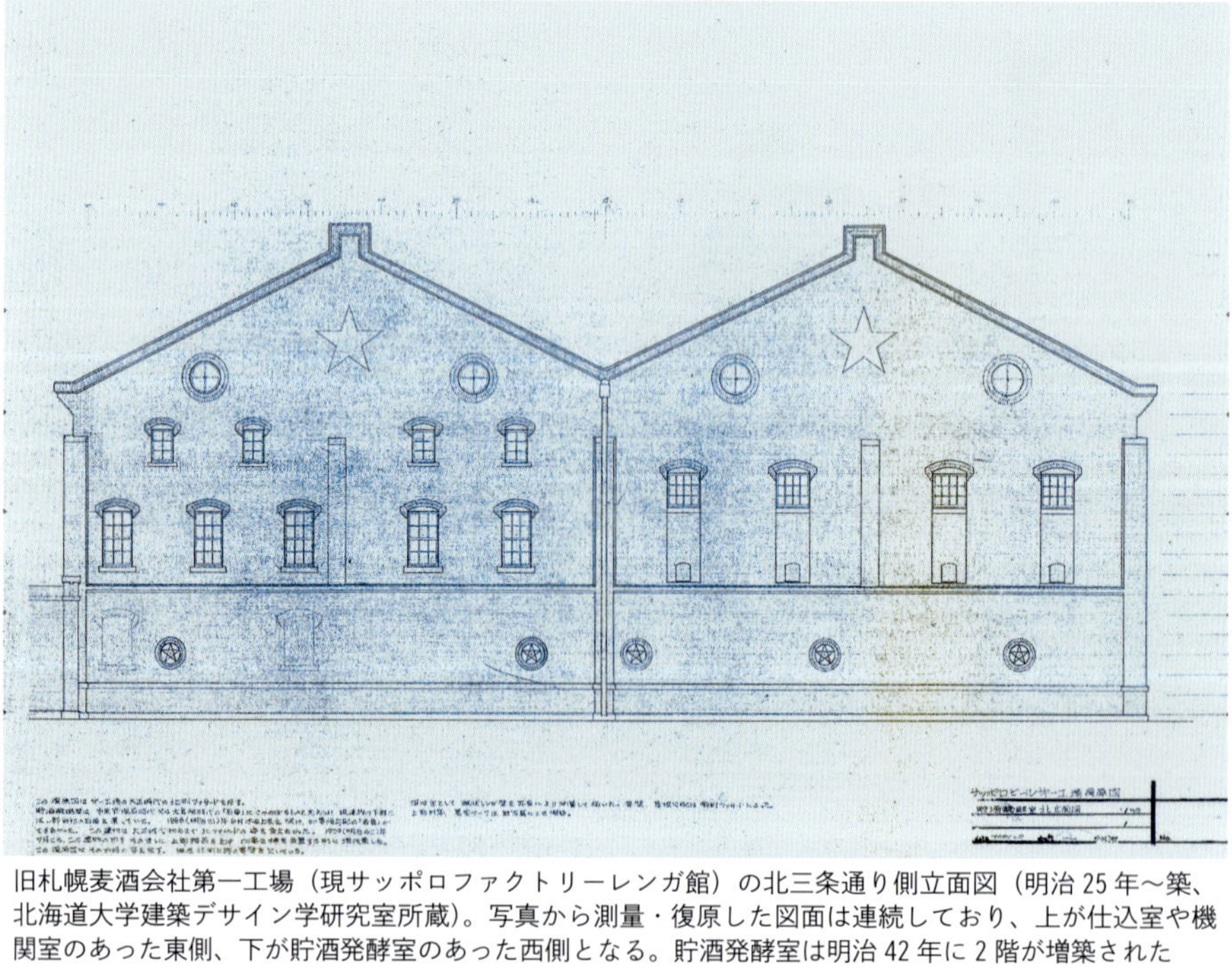

旧札幌麦酒会社第一工場（現サッポロファクトリーレンガ館）の北三条通り側立面図（明治25年～築、北海道大学建築デザイン学研究室所蔵）。写真から測量・復原した図面は連続しており、上が仕込室や機関室のあった東側、下が貯酒発酵室のあった西側となる。貯酒発酵室は明治42年に2階が増築された

できなかった。半地下の石造建物ではなかったかと想像できるが、あるいは厚い煉瓦壁のなかに埋もれているのかもしれない。

煉瓦構造について

貯酒発酵室の一部は、のちにビアホールとなり、内側の構造を容易に見ることができた*。樽詰めのビールを積んでおくだけだから、赤煉瓦むきだしのトンネル・ヴォールト（トンネル型の天井）を何本も並べた、いたって素朴な造りの空間である。昔から貯蔵庫の構造は、こうしたトンネル・ヴォールトが定番だったのである**。

ビアホールにかぎらないが、現在レンガ館になった建物のあちらこちらに、赤煉瓦の表面が削りとられた部分が見られる。建築屋は「はつる」と言うが***、サッポロファクトリーに転用された時に使われたデザイン手法である。表面が薄汚れたままだとわからないかもしれないが、赤煉瓦の温かみのある感じや材質感をよく表現していると思う。

削られた煉瓦は色合いが暖色に近く、しかも不揃いなことに気づくかもしれない。しかし、今の煉瓦でこれを再現するのはちょっと難しい****。あからさまにいうと、暖色になるのは焼成温度が低いからで、これでは煉瓦の強度も耐候性も落ちてしまう。だから構造材としては欠陥があるのだが、その一方で国産煉瓦が生まれて間もない時代ならでは風合いが、持ち味となっているのだ。

ジョッキを傾けるのに夢中で見過ごされてしまうかもしれないが、旧貯酒発

* ビアホール「ビアケラー札幌開拓使」などが入っていたレンガ館は、耐震工事のため令和三年十月から休館中。令和六年時点で再オープン時期は未定という。

** 有名なところでは、クレタ島のクノッソス宮殿遺跡があげられる。紀元前十七世紀の築ということだが、宮殿西側の細長い壁列はもと貯蔵庫群で、トンネル・ヴォールト構造に復原されている。

*** 「はつる」とは表面を削ることをいう。手許の小さな国語辞典には載っているが、パソコンではうまく変換されない。一般には死語になりつつあるのだろうか。

**** 道庁赤煉瓦庁舎の修復時、新しい煉瓦を補填する必要があり、野幌の煉瓦会社に相談したところ、「こういう暖色や色むらを出すのは困難だ」と言われた記憶がある。

酵室のビアホールのように、ヴォールトで覆われた空間を楽しむことができる施設は、日本国内にそうたくさんあるわけでもない。

煉瓦造（石造も含めれば組積造）の建築といっても、多層建築の多くは床を木造で組む。これはヨーロッパでもそうかわらないが、下の方、特に地階はヴォールトで頑丈につくられる。で、なにをいいたいかというと、ヨーロッパのビアホールや飲食店も、こうしたわけでしばしば地階につくられるのだ。

多層建築でも床を木造で組む——という話題が出たところで「防火床」のことにもふれておきたい。煉瓦造（石造でも）で平らな床をつくるためには、アーチを組む必要がある。アーチを立体的に展開した構造体を「ヴォールト」という。しかし、ヴォールトをつくるには費用がかかるため、外壁は煉瓦でも内部の柱や床はたいがい木造だった。ここで問題になるのが、火災への脆弱性である。

建設の過程で生まれる生産物は、流水同様に上から下へ流れる方が理にかなっている。こうした自然の節理というか生産システムによって、産業革命期に建設されはじめた巨大工場では多層構造が求められた。その結果、最初は木造の柱や床だったものが、たびたび火災におそわれたことで手軽な煉瓦造ヴォールトという工法が生み出されていったのである。

そのつくり方だが、まず鉄骨の柱と梁を組み、梁間《はりま》に煉瓦ヴォールトを組んでいくというものだった。梁と梁のスパン（距離）を短くすることで、ヴォールトは浅くて済み、独特のリズミカルなかたちを生みだしていく。

こうした床構造を「防火床」と呼び、この防火床はやがて煉瓦のかわりにコ

上はサッポロファクトリーレンガ館（旧札幌麦酒会社第一工場、明治25年〜築）のビアホール「ビアケラー札幌開拓使」店内。元貯酒発酵室内部のトンネル・ヴォールトを利用している（令和6年現在休業中、平成9年筆者撮影）。下はサッポロビール博物館（旧札幌製糖会社工場、明治23年築、平成9年筆者撮影）1階天井に見られる防火床。ただし、新設のRC柱梁に接合されており、改造がおこなわれたと思われる

＊明治十二年、現在の伊達市と札幌に開拓使官営工場が建てられた。大正八年には十勝に北海道製糖会社（のちの日本甜菜製糖）が設立され、二年後に工場が落成、操業を開始しており、現在は十勝地方が甜菜糖の主産地になっている。

ンクリートを使うようになったことから、この構造が鉄筋コンクリート建築のルーツのひとつになったとも考えられている。

以上は建築技術史のイロハで教わることである。実はこの教科書の知識でしかなかった実物を、旧札幌麦酒会社第一工場で初めて見たときは、ちょっと信じられないような不思議な気分だった。

現在はサッポロファクトリーレンガ館になっていて、ビアホールを出たところにある吹抜けのホールの高い天井部分で見ることができる。が、むしろ同じサッポロビールの旧第二工場（元製麦所、現サッポロビール博物館・サッポロビール園開拓使館）にある大ホールの方が、観察するにはよいかもしれない。

サッポロビール第二工場といってもピンとこないだろうが、前の方でちょっとだけふれた旧札幌製糖会社の工場のことである。サッポロビール園の方が通りはよさそうだが、今もおおぜいの観光客で賑わっていることだろう。

開拓使館と名づけられた本館は、半分がビアホールで残りの半分はサッポロビール博物館（旧開拓使麦酒記念館）になっていて、ビール醸造のあれこれや歴史を勉強できるようになっている。

もとは、明治二十三年（一八九〇）に建てられた甜菜《てんさい》（ビート）から砂糖をつくるための工場で、当時の甜菜は開拓期に重視された北海道の農産物だった＊。しかし、明治三十六年に札幌麦酒会社の第二工場（サッポロファクトリーの方が第一工場である）に転用されることになり、製麦所と呼ばれるビール醸造に必要な麦芽をつくるための施設となった。

上はサッポロビール園開拓使館。館内にサッポロビール博物館を併設する（旧札幌麦酒会社製麦所、明治23年築、昭和48年毛利光司撮影、北海道大学建築デザイン学研究室所蔵）。下は製麦所時代の工場内観（『サッポロビール沿革誌』大日本麦酒札幌支店、1936）。天井の煉瓦ヴォールト列は，現在もビール園開拓使館1階の「トロンメルホール」で観察できる

甘党から辛党へまさに一八〇度転換したわけで、呑んべえとしてはなんとなく微苦笑を禁じえないが、煉瓦造建築としてはこちらの方がまとまりもあるし、なにより威厳と重量感にあふれている。

なお、「防火床」の煉瓦ヴォールト列を一番よく眺められるのは、開拓使館一階にある「トロンメルホール」の天井だろう。* サッポロビール博物館では、このほかにもさまざまなタイプが見られるから、日本ではどこにでもあるわけではない各種の交差系ヴォールト天井を楽しんでみてほしい。

サッポロビール園開拓使館1階「トロンメルホール」の天井に残る煉瓦ヴォールト列（平成10年撮影、角幸博氏所蔵）

＊ トロンメルホールの名称は、製麦所時代に大麦を発芽させるための装置「トロンメル式発芽缶」が、ここに置かれていたことにちなむ。なお開拓使館は、令和六年十一月から同七年三月末まで、修繕工事のため休館予定という。

2——赤煉瓦庁舎と復原改修工事

北海道庁旧本庁舎（道庁赤煉瓦庁舎）*

平成二十八年（二〇一六）の師走に入ったころ、北海道庁の総務課からメールがとどいた。赤煉瓦庁舎についてご意見をうかがいたいという。

そのすこし前、新聞報道で旧本庁舎の改修計画が検討されていることは知っていた。ニュースでは構造補強にあわせて、新たな活用方法も検討していて、レストランの設置なども構想されているという**ことだった。

改修に際してとくに心配することもなさそうだし、あの天井の高い部屋でおいしいものを食べられるのは楽しみなことだ——そんな感想をわたしは抱いていた。だから格別の意見などはないが、昔の復原改修工事の思い出話くらいなら、ということで出かけることになった。

赤煉瓦庁舎は、市中へ出かけることの少なくなった今も、外から眺める機会はしばしばある。ただ、建物のなかに入るのは久しぶりだった。担当者と落ちあったのが新庁舎だったので、地下通路を通って正面階段のま裏から入った。

ある程度は予想していたものの、それ以上に多くの観光客が行き交う様子に目をみはらされた。この年は、例年よりずいぶん早く雪の季節が到来し、たいそうな積雪のなかだった。とすれば、夏場ならさらに来訪者が多いのだろう。

【北海道庁旧本庁舎（道庁赤煉瓦庁舎）について】令和元年十二月から耐震対策を含めた改修工事に入っている。北海道が公表している情報では、令和六年度中に改修工事が竣功し、令和七年度にリニューアルオープンする予定という。

*「北海道庁旧本庁舎」が正式名称。一般的には「道庁赤れんが庁舎」と平仮名表記で紹介されるが、本書では「煉瓦」と漢字で表記する。

** 金沢の旧石川県庁舎本館（大正十三年築）は「しいのき迎賓館」として保存されており、館内には三つ星シェフで知られるポール・ボキューズのレストランもある。張り合う必要もなかろうが、改修後の赤煉瓦庁舎に入れるなら、あんまり安っぽいレストランにはしてほしくないものだ。なお、コロナ禍で令和三年に延期された東京オリンピックのマラソン、競歩が札幌で開催されることになった影響で、赤煉瓦庁舎の改修工事が延期され、着工は令和四年となった。

庁舎の改修が検討されたのは、「北海道一五〇年」を迎えるからだ。でも、わたしにお話できるのは、五十年前の「開道一〇〇年」*時の復原改修のことくらいである。たしかに関係者の多くはすでに他界しておられる。当時はほんの下っぱでしかなかったわたしだが、なにか伝える責任はあるのかもしれない。

昭和四十三年の復原修理

それにしても隔世の感である。半世紀が長いというだけでなく、世のなかの考え方、歴史的な建物保存に対する考え方というか価値観が、今と当時ではまるっきりちがっていた。

道庁赤煉瓦庁舎は明治二十一年（一八八八）に竣功している。そして、前回にあたる復原改修をおえたのは昭和四十三年（一九六八）のことだった。その数年前から計画構想や設計ははじまっていたが、この時代、明治建築が大切な歴史遺産なのだという感覚は、まだ一般にひろまっていなかったのである。

観光客がたくさん訪れる現在の光景から、想像することはたやすくないが、半世紀余り前の赤煉瓦庁舎に対して、今のような高い評価が定まっていたわけではない。そこには、いくつかの背景がある。

昭和四十年前後、明治もごく初期の主として木造の洋風建築に限れば、ごく少数だがようやく保護されるようになっていた。札幌でいえば時計台（明治十一年築）がその代表である。** ただ、道庁舎のような明治中期以降の建築、あるいは煉瓦造の建築までは、まだ十分に目がとどいていなかったと思う。***

* 一〇〇年、一五〇年は、開拓使が設置された明治二年、西暦一八六九年から数えた紀年である。北海道の歴史自体ははるか前にさかのぼるから、当然、先住のアイヌ民族はもちろん、多方面から厳しい批判があった。知事による構想では「北海道命名一五〇年事業」となっている。

** そのほか、札幌の中心部では豊平館（明治十三年築）や旧開拓使工業局庁舎（同十年築）、北大植物園内の旧開拓使博物場（現博物館本館、同十五年築）が重要文化財に指定されている。ただし、前二者はのちに中心部から移築されている。

*** このあとにふれる懇談会委員のおひとり、飯田喜四郎先生が『飯田喜四郎聞き書き 歴史的建物に魅せられて』（ぐんｂｏｏｋｓ、二〇一四）で赤煉瓦庁舎修復のことを回顧されている。飯田先生は昭和二十八〜三十一年にフランスへ留学し、文化財建築の修復を学んでこられた。そのうえで、当時の日本には道庁舎レベルの煉瓦造建築の修復を「扱える人は誰もいない」状況だったと指摘している。

北海道庁旧本庁舎（明治 21 年築、中央区北 3 西 6、重要文化財）。上は明治 20 年の上棟式に撮影された本庁舎。煉瓦造の庁舎は明治 19 年 7 月に着工し、同 21 年 12 月に落成した。下は完成後の明治 22 年頃撮影の本庁舎　※ともに北海道大学附属図書館所蔵

さらに赤煉瓦庁舎でいえば、復原される前のみすぼらしいすがたの時代があった。館内の説明展示をていねいに見ればおわかりいただけることだが、中央ドームをはじめ、屋根の換気装飾塔やバラストレート（手摺）もなにもない、じつにすかんぴんのすがただったのである。そういうなかで、庁舎を新しくするにあたって赤煉瓦庁舎を保存することにしたのは、英断だったといってよい。

新庁舎は昭和四十年に着工されたのだが、その協議会が前年七月にひらかれ、旧庁舎の現地保存と同時に、新たに建設する庁舎は「この記念物の環境を損じない配慮の下に計画」することが正式決定された。聞くところでは、当時の北海道知事、町村金五*の一存によるものだという。

記憶はだいぶぼやけてしまったが、当初は旧庁舎を撤去してその跡地に新庁舎を建てるというのが大勢だったはずだ。はらはらしながら眺めていたことを憶えているが、実のところ赤煉瓦庁舎の保存は、あまり期待できる状況にはなかったのである。

だれがみても、赤煉瓦庁舎の建築は中央ドームが主役である。ドームなしの庁舎など、今では知る人も少なくなったし、そう説明されても想像するのはむずかしいのではないだろうか。

わたしにしても、ドームがあったことは知っていたが、てっきり明治四十二年の火災でなくなったものと思いこんでいた。実際には、明治二十一年の竣功から七、八年後には早くも撤去されていた。これにかぎらないが、くわしい史実のあれこれが、昭和四十三年の復原修理の過程で明らかになっていった。修

＊町村金五（一九〇〇〜九二）一九五九年から七一年にかけて北海道知事をつとめ、本庁舎建設協議会の会長に就任している。あとになって知ったことだが、旭川の旧第七師団偕行社（明治三十五年築、重要文化財）の保存に際しても、町村金五が重要な役割を演じたようだ。前出『北海道のまちと建築　老眼遊記』でふれている。

上は復原改修工事前の北海道庁旧本庁舎（昭和 43 年以前に撮影、北海道大学建築デザイン学研究室所蔵）。ドームなどがなく、みすぼらしいすがただった。下は札幌市北 3 条広場こと愛称「アカプラ（赤れんがプラザ）」から望む赤煉瓦庁舎正面（中央区北 2 西 4、平成 27 年筆者撮影）

復工事懇談会委員のひとり、遠藤明久先生のお仕事のおかげである。

懇談会のことをちょっと書いておく。復原修理工事にあたっては藤島亥治郎先生を顧問とし、これを補佐する懇談会が設けられた。地元からは、横山尊雄北大教授、その数年前まで北大にいた木村徳国明治大学教授、北海道文化財専門委員の遠藤明久先生、それに道外から西洋建築史の飯田喜四郎名古屋大学教授、文化財保護委員会事務局から日名子元雄先生が委員になられた。*

錚々たる陣容というか、建築史分野の大先生ばかりである。普通、わたしのような若僧のでる幕ではなく、ほんのお手伝いといった役柄で末尾に加えていただいたまでのことである。いうまでもなく、もろもろの歴史資料類を探索するのは、遠藤先生の役割である。

なお、保存修復工事が完工した昭和四十三年十月には、文化財研究所の関野克先生と桐敷真次郎先生が来臨された。また、道庁側にあって実質的な技術主導に獅子奮迅の活躍をされたのが廣田基彦さんである。**

大きな改修工事ではたいがい、工事を監修するための専門家による委員会が設置されるものだが、赤煉瓦庁舎の復原修理工事では「顧問・懇談会」という、ややソフトな体制だった。

集まるのは工事現場の仮設事務所で、おそらくきちんとした会議も行われていたのだろうが、わたしの記憶に残るのは気ままな座談の光景ばかりである。闊達な雑談***をしているうちに、いつの間にか重要な議論になっている——そんな感じだった。

＊藤島亥治郎（一八九九〜二〇〇二）東京（帝國）大学に昭和四〜三十五年つとめ、当時は名誉教授。大阪四天王寺復原や平泉毛越寺、中尊寺の復原整備などで知られる。横山尊雄（一九〇六〜九三）昭和二十三〜四十五年北大教授。木村徳国（一九二六〜八四）昭和二十七年から北大に勤務したのち同四〇年から明治大学教授。遠藤明久（一九一五〜九五）北海道勤務ののち、昭和四十七年から北海道工業大学（現道科学大）教授。北海道における建築史研究を切りひらいた。飯田喜四郎（一九二四〜）昭和三十八〜六十三年名古屋大学。フランス中世建築にくわしい。日名子元雄（一九一一〜九四）昭和四十三年に新設の文化庁建造物課に移動。この時点では文化財保護委員会事務局建造物課長。このほか在札の学識経験者として、北大名誉教授・北海学園大教授の高倉新一郎（一九〇二〜九〇）に加えて、さらに五名の委員がおられた。前出の飯田喜四郎著作『歴史的建物に魅せられて』では、顧問・懇談会委員の任命経緯を回顧されている。

＊＊関野克（一九〇九〜二〇〇一）昭和二十一年東京大学教授、同四十年東京国立文化財研究所所長。桐敷真次郎（一九二六〜二〇一七）東京都立大学助教授、教授。西洋建築史の専門家で、道庁本庁舎の建築様式を論じておられる。廣田基彦（一九一三〜二〇一一）この時は本庁舎建設本部建設課長兼百年記念事務局施設課長。

中央ドーム

ドームの話にもどる。これも観光ガイドの案内などで説明されることなのだろうが、明治二十一年（一八八八）築の赤煉瓦庁舎でも、当初の設計には中央ドームがなかったらしく、やはり「鶴の一声」で急遽加わったと伝えられている。〝一声〟の主は、初代北海道庁長官（のちの知事に相当する）の岩村通俊*以外に考えられない。

前身の開拓使札幌本庁舎（以下、開拓使本庁舎）も大きな中央ドームをもっていたが、これを北海道の象徴として継承しようという構想である。ドームがなぜ北海道の象徴なのか――、その理屈はあやしげかもしれないが、この〝一声〟によって庁舎が単なる事務所建物から記念建築に変貌したことは間違いない。「鶴の一声」は伝え話にすぎないが、現実の建物を眺めるとそれが単なる伝承ではなく、史実にちがいないことを裏書きすることが見いだせる。しかも設計当初どころか、かなり工事が進んだ段階でそれが発せられたらしいことまで容易にわかってしまう。

ドームの構造は外見上、煉瓦造である。たいへんな重量があるはずだし、それもこんな高いところにそびえさせるためには、あたりまえのことだが下方の基礎や壁の構造から頑丈につくらなければならない。

ヨーロッパだとビザンチン建築（正方形または十字形の平面、ドームなどを特色とする建築様式）以降、高所の大ドームをどう支えるかが、それこそ全構造体

＊＊＊（前頁頭注）北大の最終講義でふれたことだが、たとえば「世界の建築で一番よい建築、好きな建築はなにか」などというたわいもない議論を、けっこうむきになってやっていたことを憶えている。

＊岩村通俊（一八四〇～一九一五）高知県出身。開拓判官としてその初政に活躍した。明治六年佐賀県権令に任命されるが、同年に竣功の開拓使本庁舎建設にもかかわったはずである。北海道庁設置を積極的に進め、明治十九年にその初代長官に就任し、同二十一年まで務めた。

＊煉瓦壁に添わせた鉄筋コンクリートの耐震壁は、煉瓦と一体になっていると思われる。この点は、文化財建築の補修としては問題かもしれない。ずっとあとになってからだが、煉瓦壁体の耐震補強では鉄骨造が提唱されるようになった。耐用年限でいうと、煉瓦の方が鉄筋コンクリートよりずっと長い。百年後、二百年後の修理を考えると、一体化したコンクリート耐震壁をつくり直す事態も予想されるが、この場合は鉄骨造補強の方が対処は容易である。

にかかわる建築の一大テーマだった。

ところが赤煉瓦庁舎の壁は、ドームを支持するにはうすっぺらな普通の煉瓦壁にすぎないし、そもそもドームの八角形塔身の直下に、それを支える支持壁体すらないのである。おそらく屋根から上に向けて木の骨組を組みあげ、煉瓦は外側に半枚分だけ張った簡易な構造だったにちがいない。＊

だから、完成間もなくがたがたになってしまい、明治二十八、九年ごろに解体撤去されてしまったのも当然のことだろう。そのため、修復工事では木骨で

北海道庁旧本庁舎中央ドーム（明治 21 年築、撮影年不詳、筆者撮影）。ドームは開拓使本庁舎のスタイルを継承したもので、工事途中で追加された

はなく、鉄骨骨組とされた。

ドームの復原とともに、建物全体の耐震設計も大きな問題となった。* ご承知と思うが、煉瓦のような組積造建築は地震に弱い。明治初期にたくさんの煉瓦造建築が誕生したものの、明治二十四年の濃尾地震などで大きな被害を受けたことへの深刻な反省によって対策をとるようになった。これにより明治後期以降の煉瓦造建築は、耐震設計が大幅に強化されている。

赤煉瓦庁舎の修復では、鉄筋コンクリート造の補強対策がとられた。まず、地階は全面的に鉄筋コンクリート構造とし、その上でひとつは、中廊下の両側に、ちょっと見ただけではわからないよう煉瓦壁に添って新たな壁**を建て、二層の独立構造体をつくりこんだ。

もうひとつは、これに連結する煉瓦外周壁の上部、大屋根の軒レベルに臥《が》梁《りょう》（各階の壁体頂部を一体化する鉄筋コンクリート製の梁）を巡らして固めている。さらに中央部には、鉄筋コンクリートの床版《しょうばん》（人や物の重さを支えるための床構造）をつくり、この床版の上に鉄骨を組みあげてドームをつくることになったわけである。

一般の方には許されていないが、小屋裏にのぼるとこのドームの構造骨組を内側から見あげることができる。がらんどうの空間だが、なかなか迫力がある。ドームの上にのぼることもできるが、作業用の梯子しかないから安全は保証できないし、高さ一八メートル近くもある空間をのぼっていくのは、普通の人にできることでもない。*** それでも、ごく狭いドーム上のデッキから、周囲三六〇

＊ 文化財指定建築の場合、建築基準法の規定を受けることはない。赤煉瓦庁舎の場合は、まず史跡に指定されたが、その規模や公共性から可及的に現行法規が尊重された。そして修復後の昭和四十四年、重要文化財に指定されている。

＊＊ 煉瓦の幅は一〇センチ厚と推定された。建築屋は「半枚」厚という。復原改修の経緯、内容については、『重要文化財北海道庁旧本庁舎復原改修工事報告書』（北海道。一九七〇）に詳細に記載されている。

＊＊＊ 札幌建築鑑賞会初の札幌市内建築見学会（平成三年）に参加したとき、希望者だけだが旧庁舎ドームにのぼることができた。令和四年の記念誌「三十年の温故知新」制作の折、このドーム見学会の写真がないか訊ねられたのだが、記録しておこうという気もなかったようで、カメラすら持参しなかったようだ。復原から半世紀が経ってみると、ドームの歴史的評価も変わってくる。

度の全視界にひろがる眺めは印象深いものだった。

耐震補強の話で、もうひとつ余談を思い出した。復原改修工事は昭和四十三年（一九六八）の秋に完工するが、実はこの年の五月十六日、大地震に襲われたのである。* このとき改修中の赤煉瓦庁舎は、内装はもちろん屋根組や梁組のような木骨構造材まですべてとり外していて、素っ裸の煉瓦壁だけが突っ立っているような状態だった。耐震的には最悪の状態だったのである。

札幌でも震度四を記録した。もちろん地元の者も心配したが、東京など遠くにお住まいの先生方はとりわけ心配されたことであろう。テレビなどで倒壊した建物などの映像を速報するから、なおのことである。

「ああ、これで赤煉瓦庁舎もおしまいだ、と思いましたよ」

後日、懇談会の先生から聞いた実感のこもった言葉である。

冷静に考えれば、震度四なら煉瓦造でも倒壊などしないはずである。実際、大きな亀裂被害もおこしていなかった。その後、前述のような補強工事がおこなわれ、はるかに耐震性は強化された。

耐震基準はこの昭和四十三年の地震後に改正され、さらに平成七年（一九九五）、同二十三年の大地震などでも改正が重ねられている。今回検討されている耐震強化がどのようになるか心配ではあるが、お話の相手をしてくださった道庁の担当者の判断では、昭和四十三年の補強構造を大きく変更する必要はないだろうとのことだった。

＊昭和四十三年に発生した十勝沖地震のことで、M七・九。死者五十二人、全壊建物六百四十六棟などの被害を出した。最も被害が大きかったのは青森県だが、震度五の函館では函館大学の校舎が倒壊した。

＊『工事報告書』にドーム撤去前の写真が四、五枚載っており、そのうちのIII—5「北西後方写真」となる。

北西後方から撮影された北海道庁旧本庁舎（明治22年頃撮影、北海道大学附属図書館所蔵）。ドーム復原の決め手になった写真である

復原ディテール

では、中央ドームの大きさや形を、どのようにして復原したのだろうか。もとの設計図があればよいのだが、遠藤先生による探索でも見つけることはできなかった。そこで参考にしたのが写真である。工事中の木骨骨組を写した写真や、竣功間もないまだドームが健在だった時のすがたを写した写真が数枚ある。それらの精細な分析から、もとの形状が復原されたのである。

とくに活躍したのが、北海道大学附属図書館（当時は北大北方資料室）に所蔵されていた、一枚のガラス乾板写真だった。[＊]大判のガラス乾板は、いま普通に手にしている写真や画像からは想像もできないほどの解像度をもつ。それだけに、煉瓦のひとつひとつまで数えることも容易にできる。

ドームだけでなく、屋根上の装飾小塔（天井裏からの換気塔）や、棟などを飾るバラストレード（手摺）も問題だった。これらも明治四十二年（一九〇九）の火災ですべて失われていた。

ドームや装飾小塔は煉瓦を積んでいるから、それを数えることでかなり正確に原形を復原することができる。しかし、バラストレードの方はそれほど簡単ではなかった。全体の寸法くらいは写真から推定できるのだが、細かな葉模様になるとそうはいかない。ガラス乾板を最大限に引伸しても、わかるのは概形でしかない。建築史の研究者には臆病なところがあって、こういう段になると手をひっこめてしまう傾向がある。

敢然として筆をとられたのが、藤島亥治郎先生だった。大きな画用紙をひろ

昭和43年の赤煉瓦庁舎復原工事に際し、資料として明治22年頃撮影の乾板写真を部分複写した、ドーム頂部のバラストレード（手摺）拡大写真（北海道大学附属図書館所蔵）

げると、引伸し写真を横目にエイヤッとディテールを描いていかれた。それを何枚も並べたものに顧問の先生方も口を出すのだが、これはもう感覚の世界で、全責任は老大家に負わせてしまうよりない。歴史的建築の復原では避けることのできない場面である。

藤島先生には最初から、こういう感覚の世界にひるまず飛びこむところがある。代表的なお仕事に、大阪の四天王寺復原や、平泉の毛越寺《もうつうじ》、中尊寺の復原がある。四天王寺もそうだし、平泉の阿弥陀堂（金色堂）にしても、どこか夢のなかのようなところがある。それぞれ参照すべき史料類がないこともないのだろうが、個々のディテールまで定めるようなものではあるまい。

先生の直系にあたるお弟子さんは太田博太郎先生（一九一二～二〇〇七、東京大学名誉教授）だが、太田先生が藤島先生のことを回想したエッセイを読んだ記憶がある。細かなことは憶えていないが、こんなことではなかっただろうか。太田先生としては、建築史とは堅固な文献研究に基づくものと思っていた。ところが、大学院の入試かなにかのテストで、藤島先生からいきなりパルテノン神殿のすがたを描け、といわれて四苦八苦したというのだ。そうだろうと思う。

赤煉瓦庁舎のディテール復原にもどると、くだんの写真のガラス乾板は、わたしの責任で北大北方資料室から特別許可で貸出していただき、知りあいの写真館で引伸してもらった。白状すると引伸しの限界をこえてしまい、過熱のあまり乾板を割ってしまったのである。

図書館に平謝りに謝ったのは当然のこととして、責任はすべてわたしにある。

亜璃西社《ありすしゃ》の読書案内

改訂版 さっぽろ野鳥観察手帖

河井 大輔 著／諸橋 淳・佐藤 義則 写真

札幌の緑地や水辺で観察できる代表的な野鳥123種を厳選。改訂版では近年札幌で観察されるようになったダイサギを増補。鳥たちの愛らしい姿をベストショットで紹介する写真集のような識別図鑑。

●四六判・288 ページ（オールカラー）
●本体2,000円+税

増補版 北海道の歴史がわかる本

桑原 真人・川上 淳 著

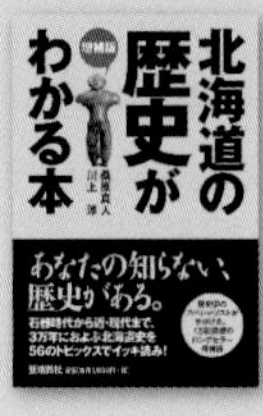

累計発行部数１万部突破のロングセラーが、刊行10年目にして初の改訂。石器時代から近現代までの北海道３万年史を、４編増補の全56トピックスでわかりやすく解説した、手軽にイッキ読みできる入門書。

●四六判・392ページ
●本体1,600円+税

新装版 知りたい北海道の木100

佐藤 孝夫 著

散歩でよく見かける近所の街路や公園、庭の木100種を、見分けのポイントから名前の由来までたっぷりの写真とウンチクで解説。身近な北海道の木の名前を覚えたいあなたにおススメの入門図鑑。

●四六判・192 ページ（オールカラー）
●本体 1,800 円+税

増補改訂版 札幌の地名がわかる本

関 秀志 編著

10区の地名の不思議をトコトン深掘り！ Ⅰ部では全10区の歴史と地名の由来を紹介し、Ⅱ部ではアイヌ語地名や自然地名などテーマ別に探求。さらに、街歩き研究家・和田哲氏の新原稿も増補した最新版。

●四六判・508 ページ
●本体2,000円+税

増補新装版 北海道樹木図鑑

佐藤 孝夫 著

新たにチシマザクラの特集を収載！自生種から園芸種まで、あらゆる北海道の樹596種を解説。さらにタネ318種・葉430種・冬芽331種の写真など豊富な図版で検索性を高めた、累計10万部超のロングセラー。

●A5判・352 ページ（オールカラー）
●本体3,000円+税

さっぽろ歴史&地理さんぽ

山内 正明 著

札幌中心部をメインに市内10区の歩みを、写真や地図など約100点の図版をたっぷり使って紹介。地名の由来と地理の視点から、各地域に埋もれた札幌150年のエピソードを掘り起こす歴史読本です。

●四六判・256ページ
●本体1,800円+税

北海道開拓の素朴な疑問を関先生に聞いてみた

関 秀志 著

開拓地に入った初日はどうしたの？食事は？ 住む家は？――そんな素朴な疑問を北海道開拓史のスペシャリスト・関先生が詳細&楽しく解説！北海道移民のルーツがわかる、これまでにない歴史読み物です。

●A5判・216ページ
●本体1,700円+税

札幌クラシック建築 追想

越野 武 著

開拓使の都市・札幌で発展した近代建築を、長年にわたり調査・研究してきた北大名誉教授の著者。その豊富な知見から、歴史的建造物の特徴や見どころなどを柔らかい筆致でつづる、札幌レトロ建築への誘い。

●A5判・240 ページ（オールカラー）
●本体3,000円＋税

亜璃西社 〒060-8637 札幌市中央区南2条西5丁目メゾン本府701 TEL.011 (221) 5396　FAX.011 (221) 53

ホームページ https://www.alicesha.co.jp　ご注文メール info@alicesha.co.jp

図書館には乾板からつくったプリントをアルバムにして、お詫びのかわりにさせてもらった。今も保存されているはずである。思い出せるわたしの「貢献」はこれくらいしかない。

スレート屋根

建物の屋根は、特段の説明でもないかぎりあまり意識にはのぼらない。赤煉瓦庁舎の黒っぽい屋根は、天然スレートで葺かれている。ドーム同様、昭和四十三年（一九六八）の修復工事で復原されたものである。それまではありふれた金属板で葺いていたのだが、この建築のえもいわれぬ風情、貫禄も、その何分の一かは復原されたスレート屋根が生みだしていると思っている。

この天然スレート復原も、もちろん修復顧問・懇談会の議論で決められたのだが、[*] そのときの情景は今も鮮やかに記憶する。明治の洋館で同じ天然スレート葺きに復原されたものは、現在いくつもある。とくに、平成二十四年（二〇一二）に復原お披露目されたJR東京駅（大正三年〔一九一四〕築、重要文化財）の屋根に使われて有名になった。[**]

しかし、五十年前は状況がまるでちがっていた。東京駅はもちろん、全国でもスレート屋根を残している歴史的建築はほとんどなく、明治期の洋館では往時、スレート屋根がかなり多かったという認識は、専門家である先生方の頭のなかにも——ただひとりを除いて——ほとんどなかったのではないだろうか。

聞くところ産地は宮城県らしいのだが、生産も屋根葺き技術もほとんど絶滅

＊ 赤煉瓦庁舎の天然スレート葺きは、主として例の旧写真から推定復原された。ただし道庁舎新営時の設計スタッフ塚田政五郎が遺した史料「石盤瓦葺入費積調書」に「宮城県桃生郡雄勝浜より……運搬費」とあり、床下の明治四二年火災焼損物の堆積中にその破片が発見されている。ほかに銅板や鉛板で葺いた可能性もあるのだが、再検討の結果、やはり天然スレートだったろうと推定されているようだ。

＊＊ 東京駅復原工事の最中、平成二十三年三月に発生した東日本大震災で、天然スレート産地の宮城県雄勝（おかち）地方も被災し、東京駅に供給される予定のスレート板が大きな被害を受けた。大きく報道されたので、天然スレートの知名度も少しはあがったかもしれない。

明治22年頃撮影の乾板写真より部分複写した、スレート屋根の拡大写真（北海道大学附属図書館所蔵）

しているようだった。懇談会の議論でも、大勢は金属板葺きもやむなしとの結論に傾いていた。そのなかで、ひとりだけ反対されたのが飯田喜四郎先生である。敢然と、といいたいところだが、わたしの記憶のなかではまことにもの静かに、ぼそっという感じで、

「スレート葺きにしましょうよ。風格がまるでちがいますよ」

とおっしゃったのである。

先生方の頭のなか、などと書いたが、白状するとわたしの頭だと、はたして天然スレートのことをちゃんと知っていたかどうかもおぼつかない。そもそも天然スレートは、薄い層をなした粘板岩《ねんばんがん》（変成作用を受けた泥岩）を割り剥いでつくる。わたしが小学校で使っていた石盤《せきばん》（石板）と同じもの、と納得したように憶えているが、これも懇談会の座談あたりで説明されたのではないだろうか。

石盤とは学用の筆記道具で、木枠をつけた石盤（スレート板）の上に、ろう石を丸く削った石筆で文字などを書いて手習いしたのである。明治以降、ところによっては終戦時まで使われていたという。

しかし、建築用のスレートとなると、赤煉瓦庁舎を別にして実物を初めて拝見したのは、数年後にヨーロッパを旅行したときだった。飯田先生の議論があったから、すこしは屋根にも意識がむかった。

日本の明治建築では宮城産の黒色ばかりだが、ヨーロッパではいくつか色ちがいのスレート葺きを見ることができる。＊しばしばきれいな模様葺きにしているものもあって、説明されないとなにを使って葺いているのか、首を傾げてし

＊ヨーロッパで最初に見たスレート屋根は、オータン（仏）の市庁舎と記憶する。有名なものでは、ウィーンのシュテファン大聖堂やボーヌ（仏）の施療院「オスピス・ド・ボーヌ」だろうか。いずれも色ちがいのスレートを使い、鮮やかな模様葺きにしている。

まうかもしれない。[*]

諦めてしまう前に、せめて生産状況くらいたしかめようということになり、現地の宮城県へ飛んだのが廣田基彦課長である。廣田さんの報告では、絶滅こそしていないがもう絶滅寸前――。細々と生産はつづけられているが、屋根葺き職人はすっかり減ってしまい、しかも老齢の方ばかりということだった。

なんとかやってみようという結論にはなったが、生産体制を強化し、葺き職人を急遽養成して、といった五里霧中の状況だったのではないだろうか。数年後、現地の宮城県登米《とよま》町[**]を訪れる機会があり、そのとき、

「天然スレートは、道庁舎のおかげで息を吹きかえしたのです」

という説明を耳にした。

開拓使本庁舎と赤煉瓦広場

お声がかかって久しぶりに赤煉瓦庁舎を訪れたときは、雪のなかだったから外へ出ることもなかった。しかし、学生などを引率して見学する際は、よく北隣りの「開拓使本庁舎跡」へ案内したものだ。

今は道旗掲揚台になっているから、連れていかれた者はたいがい怪訝そうな顔をする。ここは赤煉瓦庁舎の改修と前後して国史跡に指定された場所だが、その前に発掘調査がおこなわれ、本庁舎の基礎跡などがたしかめられている。

中央ドームのくだりでも書いたように、開拓使は北海道庁の前身である。それぞれの本庁舎も同じ敷地内の中心軸に建てられた。とすれば、前身となる建

＊ 余談になるが、スレートに形が似た建築材料に「シングル」があり、かつて開拓使も生産していた。これは木を薄板状にしたもので、屋根葺きのほか、スレート同様に壁材にも使われた。スレートの代替材とも考えられるが、登場した順序から見ると逆なのかもしれない。

＊＊ 宮城県登米（とめ）郡登米（とよま）町（現登米〔とめ〕市）は、北上川下流域にある。ここでは天然スレート葺きの旧登米高等尋常小学校（現教育資料館、明治二十一年築）が平成元年に修復され、重要文化財に指定されている。天然スレート（粘板岩）はこの一帯で古くから産し、「仙台石」「雄勝石」の名で庭石などさまざまなところに使われている。上質の粘板岩は硯にし、建築用には「玄昌石」の名で広く流通しており、わたしも自宅の床に敷いている。主産地は北上川河口に近い雄勝（石巻市）のようで、手もとに雄勝産の小硯がある。ただしこのあたりは、平成二十三年の大震災で大きな被害を受けた。

物の跡も、赤煉瓦庁舎の真下になるはずだが……と説明したあたりで、「?」と興味を示す者があらわれてくる。実は開拓使本庁と北海道庁旧本庁舎では、同じ敷地ながら中心軸が南北に五〇メートルほどずれている。というのも開拓使本庁の敷地は、かつて南北五丁（街区、約五四五メートル）もあったからだ。道本庁も広いとはいえ、二丁（約二一八メートル）しかない。道庁舎に較べると開拓使本庁の方は南側へ一丁分、北側へ二丁分広く、今の鉄道線まであった。ついでにいうと東正面も一丁分広く、現在の札幌駅前通りまでが敷地だった。[*] というわけで、開拓使本庁の中心軸は、赤煉瓦北海道本庁より北側に半丁分ずれていたのである。

開拓使本庁の中心軸を正面東の方へのばすと、街路ではなく街区になる。開拓使時代の札幌地形図を見ると、[**] 正面の三街区——今の条丁目で北二〜四条西三丁目——には湾曲した交差街路が描かれており、広場のような設計があったことがわかる。つまり、本庁舎の正面を飾る、壮麗なバロック的都市デザインが構想されていたわけだ。残念ながら、これは構想だけで実現しなかったらしい。口さがないが、ちょっと構想が雄大すぎたのかもしれない。

スケールは較ぶべくもないし位置もかわったが、この都市構想は、赤煉瓦庁舎正面の西四丁目街路を庁舎の建築と一体の都市空間とする構想になっていた。それがなんとか受け継がれることになったのである。

縦横格子街路でできた札幌の中心街は、どこも街路がずっと直通するばかりで、建築と一体の空間を感じさせるところが少ない。それだけにここは、札幌

北海道庁本庁舎屋上から東方を望む（明治30年撮影、北海道大学附属図書館所蔵）

＊ ついでの話をつづけると、北一条通りは南側面にあたるが、西四〜七丁目がその前後よりすこし道幅がひろがっている（一般街路が一一間幅だったのに対し、二〇間幅とされた）。東正面、つまり今の駅前通りは拡幅されてわからなくなっているが、拡幅前は同様だった。いうまでもなく、開拓使本庁舎敷地の周囲を特別扱いしたためである。

＊＊「北海道石狩州札幌地形見取図」（明治六年、福稲堂発行、船越長善作）

では珍しく濃い密度感をもった都市空間なのだ。街路にはイチョウ並木が整えられ、舗装が特別の木煉瓦敷きとされたのは、大正十三年（一九二四）のことだという。のちにアスファルトの下に埋まっていた木煉瓦が発掘されている。*

平成二十六年（二〇一四）には、赤煉瓦庁舎と駅前通りを結ぶ北三条通両側のビル新築にあわせて、街路の幅をひろげ、舗装も赤煉瓦敷きに整えられた。「札幌市北3条広場」が正式名称だが、「アカプラ」の愛称ですっかり市民に馴染まれている。さらに、建設工事が着工した平成二十三年には、土木学会北海

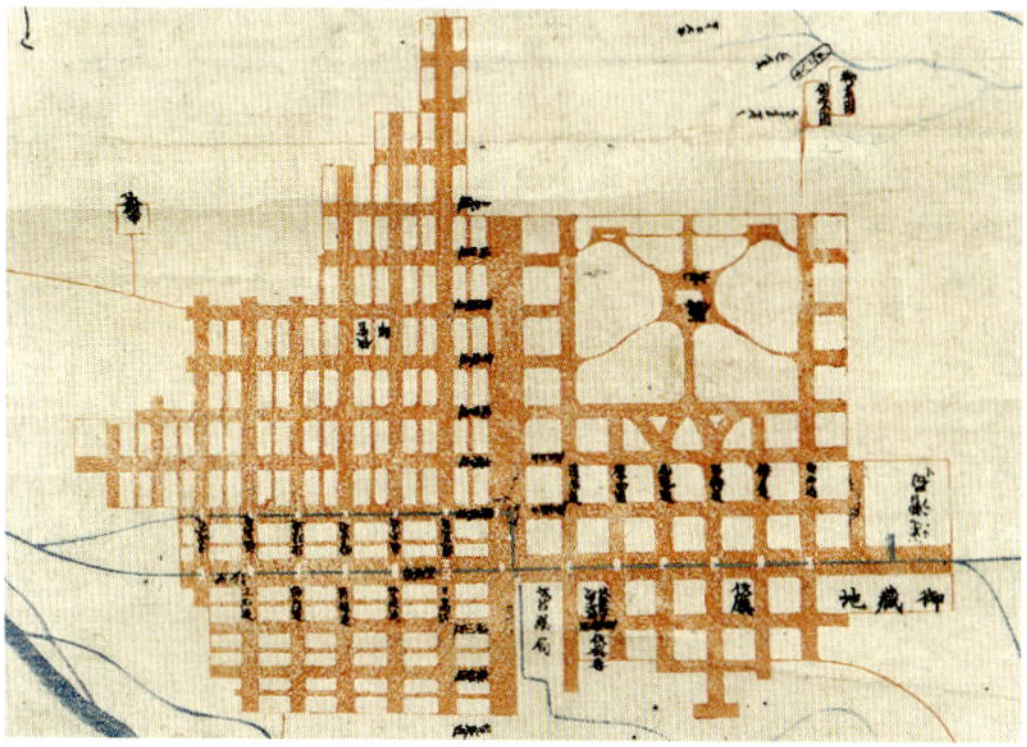

上は開拓使本庁舎跡（芝地の上の線内側部分、平成6年筆者撮影）。開拓使本庁の中心軸は、北海道本庁の半丁北にずれていた。下は「札幌地形見取図」（明治6年、部分、個人蔵）。開拓使本庁の正面（図の右側が北）の北3街区に広場が構想されていたことがわかる

＊ 発掘された木煉瓦の材質はブナで、大きさ一五〇×九〇、厚さ八五ミリメートル。

道支部の選奨土木遺産に選ばれた[*]。この広場のすがたは、開拓使以来の構想がようやく実現したもの、といえるかもしれない。

そして令和五年（二〇二三）、道庁旧本庁舎の再修復工事がはじまってから、とんでもないニュースが飛びこんできた。中央ドームはそのままのかたちで移設し、観覧に供しようとしたのだが、その施設が火災をおこしてしまったのである。事故が起きた際、昔の修復のことを聞きたいとテレビの取材を受けた。本書執筆のために復習をしていたから受答えに困ることはなかったが、半世紀前の建築物とはいえ歴史的評価のかわりようにびっくりしてしまった。

道庁旧本庁舎の再修復は、構造体の耐震補強が主で、煉瓦壁体に縦鉄棒を通して固めようというのである。こうした煉瓦壁の補強は、平成十年の函館旧金森洋物店で初めて見たと記憶するが、それとは規模がだいぶちがう。旧本庁舎では、竹中工務店が請負うことになり、同社の特許技術が採用されるそうだ。

巨大建設会社の仕事にわたしがいうほどのことはないが、木造小屋組材の軒のところが腐朽していると聞いた。軒の水おさまりは、昔の修復時にも問題になったところである。こうした屋根材を剥取って初めてわかるような部分は、小規模なら設計変更で対応できるが、契約時の請負工事の範囲に含まれているのかどうか少し心配になった。はたしてどうだったのだろうか。

令和五年七月になって、初めて工事現場を見学することができた。その際に軒の腐朽についてうかがったところ、もちろん心配ないとのことだった。ちょうど煉瓦壁に貫通穴を穿つところで、その様子を覗き見することもできた。

＊認定名は「道庁正門前木塊舗装・銀杏並木」。認定の理由は「札幌で最初に整備された近代街路で、当時の道路設計を今に伝える現存最古の木塊舗装と並木であり、札幌を代表する道路景観」とされている。

＊　札幌建築鑑賞会代表の杉浦正人さんは、アメリカ人顧問の方針だけでなく、北海道へやってきた日本各地の石工職人が遺した伝統的技術が基盤となったのでは、と指摘している。また、明治維新を主導した雄藩のひとつ鹿児島藩は、幕末に石造の工場を建てている。

＊＊　A. G. Warfield（生没年不詳）　お雇い外国人として来日したアメリカの土木技術者。函館・札幌間の測量をおこなったほか、開拓の中心地を札幌にすることを進言したことで知られる。

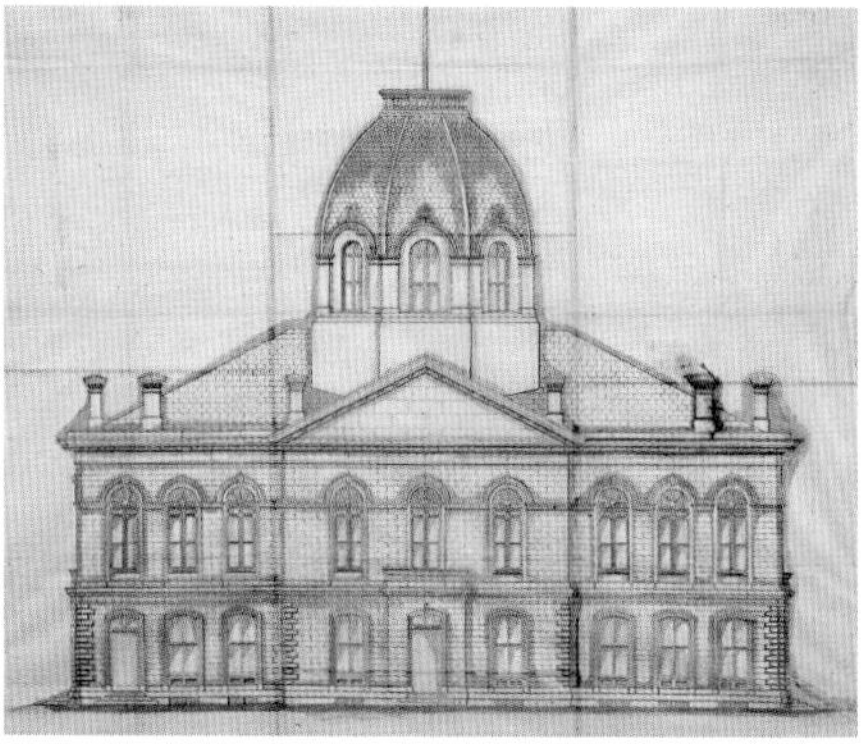

石造開拓使本庁舎正面図（北海道大学附属図書館所蔵）。結局、木造に変更して着工された

3——石造建築考

札幌の石造建築

明治中期以降の赤煉瓦建築について紹介したが、開拓使による札幌開府当初、新都市の建設に際しては石造建築を重視していた。アメリカ人顧問の指導方針であろうが＊、主要な公共建築について本気で石造を構想していたことは、もっと知られてよいと思う。

結局はうまく行かず、それだけで済んでいればささやかなエピソードで終えるところだった。しかしその後、札幌はもちろんだが、特にお隣りの小樽でさかんに建てられた木骨石造建築に「札幌軟石」が使われたことで、そう簡単に話を済ますわけにはいかなくなった。

建築屋の場合、構造本体の「木骨」に目をひかれて木造建築の仲間にしてしまうかもしれないが、それは乱暴な区分けかもしれない。やはり「石」のことも、しっかり見ておかなくてはなるまい。

明治五年（一八七二）に着工された開拓使本庁舎は当初、石造建築にする予定だった。こうした事実は、研究者くらいしか知らないかもしれない。しかし、明治五年七月のワーフィルド＊＊報文によると、札幌（円山）では十分な量の良質な石材を見つけることができなかったようだ。そのため、原設計のすがたをそのままに、本庁舎は下見板張りに変更して建てられたのである。[*]

ところが、先の顧問報文と矛盾してしまうのだが、請負人の大岡助右衛門が八垂別《はったりべつ》の硬石山《かたいしやま》で有望な石材を発見したことも記録されている。『開拓使事業報告　第三編　物産』には、大岡が円山村石材とともに「……是歳（明治五年）石狩国札幌郡発足別《はったりべつ》硬石山発見堀《ママ》採ニ著《ママ》手ス」とある。

大岡は対岸「穴の沢」の軟石も発見していたようで、明治八年には「穴ノ沢ニ於テ建築用軟石一、九八五個ヲ掘採《くっさい》」している。[**] 硬石《こうせき》（安山岩など）が広く建築組積構造に供されたとは考えづらく、多くは間知石《けんちいし》のような土木用材だったはずだが、それでも建築の基礎などには使われていた。[***] 基礎の石材は、開拓使本庁舎跡発掘調査によって、硬石山麓（八垂別）産の石英安山岩であること（従来は円山産安山岩とされていた）などが明らかになった。[****]

明治十二年、開拓使は本庁舎裏手に石庫《いしぐら》を建てている。たった一五坪（五〇平方メートル弱）のちっぽけな倉庫だが、明治九年の着工から完成まで三年間という、異例ともいえる工期の長さから想像すると、苦心を重ねてようやく試作した建築だったのだろう。地下部分の「穴庫」を硬石、地上部分を「札幌郡穴ノ沢産軟石」（『営繕報告書』）の切石《きりいし》積みとしている。

開拓使の木造洋風建築では、豊平館（明治十三年築）の地階基礎壁が、移築によって地階は失われたものの、硬石積みだったと推定されている。同じ明治十二年に開拓使が定めた「建築費貸与規則」は、家屋改良事業のひとつで、開拓使の手で建ててから民間へひきわたすというものだった。[*****]

＊ 遠藤明久先生は本石造ではなく、木骨石造で設計されたと推定されている。建てられた際も、表装の石を下見板にかえるだけで済んだ、というのは十分ありうることである。

＊＊ 『開拓使事業報告　第三編　物産』。この「穴ノ沢」は、現在の石山と考えれば問題ない。

＊＊＊ 『開拓使事業報告』には、明治十三年穴ノ沢軟石二六、六二〇個の記述と併せて、「石山硬石一〇、八三九個ヲ鑿採」と記録されている。なお、擁壁石垣に用いられる間知石は、頭部が三〇センチ四方ほどの角錐形をした、花崗岩や安山岩などのような硬石だった。現在は大半がコンクリート製になっている。

＊＊＊＊ 『開拓使札幌本庁本庁舎跡発掘調査報告』（一九六八）参照。なお、石英安山岩は現在、「デイサイト」と称される。安山岩と同じく火山岩の一種だが、組成が異なる。

＊＊＊＊＊ 民間払下げ方式の家屋改良事業としては、前年の明治十一年築「開拓使爾志通洋造家」（中央区南二西六）があり、現在は「北海道開拓の村」に移築・復原されている。

上は大正 4 年撮影の「石狩国札幌郡石山」。採石場を写したものと思われる。下は開拓使本庁舎裏手に建てられた耐火の石庫（明治 12 年築・撮影、取壊し） ※ともに北海道大学附属図書館所蔵

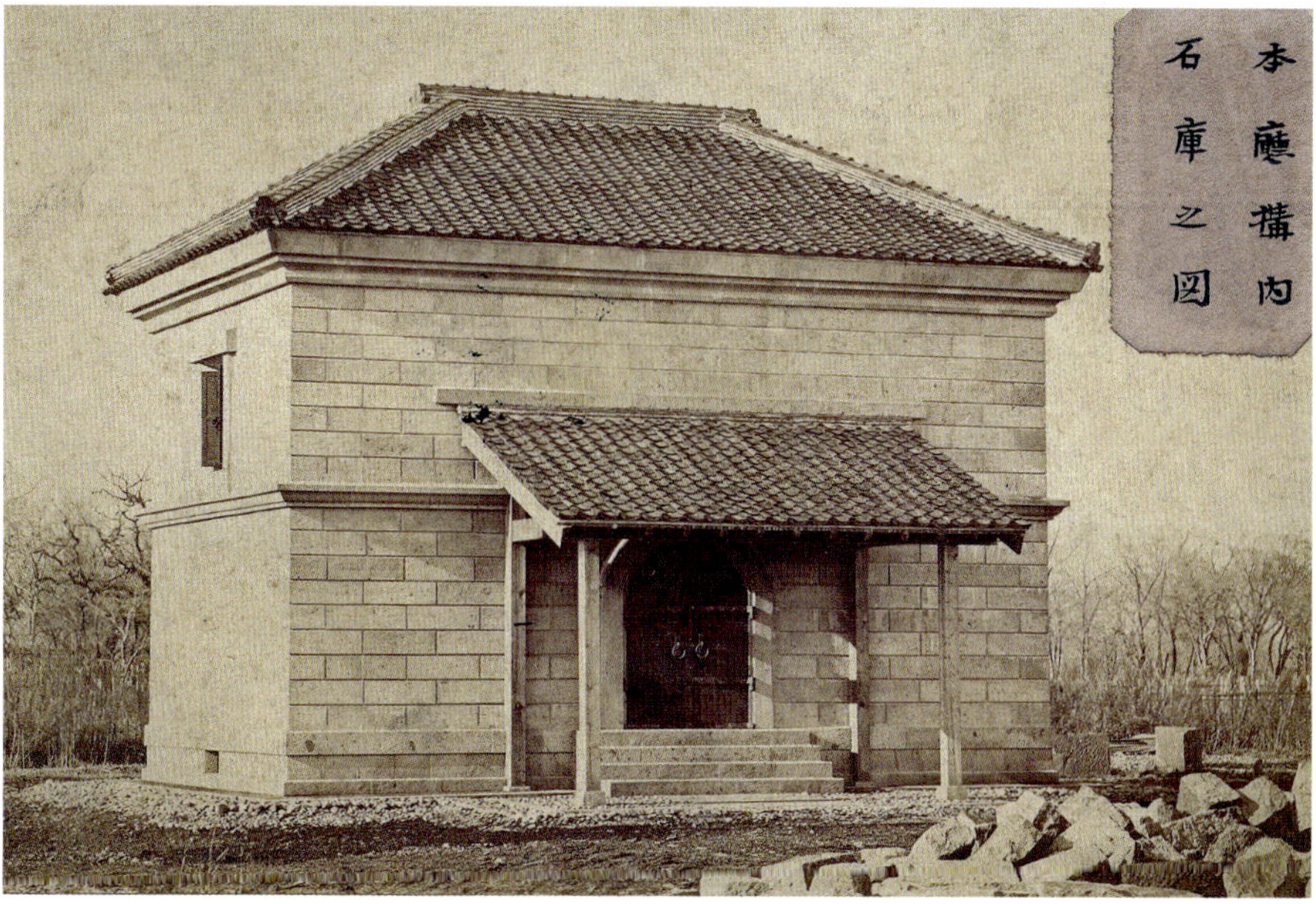

石造家屋は一戸一二坪一千八百円、木造（露國風丸太組）は一六・五坪百三十五円の「仮定」で、石造家屋は計二十戸、札幌に八戸、小樽に八戸、石狩に四戸を建設する計画だった。しかし、「後石造ハ変換シテ土蔵造」に変更されてしまった。構想段階では本気でありながら、それがあえなく失速していく様をよくあらわす事例だと思う。

そうしたなか、札幌の果樹園経営者で土木建築請負業の水原《すいばら》寅蔵が、明治十年に木造洋風店舗と石蔵を建設（中央区南一条西四丁目）したことは特筆すべきだろう。拙著『北海道における初期洋風建築の研究』では、この石蔵の建築に要した石材が、本石造にしては過少であることを試算から割り出した。*

このことから、厚さ三寸（九センチ）程度の凝灰岩切石を積んだ、木骨石造建築と推定できる。明治中期以降、さかんに建てられるようになる木骨石造（軟石）建築の先駆けだったのである。**

石材の搬出路

硬石山やその対岸の「穴の沢」こと石山は、札幌市街から一〇キロほど離れている。そのため、採掘した重い石材をどのようなルートで運ぶかが、大きな課題であった。大岡は石材搬出のための道路も開削したというが、それは当然のことだろう。

おそらく、硬石山で採石がはじまったことにより、初めてその辺りに「八垂別」集落ができたのであろう。***大ざっぱには、いま「川沿の旧道」と呼ばれる

＊拙著『北海道における初期洋風建築の研究』（北大図書刊行会、一九九三）293〜294頁参照。

＊＊『札幌繁栄図録』（高崎竜太郎、一八八七）掲載の全七十六件中、水原の石蔵もふくめて組積造の倉庫は十棟（件）だった。店舗本体を石造とするものはあまりないが、南一西四にあった請負業畠山六兵衛の主屋は、水原同様の木骨石造だったと推定される。『札幌区実地明細絵図』（明治二十六年）では、南一西二の今井洋物店（明治二十一年開店）など、六棟の木骨?石造の店舗が確認できる。

＊＊＊本項では石材搬出路について考察するが、八垂別はわたしの居所でもあり、詳しく調べている。

道筋に相当するのではないかと思われる。石材はしばらくの間、この陸路で運び出されたのであろう。あるいは豊平川の川流を利用したと想像する方が、あたっているのかもしれない。

札幌市街から見れば、「石山通り」と呼ばれる西十一丁目街路が、この硬石軟石採石場からの搬出ルートと結びついている。この街路は国道二三〇号線でもあるが、そのスケールでいえば「本願寺道路」という歴史的な呼び名の方がふさわしいかもしれない。* 定山渓温泉、中山峠、洞爺湖を経由し、有珠へとい

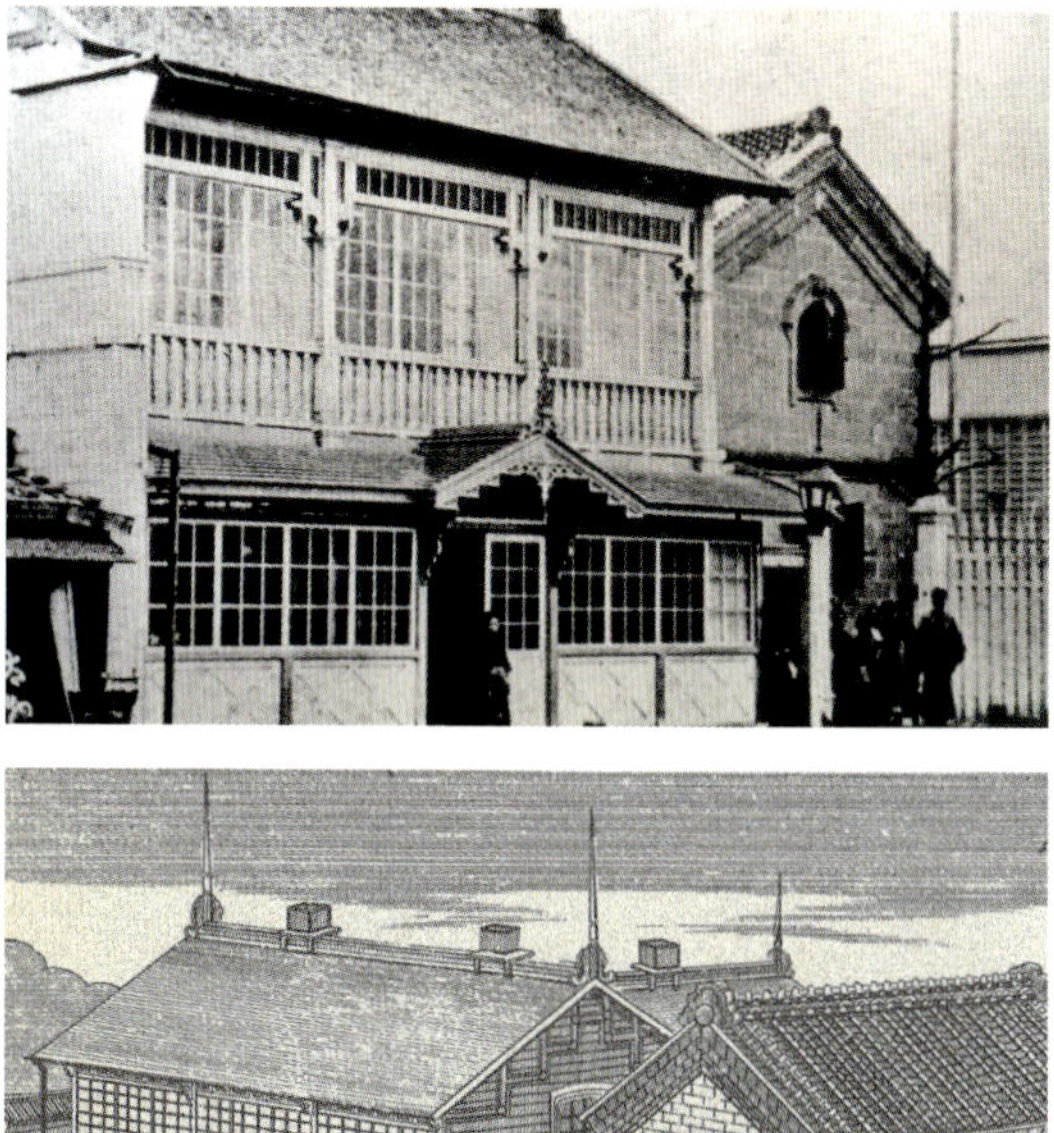

上は水原寅蔵の店舗と右奥に石蔵（明治 10 年築、北海道大学建築デザイン学研究室所蔵）。下は『札幌繁栄図録』（高崎竜太郎、1887）掲載の水原の店舗と石蔵の図

＊明治二年、東本願寺の大谷光瑩らが、道南と札幌を結ぶ本願寺道路の開削に着手した。このルートは開拓使時代から重視され、明治五～六年開通の幹線「札幌本道」（函館・札幌間）のルートを決定する際も議論がわかれたようである。結局は千歳経由（現在の国道三六号線）のルートが選ばれた。

たる道のうち、ほんの一部を石材搬出路として利用したわけである。

　中央区の南一条あたりから石山通りが直行する搬出路の北側部分は、あまり問題ない。『新札幌市史』や『さっぽろ文庫1　札幌地名考』（札幌市、一九七七）にも、明治九年（一八七六）に山鼻・真駒内・石山を結ぶ直線道路が開削され、山鼻・真駒内間の豊平川には馬も積める渡し船が設けられた、とある。石山通りを中心市街側から、軍艦岬近くの南三十三条まで行くと、国道は右方向（西）に曲がり山すそを伝っていく。そのカーブから分岐して真っ直ぐに進む街路があり、夜に街灯だけをたよりに運転していると、この直進する街路の方へつい目がいってしまう。

　この直線の街路は、南三十六条あたりで豊平川に突きあたるのだが、明治九年に設けられた渡船場はここにあったらしい。右岸石山の軟石は、ここで馬ごと豊平川をわたっていたのであろう。渡船場に直通する方の道は、「御幸道《みゆきみち》」と呼ばれた。もちろんこれは、明治十四年の明治天皇行幸にちなむものだ。*

　明治末になると、硬石や軟石を運び出すための馬車鉄道が敷かれた。石山通りに馬鉄が通されたことは知っていたが、先に書いた渡船場で右岸へわたり、軟石の石山につないだのだろう――ぐらいには、ぼんやりと考えていた。しかし、この馬鉄ルートの南側半分については再考する必要がある。どちらかといえば、硬石の方が主役だったのかもしれないからである。

　明治四十二年、助川貞二郎は札幌石材馬車鉄道合資会社を設立した。** 翌明治四十三年に開業した路線は、南一条西十一丁目付近から山鼻・八垂別を経由し、

＊藻岩下の豊平川渡船場については、『さっぽろ文庫78　老舗と界隈』（札幌市、一九九六）でとりあげたことがある。天皇行幸のため仮橋が架けられたが翌年流失し、昭和七年になって渡船場のやや上流に藻岩橋が架けられた。新橋の架橋後、紆余曲折があったものの、昭和四十四年には人道橋として遺されることになった。

＊＊『新札幌市史　第三巻通史三』（札幌市、一九九四）によれば、もっと複雑な経緯をたどったようである。明治三十四～三十五年に札幌石材馬車鉄道合資会社が設立され、同四十年七月には株式会社に改組された。それを機に、石材採掘販売のほか、土木建築請負業および運送業（旅客運送を含む）もおこなうことにし、馬車鉄道の敷設を出願するが、札幌区会で不許可となった。つづく明治四十三年、札幌石材馬鉄は路線を変更したうえ、あらためて敷設を総理・内務両大臣に申請したという。このあたりの経緯は、主として市街馬鉄のことで、石材搬出に直接かかわる南側部分は別の扱いだったのだろうか。

上は明治初年作成と思われる硬石山の石切場見取図。下は大正期撮影の札幌停車場通り（現札幌駅前通り）。道路中央の軌道を馬車鉄道が走る　※ともに北海道大学附属図書館所蔵

現在の石山大橋の北側付近（川沿十八条）で豊平川をわたって石山にいたる、約一一キロの道のりだったという。* 豊平川をわたるために丸太造りの木橋がかけられたが、大正二年（一九一三）の大洪水などで再三流失したため、大正八年から十三年にかけては渡し船が運行されたようだ。**

つまり、対岸にあった石山の軟石も、八垂別を通る馬鉄で搬出する目論みだったことになる。硬石側が優先されたかたちになるが、もっとも右岸の石山からだと、札幌へ搬出するのにどこかで豊平川をわたる必要があり、それにはできるだけ川幅の狭い上流部にした方が理屈にあっているという事情があった。

いずれにしても、先の頼りない木橋でわたるしかないなら、旧来の真駒内経由の路線を使う馬搬がすたれたとは考えづらい。それもこれも、大正七年に石山を通る定山渓鉄道が開通したことで、状況が大きくかわることになった。***

軟石と硬石

硬石だ、軟石だといっても、わたしが両者をちゃんと識別できていたわけではない。時計台修理（昭和四二年〔一九六七〕〜四三年）の際、ポーチの床敷きに使う石材は、軟石では軟らかすぎるから硬石でなければ、といわれたことを憶えている。**** 初めて硬石のことを知ったのは、おそらくこのときだろう。言い訳になってしまうが、わたしが研究の眼目としていたのは初期洋風建築で、当時はもっぱら木造建築のことを考えていた。

時計台でいえば壁から上の部分になる。もっとも、創建時の時計台は石造の

* 川淵初江編『さっぽろ藻岩郷土史　八垂別』（藻岩開基百十年記念事業協賛会、一九八二）による。搬出に際して八垂別を経由したかどうかが問題だが、同書の記述は詳細かつ具体的で信頼できそうだ。ただし開業年が明記されておらず、『増補改訂版　札幌の地名がわかる本』（亜璃西社、二〇二二）所収「藻岩下」の項に従った。

** 八垂別住民にとって対岸の石山集落との往来は切実な問題だった。石山の方がずっと大きな集落になっていたからであろう。大正十三年に渡し船が廃止されたあと、長さ二八間（約五〇メートル）の吊橋がかけられた。八垂別側の本流から途中の中州まで架けられ、石山側の細流は飛び石伝いにわたったという。昭和十年ごろに架けかえられたが、昭和三十二年の台風で壊れてしまった。

*** 最初は石材搬出専用だった馬鉄だが、のちに乗客も乗せるようになった。四区制で各区五銭だったという。これも定山渓鉄道の開通で廃止された。

**** 修復時、時計台の床敷きには登別産の石材（中硬石か）が使われた。わずかな量だったが、八垂別の硬石が使えなかったのは、生産体制のためだったと記憶する。

布基礎（柱や壁の下にだけ設ける基礎）もない束構造（木造屋一階に多い床組）の基礎だったし、床敷きのことも復原の対象とはされていなかった。

隣りまち小樽市の石造（木骨石造）建築がクローズアップされるようになって、小樽でも札幌産の軟石がよく使われたとわかってきたこともあり、石材についてこれまでのように無知では済まされぬことになったわけだ。

だからこそ、基本にたちかえって考えてみなくてはなるまい。地質学についてはこれまで勉強する機会がなかったのだが、まず軟石の仲間である堆積岩について調べてみると、粒度の差によって次のように区分けできるという。*

・粒度が二ミリ以上のものは礫で、固まったものは「凝灰角礫岩《かくれきがん》」もしくは「火山礫凝灰岩」という。
・粒度が二から一六分の一ミリの砂が固まったもの（砕屑岩）は「砂岩」。
・一六分の一〜二五六分の一ミリ（シルト）および二五六分の一ミリ以下（粘土）が固まったものは「泥岩」。
・双方が火山性の場合（火山砕屑物では火山灰）、固まって岩状になったものは「凝灰岩」。

札幌軟石は、この区分けでいうと最後の「凝灰岩」にあたる。「穴の沢」で採れたとされるが、この穴の沢は、豊平川右岸の石山あたりを流れる「穴の川」と「石山川」を指す。** 川沿いでは軟石を切出した跡を見ることができる。

＊ 産業技術総合研究所地質調査総合センター公式Ｗｅｂサイト「岩石の分類」に準拠して作成された、ウィキペディア「砕屑物と砕屑岩」の表を参照。

＊＊ 穴の川は穴の沢山（標高四六〇メートル）を源に北流する川で、平岸通（旧国道）付近で放水路によって豊平川に注ぐ。本来の流路は石山の市街地を東流し、藻南公園付近で豊平川に合流する。また市街地には、穴の川に沿って「穴の川散策路」が整備されている

＊（次頁頭注）支笏湖の総噴出物量は一三九・五DRE立方キロにのぼる。ことのついでに、近くで起きた巨大火山噴火を調べてみた。洞爺湖も十万年前ごろにできた巨大カルデラ湖で、総噴出物量は支笏湖に匹敵する。噴火（内浦）湾はもっと巨大な噴火の跡ではと想像できるが、陥没量に見合うだけの火山噴出物が周囲に分布していないため、カルデラ地形ではないと論じられている。なお、「DRE（Dense Rock Equivalent、密岩当量）」は、火山噴火量を推定するために使用される単位。

南区石山にある「石山緑地」南ブロック内のネガティブマウンド。かつて札幌軟石の採石場だった軟石切出し場跡を利用している（平成9年筆者撮影）

藻南橋をわたってすぐの「藻南公園」には「札幌軟石ひろば」が設けられ、その南側の石山市街地近くに残る切出し跡の方は、「石山緑地」として整備されている。

わたしは、札幌軟石が見事に密実《みつじつ》（密度が高い）なのを見て、火山灰が固まったものではあるがただ降り積もっただけでなく、川流によって生まれた二次的な水成岩（水中に沈殿・堆積してできた堆積岩）ではないかと、想像していた。しかし、これは素人考えだったようだ。

実際には、火砕流によって厚く堆積した火山灰が熱と圧力で溶け固まったものので、溶結凝灰岩といわれる。この岩は、支笏カルデラを生んだ四万年前の大

右が札幌軟石（札幌市資料館）。一様な灰色のなかに白い軽石が混じり、柔らかい印象。左は札幌硬石（北海道大学外構の塀）。全体に白い結晶や黒い成分が混じり、大きなまだら（ボタ）も含まれる。見た目にも硬質感がある（杉浦正人氏提供）

噴火に由来[*]するもので、五百万年前の火山岩でできた硬石山に較べれば、ごくごく最近のできごとになる。

総合アート施設「札幌芸術の森」の建設工事が進んでいたころ、敷地の丘陵地も軟石であると教えられた。石山緑地からつづく丘陵だから不思議でもなんでもないが、支笏湖大噴火でできたと聞いて、ここから直線距離で二〇キロほどの支笏湖までの一帯は、どこもかしこも軟石地帯だと誤解してしまった。

しかし、前出の『さっぽろ藻岩郷土史　八垂別』に掲載された「藻岩地区地質図」を見ると、溶結凝灰岩だけがひろがっているわけではない。同じ大噴火噴出物で覆われてはいるものの、石山エリアにだけ良質の溶結凝灰岩が形成されたのは、なにか微妙なメカニズムがはたらいていたからであろう。

なにか釈然としないのは、豊平川をはさんだ対岸、つまり八垂別の方に良質の凝灰岩があまり分布していないらしいことだ。硬石山の火山岩（デイサイト）は数百万年前、支笏湖大噴火より桁ちがいに古い時代の噴火でできたものであろう。今は豊平川に面しているが、誕生した当時を想像すると――そんな大昔のことに詳しい知識はないが――低地の部分は海の入江ではなかったかと思う。

軟石や硬石は、地質学から見るとあまり意味のない分類だそうで、もっぱら使い勝手上の区別でしかない。日本工業規格（ＪＩＳ）では、圧縮強度で硬石と軟石を区分けしている。圧縮強度が一〇〇キロ／平方センチ未満、吸水率一五パーセント以上、見かけ比重二グラム／立方センチ未満の石材が軟石で、圧縮強度が五〇〇キロ／平方センチ以上が硬石である（中間は準硬石）。

＊「青木」は針葉樹、「雑木」は広葉樹をさす。

＊＊ 札幌建築鑑賞会の杉浦正人さんが、道外の石工職人らから聞きとった話では、「硬石」「軟石」という区別は特にしておらず、「大谷石（おおやいし）」「笏谷石（しゃくだにいし）」「小松石（こまついし）」というように、採石された土地の名で呼ぶことが多いそうである。

石造建築における軟石、硬石の区別は、大工が木材を青木《アオキ》と雑木《ソウキ》に大別するのと似ているかもしれない。* つまり、道具建てや扱い加減を主眼とした、石工職人の視点からの区分けである。** 札幌がそうであるように、地方単位で相対的につくられた区別の方法なのだろう。日本では、軟石は凝灰岩、硬石は花崗岩や安山岩などと考えれば、大ざっぱにはこと足りる。

　もともと組積構造による建築があまり発達していなかった日本では、幕末から明治期にかけて新たに組積構造が導入された。しかし、それも短期間しかつづかず、明治中期以降に耐震性が厳しく問われるようになると、構造方式としては脇役どころか舞台からすっかりすがたを消してしまった。

　ヨーロッパのように古い組積造建築が伝統になっている地域ならともかく、日本では大学でも組積構造が教えられることはまずない。あらためて今、石造や組積構造を考え直す意義があるかどうかは定かではないが、広く建築を理解しようとするなら、石材のことだってちゃんと考えておかねばなるまい。

　われわれは石材一般を「軟石」「硬石」と大きく区分けするし、そうした区分けが工業規格のように客観的な意味をもたないわけではない。註でもふれたことだが、石工職人らは産出された地域名で石材を呼びわけるそうで、軟石や硬石といった一般的な区分けのための呼称は使わないという。

　そうしてみると「札幌軟石」「札幌硬石」というのは、存外ユニークな札幌固有の石材名なのかもしれない。どっちにしろ軟石と硬石は、ひと組にして考えた方がよさそうではある。

4——旧札幌控訴院

旧札幌控訴院庁舎（札幌市資料館）

大通公園西端の西十三丁目に、公園の空間をさえぎるように建つ石造建築がある。お馴染みの木骨石造ではなく、一応は本石造の仲間に入るものだ。かつての札幌控訴院庁舎（のちの札幌高等裁判所。大正十五年〔一九二六〕築、重要文化財）である。現在は札幌市資料館として、市民活動の場に利用されている。登録文化財だったが令和二年（二〇二〇）十二月、重要文化財に指定された。

札幌控訴院——わたしが若いころは札幌高等裁判所の庁舎だったこの建物には、大学の助手になりたてのころ、所蔵資料を見るためによく通ったものだ*。この前後から訪れる機会が増えていくが、近年は旧控訴院のみならず広く組積《そせき》造《ぞう》建築を考える機会も多くなっていた。

令和二年十一月、札幌建築鑑賞会主催の映画「白痴」上映会が資料館で開かれ、久しぶりに足を運んだ。昭和二十六年（一九五一）冬に札幌でロケがおこなわれた「白痴」は、当時の札幌の街並みと建築の記録としても貴重なものである**。上映会の主催者である札幌建築鑑賞会の代表・杉浦正人さんの意図もそこにあって、まことに興味のつきない集まりだった。加えて旧控訴院の建築が、翌月には重要文化財に指定されるというニュースもあって、あらためて建築を

＊当時は、写真帳のようにまとめられた全国の裁判所庁舎の記録をさがして、札幌高等裁判所に通っていた。旧江差（区）裁判所（明治二十二年築）の建築調査は昭和四十年におこない、翌年、日本建築学会北海道支部に報告した。

＊＊黒澤明監督作品の映画「白痴」（一九五一）は、原節子、森雅之、三船敏郎らが出演、昭和二十六年二、三月に札幌でロケがおこなわれた。有島武郎自邸（大正二年築、札幌芸術の森に移築・復原）が主舞台のひとつで、邸宅を復原する際はフィルムをとりよせて上映、参照した。今回の上映会では、ロケ地のご近所にお住まいだった方が出席され、もうひとつの主舞台である札幌軟石を使った石造倉庫が、中央区南三東二にあった「カネ長本間醸造所」であることを証言された。また上映会の趣旨とは別に、映画としてもあらためて見直すことができた。色ガラス（モノクロ映画だが）を駆使したモダンなインテリアは黒澤の創造物のはずで、薄暗い石蔵内部を利用することで、現実と架空空間のはざまをうまく表現している。インテリアはスタジオ撮影だろうが、このシーンの前半は実際の建物でのロケだったと思われる。

見直すような気分だった。

年がかわって、令和三年三月に資料館で開催された札幌硬石の展覧会と藤野徹弥さん[＊]の講演会のあと、同席していた鑑賞会の杉浦さんと会場の旧控訴院を見てまわった。「札幌硬石」の講演を聴いた直後ということもあり、どうしても石材に目がいく。今まで軟石と区別することもなかったのだが、なるほどあちらこちらに硬石が使われている。

講演をされた藤野徹弥さんは経営者なので、石工職人の目はもっていないと謙遜されていたが、それでも札幌硬石は見ただけでわかるという。ざらざらした粗面《そめん》に仕上げられていると、軟石とよく似るのだが[＊＊]、硬石はその表面に独特の斑点「ボタ」が出るからである。

さらに令和五年四月には、わたしが旧控訴院庁舎の建築についてお話することになった。そのひと月前には、札幌建築鑑賞会の講演で木原直彦さんが資料館創設当時のことをお話されている[＊＊＊]。

木原さんのお話はいうなれば表向きのことだが、建築サイドで札幌高等裁判所庁舎の歴史的・文化的価値が認められるようになったのは、もうすこし早い時期からだった。昭和四十七年の札幌市議会で、取壊される予定だった札幌高等裁判所庁舎の保存陳情が採択されたのだ。

この陳情書は、北大工学部都市環境懇話会から出されているが、その立役者は工学部建築工学科の大野和男教授[＊＊＊＊]（一九〇九〜八三）だったと思う。先生から指示されて、陳情書の下書きを書いた憶えがある。その前後には、裏付けのた

＊ 藤野徹弥「街を創った札幌硬石」（札幌市資料館、令和三年三月二十日）。藤野さんは砕石製造業のハラダ産業・札幌硬石両社の代表。

＊＊ 札幌硬石は、磨くと地味ながら花崗岩（御影石）と見違えるほどになる。「硬石」展や講演会でも触れていたが、タイルなどの仕上げ材や置物にもっと使われてもよいと思う。

＊＊＊ 札幌市資料館主催の越野講演『旧札幌控訴院の建築』は令和五年四月二十九日開催、札幌建築鑑賞会主催「第十九回札幌百科、木原直彦『さっぽろ文庫』と札幌」は令和五年三月二十五日開催。

＊＊＊＊ 昭和四十三年、工学部長に就任している（昭和四十五年からは事務取扱）。北大工学部と総合博物館の間にある「大野池」に、その名が残る。

旧札幌控訴院庁舎（現札幌市資料館、大正 15 年築、中央区大通西 13、重要文化財）。上は完成間もない札幌控訴院（「札幌控訴院新築落成記念」絵葉書より、札幌市中央図書館所蔵）。下は近年の札幌市資料館。手前は大通公園西 12 丁目のサンクガーデン「バラ園」（撮影年不詳）

めに簡単な調査にも出かけていた。

報告書も書いていないような調査ではあるが、設計図はこのときに見ており、ともかく『北海道の建築１８６３〜１９７４』の年表[*]に、創建年とともに「煉瓦・ＲＣ、石張」と構造を記載することができた。いうまでもないが、札幌市資料館は控訴院旧庁舎を転用しているから、両者を切りはなすことはできない。

控訴院の建築あれこれ

わたしの講演は、札幌控訴院保存・資料館設立の五十周年を記念したものだった。講演準備のため、札幌市公文書館[**]（札幌市文化資料室の後継組織）まで出かけて、設計図をはじめ建築関連史料を見てきた。以下、控訴院建築について書いていくが、わたしの調査は報告書もないため、基本的には遠藤明久先生の調査報告[***]によっていきたい。

控訴院の外壁は、外側の見えるところは札幌軟石を主とし、笠石や窓台、基礎部分などは「二俣《ふたまた》硬石」とされる。この二俣硬石は道南・旧上磯町産ともいわれるが、まだ確証はえられていないようだ。玄関ポーチ（車寄）の上部正面の象嵌《ぞうがん》文字部分だけは、「札幌硬石」と記録されている。原設計の二俣硬石については、札幌硬石と比較してどちらにするか、現地の札幌で検討した記録が残っている[****]。

司法技師の浜野三郎に宛てた、森兵作司法技手の「書簡」には、

＊『北海道の建築1863〜1974』（丸善・日本建築学会北海道支部、一九七五）参照。

＊＊ 札幌市資料館からわかれて、平成二十五年に札幌市公文書館が開設され、南八西二の旧豊水小学校に移転していることを今回知った。余談になるが、聞いてみると道内の自治体で公文書館を有するのは、北海道（赤煉瓦旧庁舎内にあった道立文書館は現在、江別市の道立図書館隣接地に移転）と札幌だけという。わたしの乏しい経験でも、ロシアをはじめどこの国や地域も歴史意識は高く、北海道の大半の地域に公文書館がないことが信じられなかった。

＊＊＊ 遠藤明久「旧札幌控訴院庁舎（現・札幌市資料館）の建築遺構」（日本建築学会大会梗概集、一九八二）参照。

＊＊＊＊『大正十一年度　札幌控訴院庁舎新営工事建築書類』（一九八二）参照。

札幌市資料館の玄関車寄上部。象嵌文字の部分だけが札幌硬石とされている（平成５年筆者撮影）

＊前出『北海道の建築1863〜1974』掲載の年表では、「煉瓦・RC、石張」としていたが、積石に厚みがあり、煉瓦と一体化していて、単なる「石張」とも異なる。外から見えない部分を煉瓦にするのは、よくあることだ。混淆構造とするのが正確なのだろうが、一般の感覚をいかして石造建築とした方がよいと思う。

「根石及窓台石ハ二俣石トノ御命令ニ候処当地ニテハ二俣石ノ使用シタル処見受ケズ　石屋ニ尋ネテモ判明セズ　故ニ札幌硬石ニテ見積レリ」

とあり、糊付けされた「付箋」には、

「二俣石価格品質等不明ノ処　書類調整後当地鉄道病院ニテ使用致シ居ル事ヲ探知シ早速調査候処　価格ハ一切二・六〇ニテ　札幌硬石ヨリ軟ク手間ハ多少安ク之有　札幌硬石ハ一切二・三〇ニテ　色揃困難ニテ二俣石ヨリ硬ク手間モ自然高ク」

とある。この事実はわたしの発見でもなんでもなく、札幌建築鑑賞会の杉浦さんがすでに見つけていたものである。

肝心の外壁は、何度も見てきたように切石を整層に積みあげた構造である。基本的には石造建築としてかまわない＊。石材を特定するなら「札幌軟石積み」とでも呼ぶ方がよさそうである。

ただし、下方の力がかかる基礎部分（根石）、雨雪にさらされる笠石や窓台石などには硬石が選ばれている。設計時に「二俣硬石」とされたところである。わたしどもは一緒くたにして〝軟石〟といってきたから、不明を詫びて訂正しなければならない。

内部のインテリアでは、一階北側翼部の刑事法廷が復原されており、扉・額縁まわりや木製のパネルをはめこんだ内壁など、当時の内装工事の様相を見ることができる。内装のことは、一階床の「人造石研出《じんぞうせきとぎだ》し」や回り階段の仕上げ面についてくらいは、ちゃんととりあげた方がよさそうだ。

人造石研出しは「ジントギ」と略されることもある。そういわれて年寄りがすぐに連想するのは、昔よくあった出来合いの流しのことだろうか。今どきの住宅などは、すっかりステンレス流しにかわってしまった。実際に安価かどうかは知らないが、砕石をセメントで固め、それを研磨して石板のように仕上げた流しは、当時、安物の出来合い品というイメージだった。

札幌市資料館（旧札幌控訴院庁舎）の中央階段。正面に鉄筋コンクリート造の円柱が建つ（平成５年筆者撮影）

控訴院の建築では、下階の床も同じ仕上げになっている。床の方は金属の目地棒が入っている。適当な大きさに目地を切ってあれば、そうたいへんな仕事ではないし、どちらかといえば安価な仕上げといえる。[*] しかし、回り階段の手摺壁は目地なしで一息に仕上げられている。ざっと見たところ細かな亀裂もないようで、これはとてつもなくすばらしい左官仕事といわなければならない。

ひょっとして、設計仕様では単純に「人造石研出し」と書いてあるだけで、工事費は安いまま、現場指示で目地なし仕事に変更されたのではないか――、とこれは下世話な想像である。それはともかく、旧控訴院は重要文化財に恥じない、質の高い建物なのである。

札幌控訴院の建築にかかわったのは、どういう人たちだったのか。設計したのは司法省営繕係である。当時の技師長は山下啓次郎だが、設計を担当したのは明治四十四年（一九一一）に東京帝大を卒業した技師浜野三郎とみられる。実施の細部設計は、札幌控訴院建築場勤務の技手森兵作と朝倉益也（当初は技手）、森久太郎が担当したという。森兵作は札幌控訴院のあと、大正十三年（一九二四）三月に小菅刑務所建築場に転勤している。

残されていた棟札[**]によると、建設者[***]は請負人として谷口徳三郎、畑中秀治郎のほか、二人の個人名に挟まれて「札幌電気軌道株式会社」の社名が記載されている。谷口徳三郎は札幌市（南二条西五丁目在住）の請負業者で、書類上では第一期工事（基礎及腰積工事）を請負ったことになっているが、肝心の庁舎本体の石工事やコンクリート工事についても最後まで施工を担当したようだ。

＊ 大理石片のような種石をセメントで固め、研出した人造大理石であるが、昔の建築屋の記憶では「テラゾー」というものもあった。種石の大きさで区分けするようだが、「ジントギ」が左官職の仕事なのに対して、「テラゾー」はたいがい石屋のなわばりで、なによりも高価である。Terrazzoは、大理石の本場・イタリア由来で、かの地ではこうした偽物の大理石技法がたいへんよく発達している。種石を使うのではなく、筆彩色などで描いた複雑な大理石模様を研出す技法もあって、札幌だと豊平館（暖炉石）や北大総合博物館で見ることができる。

＊＊ 建物の造営や修築の際、その由緒や建築関係者、竣功年月日などを記した札で、建物内部の高所に取り付けられる。

＊＊＊ しばしば司法省の「直営工事」とされるが、官給されたのは木材（原木）だけである。石工事（石材やコンクリートブロックなどで、工作物を築造、取付けする工事）など、組積構造体による主要部を建設したのは、民間の請負業者だった。

畑中秀治郎が何者かよくわかっていないのだが、建築書類には「大阪畑中秀治郎」と記載されている（居住は札幌）。沖電気が担当した電鈴（ベル）のような弱電工事など、東京や関西の下請け業者の起用に重要な役割をはたしたのではないかと思われる。＊

札幌電気軌道会社については、ほかの史料を調べたわけではないが、先にふれた札幌石材馬車鉄道合資会社の後身と思われる。明治四十年、同社が株式会社に改組した際、石材採掘販売や運送業といったそれまでの事業内容に、土木建築請負業を加えている。札幌軟石や硬石を大量に使った控訴院の建築を請負うには、かっこうの企業だったわけである。

鉄筋コンクリート構造の導入

控訴院はまさに、木造建築からの転換期を体現するような建築作品といえる。設計図によれば、外壁は内側が煉瓦積み、外側を石積みとしている。二階床や前出の回り階段のような部分は、鉄筋コンクリート（以下、適宜ＲＣと略す）＊＊構造となっている。組積造と鉄筋コンクリート造の混淆というか、ハイブリッドな構造なのである。

この建築が生まれた大正時代は、旧来の組積造から新式の鉄筋コンクリート造に移りかわる時代だった。札幌でも控訴院に前後して建てられた旧藪商事ビル＊＊＊（大正十五年〔一九二六〕築）、今井百貨店（同年築、取壊し）、庁立図書館（同年築）、旧北大理学部（昭和四年〔一九二九〕築）、北海道（札幌）師範学校（同年築、取壊

＊ 畑中秀治郎の名が最初に出てくるのは、豊平川からコンクリート用骨材（砂、砂利、玉石）を採るため、控訴院請負者（おそらく下請け）の証明書を請求した書類である。

＊＊ Reinforced Concreteを直訳すれば補強コンクリートとなるが、鉄筋コンクリートのことを指し、その略称として使われる。

＊＊＊ 現三誠ビル。中央区南一西十三。札幌では一番古い鉄筋コンクリート造建築である。設計者は北大建築事務所長として医学部や工学部などを担当したのちに独立した田中豊太郎とされる。ここにあげた建築のなかでも、旧藪商事ビルは比較的純粋な鉄筋コンクリート構造のようである。

上は札幌で最初の鉄筋コンクリート造建築とされる旧藪商事ビル（現三誠ビル、中央区南1西13、大正15年築、令和6年撮影）。下は旧北海道庁立図書館（現北菓楼札幌本館、大正15年築、令和6年撮影）

鉄筋コンクリート造の旧北海道（札幌）師範学校校舎（のちの北海道教育大学札幌分校、昭和4年築、中央区南22西14、取壊し、「昭和5年改築記念絵葉書」絵葉書／札幌市中央図書館所蔵）

＊初期RC造建築の代表作、パリ・フランクリン街のアパートメントハウス（一九〇三年築、A・ペレ設計）が木構造風といわれるのは、柱と梁の接合部が単純梁形式になっているためと思われる。

し）などが、一応は鉄筋コンクリート造とされているが、単純に断定することはむずかしい。

初期鉄筋コンクリートなどと概括されるのだろうが、そこでとどまるのではなく、控訴院同様にコンクリートを導入する工夫のさまざまな様相を、過渡的・中間的とはいえきちんと調べなければならないと思う。

控訴院についても具体的に見てみたい。まず、RC造の独立柱が計四本建っている。一階の左右事務室内にそれぞれ一本、計二本の角柱（一尺角、約三〇センチ）があり、一階階段ホールに二本の円柱（径一・二尺）がある。

前者はRC造の独立基礎の上に建ち、後者は煉瓦造基礎から鉄筋を立ちあげている。RC独立柱は二階床の大梁を支えているのだが、つなぎ目を見ると、どれも曲げ力を十分に伝える剛接合《ごうせつごう》（梁と柱を一体化させる接合方法）にしては、柱頂と梁をつなぐ配筋が不足しているようだ。

RC梁のもう一方の端部は組積造壁体に架かるが、支持部をすこし突出して柱型をつくっている。大梁は本質的に柱や壁の上に乗っかっただけの単純梁形式＊で、曲げ力が伝わらないピン接合pin-jointということになる（つまり剛接合ではない）。二階RC床版（厚さ三寸〔約九センチ〕で一部四寸厚）も同様である。

二階床をRC造にすることで、耐用性は格段にあがっただろうし、外周に積まれた組積造の壁を、RC床版が中間部で水平に支えるから耐震性も向上した。構造計算でどのように評価したかまではわからないが、札幌控訴院の設計はこうした構造を土台に組立てられたと考えてよいであろう。

明治中期築の煉瓦造道庁舎では二階も木造だったから、いうなれば札幌控訴院は、組積造建築の最終段階の作品なのである。

あらためてこの時代の「鉄筋コンクリート造建築」を見てみようと、講演のあとに近くの旧藪商事ビルを訪ねてみた。こちらはフレーム構造とされていて、構造形式が異なっている。ある意味では、最新式のRC構造というべきなのかもしれない。札幌逓信局庁舎（昭和十四年築）は全体をフレーム構造としており、しばしば革新的とされているが、このビルはそのさきがけなのである。

組積造から鉄筋コンクリート造の時代へ

ふりかえってみると、趨勢はRCのフレーム構造（ラーメン構造）*になり、柱や梁にかかる力が定量的に計算できるようになったことで、高層ビルを安全に建てることが可能になっていった。それがわたしの時代の建築だった。

大学の建築教育も同様である。先端研究はもっと先行していたのだろうが、たとえば「耐震壁はバランスよく配置しなければならない」などと、えらく定性的（数値であらわせないさま）に教えられたような気がする。版構造体（コンクリート製床構造）の解析はこの時代にまだ研究途上で、実践向きではなかったのではないだろうか。

一見、些細なことのようだが、外装材のことも見逃すことはできない。札幌を離れるが、旧日本郵船小樽支店（明治三十九年〔一九〇六〕築、重要文化財）は札幌控訴院同様、外壁の外面は軟石を積んだ石造建築である。この外壁の軟石

＊三角形のフレームが安定していることは、よく知られる。これが四角形（以上）でも、接合点が剛であれば安定する。これをラーメンLahmenというのだが、剛接点を越えて部材に曲げ力が伝わるから、部材の軸力を定量的に推定する構造計算は、多元方程式を解くことになって簡単ではない。初期のRC構造が難しかった理由には、このこともかかわっている。わたしも大学で履修したことはたしかなのだが、きちんと理解しているとはとても思えない。

については、浸水（吸水）程度が検査されている。特に雨水のかかるところは別として、一応は十分な耐候性を保持すると判断されたようである。[*]

札幌控訴院のような石造（組積造）建築の場合、あらためて「外装」が問われることもないが、外壁を積むことのなくなった鉄筋コンクリート建築の時代になると、あらためて「外装」が問題になっていく。さまざまなタイルやテラコッタ、パネル類が、それ自体の耐候性のみならず、ＲＣ構造体との付着性能が問われるようになったのである。

あまりにも基本的なことではあるが、なぜ札幌控訴院は石造とされたのだろう。遠藤明久先生は、司法省の札幌地方裁判所（明治四十五年築、取壊し）の石造は別として、大通西二丁目の旧札幌中央郵便局（明治四十三年築、取壊し、28頁参照）に合わせたのではないかと指摘している。[**] 札幌の中心部くらいは石造（組積造）建築にしたいものだ——という意志の存否に直結する問題である。

文字通りの「永久」をそのまま信ずるわけにはいかないが、半世紀ほど経っただけで「老朽化」がかしましくいわれるのは、あまり正常なこととはいえないように思う。わたし自身は、せめて数世代はもつようにと主張した憶えがあるし、建築技術の世界ではとっくに、数世紀ほど保てる構造体について論議が済んでいるはずなのだが。[***]

日本建築のなかの石材

日本の近代建築では、Ｊ・コンドル（79頁参照）の旧古河邸（東京都北区、大

＊ 外壁外面は小樽天狗山軟石、腰壁やピラスター（付け柱）などは登別中硬石が使われている。なお、裏側（札幌控訴院では煉瓦壁になっている部分）は小樽奥沢軟石を乱（石）積みにしている。小樽市『重要文化財　旧日本郵船株式会社小樽支店保存修理工事報告書』（一九八七）参照。

＊＊ 遠藤明久「旧札幌控訴院庁舎（現・札幌市資料館）の建築遺構」参照。

＊＊＊ たとえば、平成九年三月開催の日本建築学会北海道支部によるシンポジウムでは、「建築の長寿命化にどう取り組むか——分譲マンションを例にして」をテーマにしている。

正六年〔一九一七〕。庭園は重要文化財）が、外壁に伊豆石を積んでいることは記憶していた。伊豆半島の東岸、伊東温泉あたりへ行くと、十七世紀の江戸城築城用に切出された巨岩が、船積みしそこなったままいまも置かれている。

旧江戸城（現皇居）でも、大手門周辺や皇居外苑の旧天守閣跡で石垣を見られるが、これらが伊豆石である。もちろん硬石の一種、火山岩である。伊豆石の仲間では、伊豆東岸からつづく半島根元の真鶴《まなづる》産の火山岩が、小松石と呼ばれる。明治期の東京では、江戸期以来の伊豆産石材になじみがあったのであろう。旧古河邸で使われているのも真鶴産の小松石で、赤みをおびた石材は「雨にぬれると落着いた色調をかもしだす」とパンフレット説明にあった。

江戸城と同じ城郭石垣では、瀬戸内海の小豆島《しょうどしま》沿岸に大阪城用の石切丁場跡がいくつかあり、大阪城では二一〇トンもあるとされる二の丸京橋門枡形内の巨石「肥後石」*などが名物になっている。

これらの小豆島石も「硬石」の仲間だが、安山岩《あんざんがん》ではなく花崗岩《かこうがん》（御影石**）といった方があっている。江戸城の石垣でも、要所に小豆島石が使われているらしい。白く見える石がそれだそうで、花崗岩なら茨城産の稲田石が混じっているかもしれない。

もちろん東京の旧古河邸ばかりでなく、日本銀行本店（明治二十九年〔一八九六〕築、辰野金吾設計、重要文化財）のような近代日本を代表する石造建築でも、硬石が使われたはずである。日本銀行本店は、明治二十四年の濃美地震を経て建物の軽量化がはかられ、二、三階は煉瓦造の花崗岩貼りに設計変更されたら

＊念のため説明しておくが、「肥後石」は肥後産の石材という意味ではなく、熊本・肥後藩主（加藤清正）が担当した石のことを指す。運搬の問題さえなければ、不整形の石を積んで石垣をつくる場合、石のサイズは大きい方が有利である。江戸城や大阪城では、石積みにあたった大名が体面にかけて、運搬の問題を度外視したわけである。

＊＊神戸市に御影という地名がある。中国地方に広く分布する花崗岩は、神戸の御影港から積み出され、それを「御影石」と呼んだことにちなむ。やがて産地にかかわらず、花崗岩一般の通称になっていった。なお、黒色の「黒御影石」は、有色鉱物の含有量が多く（約三〇パーセント）、閃緑岩の範疇に入る。

旧日本銀行小樽支店（現日本銀行旧小樽支店金融資料館、平成 25 年撮影、663highland、CC BY-SA 3.0）

しい。岡山県北木島《きたぎしま》産の花崗岩が使われたようである。

赤坂離宮迎賓館（明治四十二年築、片山東熊設計、国宝）でも花崗岩（茨城県産真壁石）が用いられているが、本体の構造は鉄骨鉄筋コンクリートで、外面に石を貼ったものといえそうだ。国会議事堂（昭和十一年〔一九三六〕築）も同様である。*

話を札幌硬石にもどすが、小樽にお住まいの駒木定正さんから、「旧日本銀行小樽支店**（現日本銀行旧小樽支店金融資料館、明治四十五年築、辰野金吾設計、小樽市指定文化財）の一部で八垂別産硬石の使用が予定されたが、採石体制がととのわず、備中《びっちゅう》（現岡山県西部）北木島の花崗岩などに変更された」と教えていただいた。

設計時の工事仕様書には、本館や金庫、廊下に「八垂別産硬石または同等品以上を使用すること」とあった。しかし明治四十二年十一月二十六日、請負人冨樫文次の代理人冨樫鉄蔵から日本銀行小樽支店長に宛てた文書によると、「八垂別硬石ハ短期間ニ多量ノ大切石ヲ切出ス事不可能」のため、備中北木島の花崗石（岩）と渡島の大沼石に変更した、というのである。

この当時の八垂別硬石は、建築用の大型切石の生産体制を失っていたことになる。しかし、大正十五年築の札幌控訴院では、建築用切石が八垂別から供給されていた事実もあり、簡単にそうともいいきれない。明治末期に硬石を建築用に供給する目論見くらい、あったのではないだろうか。

さて、組積造で石を積んでいく場合、凝灰岩では強度不足のおそれがあった

＊ 高価な石を薄板状にして表面材にする技法は、古代ローマなどあちこちにあったが、一般的になったのはルネサンス期以降のことだ。

＊＊ 旧日本銀行小樽支店は、石造建築と紹介されることが多い。しかし『北海道の建築1863〜1974』の年表では、「煉瓦造」になっていた。石材は表装材にすぎないとし、構造本体を主とする建築屋の分類に従っている。しかし煉瓦・石造の混淆構造ともいえるため、通例のように単に石造とすべきかもしれない。

から、頑丈な組積構造にするなら硬石の方を基本としなければならない。とはいえ同じ硬石でも、火山岩ではなく花崗岩が選ばれたのは、江戸城から国会議事堂にまで使われてきた花崗岩にこそ、国家を表象する意味合いがあったと考えるべきだろう。

ともあれ日本における硬石は、前近代の築城や一般建築において、せいぜい目につかない地下の基礎に使われる程度だったのだが、前述のように近代になって多用されるようになった。一方の軟石は近代以降、札幌や大谷石の産地などは別として、ほとんど建築が遺《のこ》っていない。[*] しかし、かつては外国人の居留地に、存外多くの「木骨石造」建築があったようで、[**] そのころは比較的軟質の凝灰岩が大活躍していたと想像できる。

また「木骨石造」には、二種類の構造形式があったと考えられる。ひとつは木骨軸組の隙間に石（または煉瓦）を積んで埋めたもので、古くから「ハーフティンバー構造」として建てられてきた。もうひとつは、小樽の場合がこの形式にあたるが、木骨軸組の外側に薄い石（または煉瓦）[***] を積んでケーシング（外装仕上げ）にしたものである。[****]

「薄い」といっても、小樽の場合で一五センチほどの厚さが定法で、自立できないことから木骨にカスガイでとめている。これなど、日本の伝統建築でいえば土蔵造りに近いかもしれない。もちろん眼目は、木造建築の防火性を高めることにあった。

＊ 軟石は墓石によく使われてきた。あまり耐久性はなく、三、四世代も経つと表面が風化して彫った文字などは薄れてしまう。

＊＊ 坂本勝比古『明治の異人館』（朝日新聞社、一九六五）参照。

＊＊＊ 小樽にもいくつか煉瓦を半枚積みした木骨煉瓦造建物が残る。石狩市濃昼木村家の別棟蔵も同様だ。横浜市大芝台南京墓地の地蔵王廟（明治二十五年築、横浜市文化財）を拝見したことがあるが、これも同様の構造だった。

＊＊＊＊ アメリカ、ペンシルヴァニア州で木造校倉家屋の外面を、煉瓦のケーシングで覆う構造があったことが報告されている。Nancy van Dolsen, 'The Brick-Cased Log Houses of Cumberland County, Pennsylvania', *Perspective in Vernacular Archi- tecture* 第三巻 (1989)。

5——建築史のなかの石材

火山岩と玄武岩の建築

さらに話を世界の石造建築へとひろげてみよう。石造建築考の節に入れればよさそうだが、長くなりそうなので別立てにする。

永続的な建築を相手にするのが建築史ではあるが、石造建築となると、特にヨーロッパではそのまま建築史一般の話となり、収拾のつかないことになってしまう。ここではわたしの印象に残っている石造建築を、思い出すままにいくつかあげることくらいしかできそうもない。いずれにしても、長めの註記らしきものとして読みながしていただければよいだろう。

もうひとつ、基本中の基本ではあるが、近代以前の建築においては、運搬の問題から地場で産出される素材が重視された。なかでも建築本体に使われる石材の場合は、ほぼ絶対的条件だったから、建築は否応なしに地方色をおびてくるのである。

その点、近代建築は国際性、普遍性を表看板とするから、そもそも原理からしてちがっているのかもしれない。開拓使がまず札幌周辺で建築用石材を探そうとしたのも当然のことで、究極の地産地消は、言葉をかえればごくありふれた石を使うことでもあった。火山岩（デイサイトや安山岩）はまさにそのような

インド「エローラ石窟群」の第16窟カイラーサナータ寺院
（2004年、宍戸裕之、CC BY-SA 3.0）

＊インドを訪れたときの見聞は、拙著『風と大地と　世界建築老眼遊記』に書いた。

石で、火山国なら広く分布している。

火山岩の一種に玄武岩がある。二酸化ケイ素（SiO_2）が四五〜五二パーセントを占めるものをいうそうだ。塩基性岩ということになるが、安山岩の含有量は五二〜六三パーセントで中性岩に分類される。いい加減な建築用石材の区分けなら、どちらでもよさそうではあるが。

インドのデカン高原は、広大な玄武岩分布地と耳にしたことがある。デカン高原の中西部には、アジャンターやエローラの石窟寺院がある。石山を彫りこんでつくった、仏教やヒンズー教などの寺院群である。この石山が玄武岩ということであろう。

岩盤を直接彫りこむので、石を積んでいく石造と同じように語れるかどうか議論になりそうだが、まあ「石造建築の原初くらい」とはいえよう。エローラの第十六窟カイラーサナータ寺院（七〇〇年頃）は、高さ三二メートルもある外形を彫りだした上で、内部空間までつくった一石構造《モノリス》の建築である。

また、インド北部のジャイプルに近いアバネリの階段井戸《クンダ》では、壮大な切石積みの階段群に圧倒されたが、これも玄武岩だろう。アフマダバードで訪れた階段井戸も、デカン高原玄武岩の一部なのだろうか。＊

石灰岩の建築

ヨーロッパで真っ先に想起する石造建築といえば、南フランスのル・トロネ修道院（シトー会修道院）であろう。石の権化とでもいうべき建築であり、小説

『粗い石』を生みだしたことでも知られる。* その石材は、建設現場の周辺で掘りだされた文字通りの「粗い石」であった。翻訳者の荒木亨は小説の訳注で、

「……抵抗性石灰岩というカテゴリーに属し……精緻な細工をほどこすにはあまりに粗く、鋸でひくにはあまりに固い」

と書いているが、「抵抗性石灰岩」というのはほかで耳にしたことがない。石灰岩の一種なのだろうが、均質で比較的軟らかく扱いやすい通常の石灰岩とはずいぶんちがう。聖堂祭室に積まれた切石を拝見した印象でも、ザラザラした硬そうな石で、いわれても石灰岩とはとても思えなかった。

堆積岩の一種である石灰岩には、生物起源と化学的沈殿があり、炭酸カルシウム（$CaCO_3$）を五〇パーセント以上含むというのが定義になっているそうだ。** 一般の凝灰岩とはちがって密実で、強度もずっと高く、加工しやすいから建築によく使われてきた。日本にも高品位の石灰岩がたくさんあって、その産地の代表格には、滋賀県と岐阜県の県境に位置する伊吹山がある。***

ところで、石灰岩（石）の近親に大理石がある。ただし、地質学の分類では変成岩だから、大分類では別種の石なのだが、建築的には〝近親〟といってよいであろう。ついでにいうと、建築界で「大理石」とされるものには、学術的に別種の石がいくつもまぎれこんでいる。

大理石は高価だから薄板に加工して表装材に使う。それももっぱら内装用で、

＊ ル・トロネ修道院は拙著『東と西と　続世界建築老眼遊記』（私家版、二〇一九）でとりあげた。フェルナン・プイヨン著、荒木亨訳『粗い石　ル・トロネ修道院工事監督の日記』（形文社、二〇〇一）。

＊＊ アルプス山脈、ヒマラヤ山脈、極東アジアの各地に見られるものは生物起源で、ドーバー海峡の白亜（チョーク。白亜期の語源になった）も海生微生物起源である。また化学的沈澱には、カルスト泉生成によるもの（秋吉台など）があり、トラバーチンもそのひとつである。

＊＊＊ 伊吹山は戦後にずいぶんと石灰石が採掘され、山容の一部を失っている。伊吹山にかぎらないが、石灰石はセメントをつくる原料となる。

外壁には使わないことが常識になっている。耐候性がないからである。ところが古代の名建築には、ギリシャのパルテノン神殿をはじめとして、大理石造がいくつもある。

えりすぐりの石材ということもあろうが、何十センチもある積石の厚みがそもそもちがうのである。それは古代建築の大理石もそうだが、石灰岩を積みあげた建築にもいえることであろう。

しかし、自然界においては正反対になる。時間経過のスケールがまるでちがうからだ。石灰岩は比較的風化に強く、エベレストのような高山を形成するが、硬い花崗岩の方は寒暖差の激しい条件下では風化しやすいため、白砂地を生むのである。*

パリは、都市全体が石灰岩の上にできているそうだ。** ストラスブール大聖堂（ノートルダム・ド・ストラスブール大聖堂）も、足もとから石灰岩を切出して積んだはずだ。創建以来八百年の煤をはらい、今は白い肌を現している。***

石灰岩は白く、ときにはうっすらと黄色味をおびる。イギリス中央部の丘陵地帯に位置するコッツウォルズ地方の村々では、その名も「コッツウォルズストーン」と呼ばれる石灰岩を使った、黄色い肌をした町並みを見ることができる。英語で石灰岩のことを「ライムストーン」というように、ライムイエローの色合いである。

一方、イタリアにはいたるところに石灰岩が分布している。現地では「トゥファ」と呼ばれ、古代ローマ時代にはそのまま粉砕してセメントにしたらしく、

＊ 先にふれたが、日本の中国山地は広く花崗岩の名産地だから、瀬戸内海沿岸の白砂浜はその産物であろう。花崗岩が風化しやすいことは地質学の世界では常識らしいが、建築界とはそもそも時間感覚がちがうのである。

＊＊ かつての採石場が大きな空洞として残されたため、しばしば崩落、陥没した。一八〜一九世紀には、満杯になっていた地上の墓地に納められた人骨を地下の採石場跡に移し、巨大な墓地「カタコンブ」として再利用した。

＊＊＊ パリのノートルダム大聖堂は、平成三十一年四月に発生した火災で屋根などを焼失したが、現在も大々的な修復工事がつづけられている。

イギリス「コッツウォルズ地方」の小さな村
（2012 年頃、Saffron Blaze、CC BY-SA 3.0）

イタリアの「マテーラ」の洞窟住居。急傾斜の岩肌に掘りこまれた家屋が階段状に立ち並ぶ（2005 年、Bönisch、CC BY-SA 2.0　ドイツ）

大規模なコンクリート造建築が建てられた。

石灰岩造の建築は枚挙にいとまがないせいだろうか、使われた石材種をわざわざ記すこともあまりない。ヴァチカンのサン・ピエトロ大聖堂*（一六～一七世紀築）は石灰岩、おそらく「トラバーチン」（多孔質で軟弱なものが前出のトゥファとなる）だと思うが、表装に貼るだけでなく、柱はもちろん壁の構造本体も同じ石材を積んだはずである。

乏しい実見からひろうとするなら、イタリア南部の都市マテーラの洞窟住居（サッシ）が印象深かった。** 急斜面の岩肌に掘り込まれた洞窟が密集しており、その前面は切石を積んだ家屋になっている。訪れたのは洞窟住居を再利用する人が現れはじめたころだったが、なかには改修工事中のものがあり、使っている石材を見ることができた。白っぽくやや黄色味を帯びたところを見ると、石灰岩にちがいない。

こうした洞窟住居は世界中にあって、なかでも著名なのが中国陝西《せんせい》省の窰洞《ヤオトン》やトルコのカッパドキアであろう。どこで聞いたか記憶は定かでないが、岩盤（土？）は軟らかく容易に掘ることができ、掘りだすと外気にふれて固くなるのだという。自著では水酸化カルシウムが、硬い炭酸カルシウムに変化するのだろうと想像している。

砂岩の建築

石灰岩の話が長くなったが、堆積岩の仲間でもっともありふれた石は砂岩で

＊ サン・ピエトロ大聖堂の建設は、一世紀以上にわたった。競技設計のあと、D・ブラマンテの設計で一五〇六年に着工されたが、現存建築は一五四六年にミケランジェロが手がけた設計を基本に建てられた。ドームはその死後の一五八八～九〇年、身廊とファサードは一六〇八～一四年に建造されている。なお、前註したように、トラバーチンは建築において、大理石の一種とされることもある。

＊＊ 拙著『風と大地と　世界建築老眼遊記』、『東と西と　続世界建築老眼遊記』参照。

＊ 前出の産業技術総合研究所地質調査総合センターの一覧表では、粒度一～一六分の一ミリの砂が固まった砕屑岩を「砂岩」としている。粒度がこれより粗いものを「礫岩」、細かなものは「泥岩」となる。

＊＊ 内側の環状列石は青みをおびた玄武岩で、二三〇キロ離れたウェールズ南西部から運ばれたのではないかと想像されている。

＊＊＊ 拙著『風と大地と』では、一五六九年着工としたが、『ユネスコ世界遺産 五』（講談社、一九九七）には「一五七一年着工、八五年放棄」とある。そのほかの資料を見ても、建設年代には数年のずれが見られる。なお、短期間で放棄されたのは水不足のためらしい。

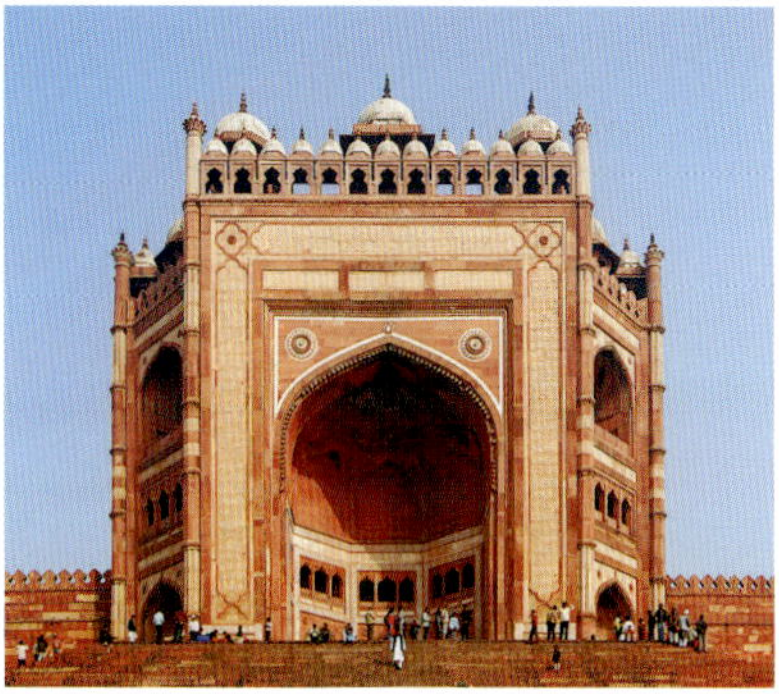

インド「ファテープル・シークリー」のモスク地区にあるブランド・ダルワーザー（壮麗門、2010年、Marcin Białek、CC BY-SA 3.0）

あろう。砂岩は主に堆積した砂が固まったもので、砂粒は石英（シリカ）鉱物でできている。[*]

どこでも見つかるから、分類が厳密でない建築の場合は、「砂岩」といってもかなり広範囲のものを指すことがあり、札幌軟石もかつて「砂岩」の一種とされたことがあるようだ。

強度は凝灰岩よりずっと高く、建築用積石によく使われた。ただし石面は地味なので、特に記録する必要もなかったのだろう。見た目が地味なところは、火山岩と双璧かもしれない。もちろん、後述する赤い砂岩《レッドストーン》のようなものもあるし、色合いは地味だが独特の波紋模様が今なお好まれているようである。

こうした古代石造建築の元祖みたいなものが、前三〇〇〇年にさかのぼろうかという謎めいたイギリスの石の構造物・ストーンヘンジだ。サークルは二重になっており、楣石《まぐさいし》（二つの支柱の上に水平に渡した石）をのせた一番目立つ外周列石が、「サルセン石」と呼ばれる珪質砂岩である。最大重量は五〇トンとされるが、二五キロも離れたマールボロ郊外のウエストウッズから運ばれてきたと推定されている。[**]

赤い砂岩《レッドストーン》で強烈に印象に残るのが、インド北部のアーグラ近郊にある都市ファテープル・シークリーだ。一六世紀後半、[***]ムガル帝国第三代皇帝アクバルが築いた壮大な宮殿建築群が、これでもかといった感じで真っ赤な石積みにより建てられている。それも石造というより、木造建築風の細身に細工した石材で組み立てられており、装飾もまるで木彫のように濃密に彫りこまれている。

フランス「ストラスブール大聖堂（ノートルダム・ド・ストラスブール大聖堂）」（2023年、Franck Legros）

とはいえインドでは、なんといってもアーグラのタージ・マハル廟であろう。この豪華な建築物は普通、大理石積みと括られているが、要所には赤い砂岩が組合わされている。
ヨーロッパでは、フランス北東部にあるストラスブール大聖堂が印象に残った。赤色を帯びた切岩を高々と積みあげたゴシック建築である。この石は近在のヴォージュ山脈から切出された砂岩と聞いた。

V エピローグ［現代建築への入口］

札幌パークホテル（旧ホテル三愛、昭和39年築、中央区中島公園、令和6年撮影）。中島公園の北側入口を扼するようにすっくとそびえる

1——札幌が誇る現代建築

札幌パークホテルの見学会

本書の最後をどう締めくくろうか考えているとき、北海道建築研究会の山下和良君、照井康穂君から連絡があった。研究会には数年前、札幌西郊の三角山麓に昔建てた住宅の見学でお世話になっている。今度は札幌パークホテルをとりあげたいのだという。

札幌パークホテルは昭和三十九年（一九六四）、「ホテル三愛《さんあい》」として建設された。結びとしてふさわしいかはわからないが、最後にちょっぴり現代建築にふれるのも悪くないかもしれない。

昭和三十九年といえば、北大建築工学科を卒業した四年後、母校に助手として舞いもどったころのことなので、とりわけ深く心に残っている。

「札幌にもようやく、まっとうな建築物ができるようになった」

当時の印象をそのまま言葉にすれば、そんなところだったと思う。

正確にいえば、卒業翌年の昭和三十六年には、日本生命札幌ビル（設計は久米建築事務所、取壊し）などが完成していた。中心市街にようやく、〝まっとうな建築〟が建てられるようになったころなので、それらのなかでも〝ひときわ高く輝いていた建築〟といった方がよいかもしれない。

札幌パークホテルの研究会では、普段あまり縁のないレストランや客室のほか、ホテルではめったにないことだが、バックヤードも覗くことができた。その上、見学当日はわれわれもあまり知らない、貴重な創建時の写真や印刷物などの資料もたくさん見せていただく機会を得た。

そもそも旧ホテル三愛は、現在、事務機器や光学機器を手がけるリコー三愛グループ創始者の市村清（一九〇〇～六八）が、観光事業進出の第一歩として力をこめた建築だった。設計者の坂倉準三は、市村と同じ世代だったことから、建築理念が共通していたのかもしれない*。

当時、ホテル建築の規範と見なされていた、アルネ・ヤコブセン（一九〇二～七一）設計のコペンハーゲンにある「ラディソンSAS《サス》ロイヤルホテル」（現ラディソンコレクションロイヤルホテル、一九五六年築）を参照したらしい。今はほとんど失われてしまったが、旧ホテル三愛で使われた家具**や照明器具などのデザインにも大きな影響を与えていた。細かなところでは、エレベーターの階数表示までもがヤコブセン流である。

建設に注がれた資金もたいへんなもので、総事業費六十億円のうち直接の建設費だけで四十五億円を費やしたという。延べ床面積は二万八八〇〇平方メートルだった。こうした金額は、時代が異なると必ずしもわかりやすくない。補足すると、当時の豪華なビルと較べても一桁上になるほどの巨費であった。

建設にあたったのは大成建設だが、ずいぶんと力をこめたのであろう。この時代だと、積雪寒冷地の建築技術はまだ発展途上で、道外の建築設計者だと尻

＊　ホテル三愛建設前の昭和三十七年、市村清は東京銀座に三愛ドリームセンターを建て、設計は日建設計（担当は林昌二）に依頼した。山下和良君は、市村清にはある種のマニアと呼べるほど建築に思い入れがあったと考えている。市村清、アルネ・ヤコブセン、坂倉準三がほぼ同じ世代に属することは（生没年が数年しか違わないのは偶然にしても）、ホテル三愛の建築を評価するうえで重要な視点だと考える。

＊＊　令和五年、元年開催の市民講座（中島公園周辺まち歩き）講師をつとめた方から、初期のホテル三愛ロビーにあった「めがね椅子」が、パークホテルに社名変更された時期、生地を張り替えて熊本県医師会館（昭和四十三年築、坂倉準三設計、取壊し）で再利用されたらしいことを教えていただいた。ほかにも数多くの方がパークホテルの歴史を検証されている。

旧ホテル三愛開業当時の正面玄関（『札幌パークホテル二十年のあゆみ』三井観光開発、1985）

上は中島公園側から望んだ旧ホテル三愛の外観（北海道大学建築デザイン学研究室所蔵）。下は現在の札幌パークホテル外観（令和 6 年撮影）

ごみするようなところがあった。そのため、客室など室内の環境設計については、同社の札幌支店の支援をあおいだらしいことも報告されている。

正面入口ホールの上階は、当初宴会場だった。* 今は入口手前を覆うように巨大宴会場が増築されているが（昭和四十三年増築）**、かつてはメインロビーの曲折階段からも直接のぼれるようになっていた。

この旧宴会場・ホワイエの天井にあった「光の大砲」が、その構造体を今も建物に残していることを、屋上にのぼって確認することができた。ル・コルビュジエ***のラ・トゥーレット修道院（フランス、昭和三十二年築）などでお馴染みの、内壁に華やかな原色をつけたトップライト（天窓）である。

* 高層ホテルではよくあるスタイルだが、中二階があるのに普通の二階はなく、一階のすぐ上が三階となる。

** この増築で一二〇〇平方メートルの無柱空間が実現した。この大スパンに適用されたのは、昭和三十八年竣功の南大橋で用いられたレオバ工法という。

*** Le Corbusier（一八八七〜一九六五）本名はCharles-Édouard Jeanneret-Gris。スイス生まれで、フランスを拠点に活躍した建築家。

旧ホテル三愛開業当時のメインロビー。右奥にエレベーターホールの大理石壁が見える（ホテル三愛開業時のパンフレットより／札幌市公文書館所蔵）

札幌パークホテルの屋上に残る、創業当時の宴会場「ホワイエ」の天井に設けられた「光の大砲」の遺構。内壁に原色をつけたコルビュジエ風のトップライトの採光口だったが、現在は閉じられている（令和４年筆者撮影）

旧ホテル三愛の建築

旧宴会場・ホワイエの「光の大砲」を含めて、インテリアはその後、ほぼ全面的に改変されている。*とはいえ、レセプション（フロント）からエレベーターホールにかけてのゆったりした開放的な空間を筆頭に存外、創建時のすがたをとどめていた。

　エレベーターホールの大理石壁は通常、横縞模様が連続するよう見開き貼りにするが、**意図的に強調するのはむしろ縦目地（垂直の継ぎ目）である。縦目地は大理石壁が吹寄せ（配置や配列を崩し、不規則に作ること）になるよう切られている。同様の吹寄せは、旧グリル「まりも」前面の、やはり前出のラ・トゥーレットで見られた方立《ほうだて》（横に連続した窓に設ける垂直の桟）のリズムにつづいている。

　南西端のドーム屋根を架けた旧グリル「まりも」も残されている。「まりも」の小ドームは、ちょこんといった感じで四隅の柱にのっている。旧来の円ドームだと、下方でひろがろうとする力が発生するところ、このドームの場合は、生まれる力がドーム内で釣合うことで完結して柱に伝わらないため、柱は垂直力だけを支持する設計になっているのではないかと思う（地震のような外力は別）。

　実際には、天井に相当するドレープ布が張られているから、まるで布が上のドームを支えているように錯覚してしまう。この構造設計は、北大建築工学科構造第一研究室に依頼されており、中島公園の池水の流れをとりこんだ庭のカスケード（瀑布）は、北大農学部の明道博教授による設計である。

　初めて拝見した客室も、目に入る内装や建具類はあとになってリニューアル

＊　昭和五十八年から一年間をかけて、客室の内装や設備などが大きくリニューアルされた。

＊＊　高価な大理石薄板を、本を見開きにするように貼るのは、おそらく横縞を連続させて本来の組積構造を模倣しているのだろう。なお工事中、施主の市村清は横縞貼りを変更させようとしたが、大成建設の説得で原デザイン通りになったらしい。薄板貼りであることを正直に表現するのは、モダンデザインの原理であろう。O・ワーグナーのウィーン郵便貯金局（一九〇六〜一二年築）などの外装を想起させる。

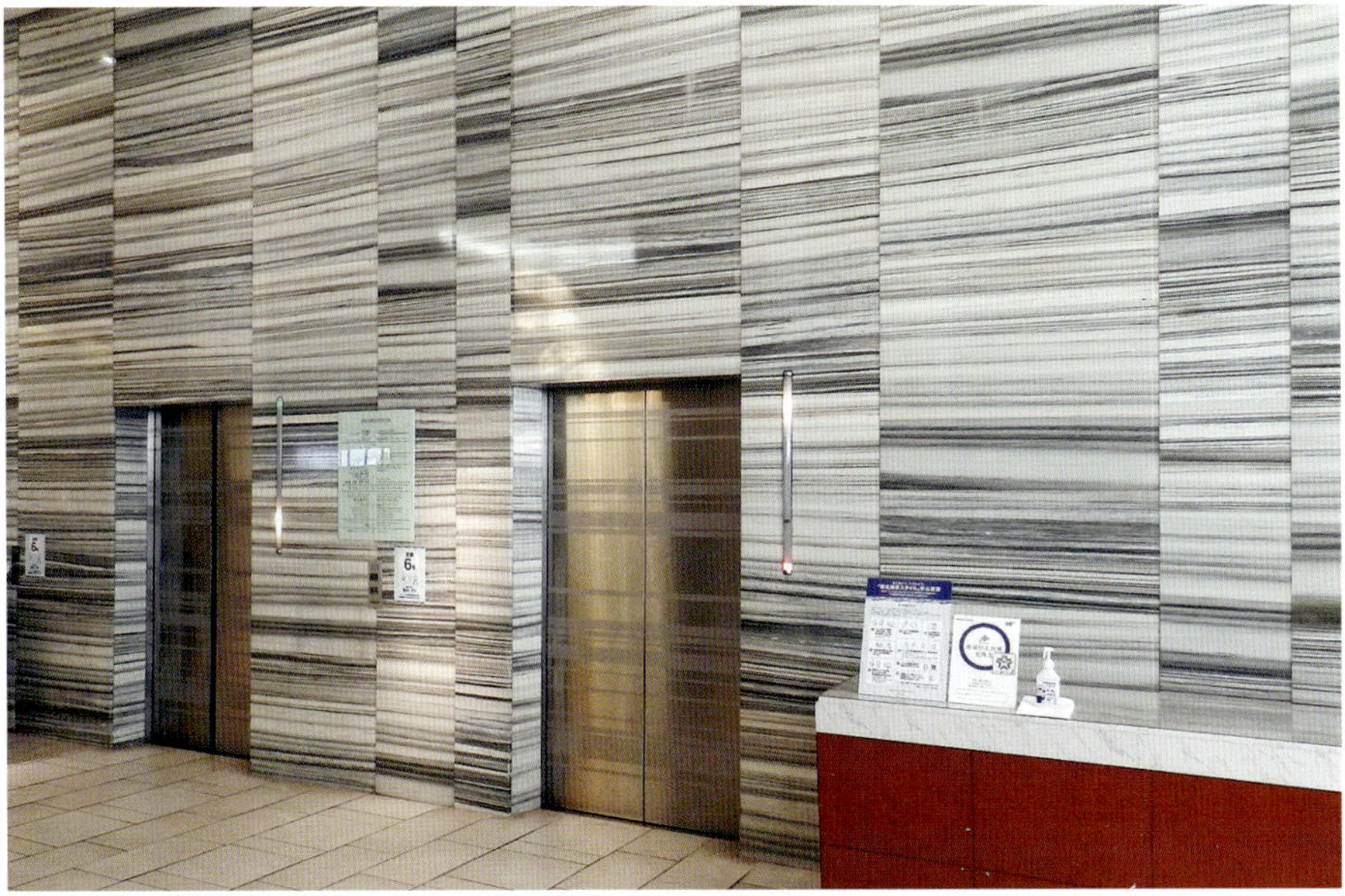

上は縦目地を意図的に強調したエレベーターホールの大理石壁。下は今も残る旧ホテル三愛時代のグリル「まりも」の小ドーム。まるでドレープ布が上部のドームを支えているように見える（令和４年筆者撮影）

中島公園から見た建設中の旧ホテル三愛。鉄骨骨組を組立てる鉄骨コンクリート造で建設された。昭和 38 年 6 月撮影（『札幌パークホテル二十年のあゆみ』）

されたはずだが、縦軸回転形式の窓まわりの防寒構造や結露処理は、基本的に創建時のデザインが継承されているように思われた。

なによりも強調しなければならないのは、中島公園に面した濃青色《のうせいしょく》に屹立する外観が長いあいだ市民に親しまれ、今では欠かせぬ景色になっていることである。この濃青色のタイル壁——実際には何種類かの濃淡タイルを混ぜ貼りしている——は、地下鉄中島公園駅の壁面にも貼られており、ホテル周辺のミニ地域の地色になっているようだ*。

旧ホテル三愛は、「鉄骨コンクリート造」である。鉄骨コンクリート造は「鉄筋コンクリート（RC）構造」と同様に、鉄（スティール）とコンクリートを組合わせた構造形式だが、この時代の高層建築でようやく広く使われるようになった。なによりも、基本の鉄骨骨組が最初に組立てられるから、高層ビルの施工手順を革命的に変化させたのである。

前章の最後（4　旧札幌控訴院）でふれたように、鉄とコンクリートの骨組（フレーム）になって初めて、構造体にかかる力が計算できるようになり、高層建築を安全に建てられるようになった。同時に、旧来の組積造建築ではあまり問題にならなかった外装が、あらためて表立った課題になったわけで、タイル貼り外壁は建築史においてなかなか重要な位置を占めているわけだ**。

今となっては想像できないかもしれないが、昭和四十七年（一九七二）開催の冬季オリンピック札幌大会を前にしたこの時代、まだ札幌に高層ビルはほとんどなかった。それだけに、ホテル三愛がすっくとそびえるすがたが、たとえば旧

＊　地下鉄中島公園駅の青色タイルについては、北大建築工学科を卒業後、大阪で大手建設会社設計部を勤め上げた方の指摘で知った。氏がパークホテルを見るために札幌まで足を運んだ際、建築についていろいろ教えていただいた。

＊＊　村野藤吾（一八九一～一九八四）が設計した日生劇場（一九六三年築）の花崗岩貼り外装が「反動的」と批判されたことを想起する。食違い目地が組積造を思わせるとされたが、歴史背景を考えないと、こうした批判の理由を理解することは難しいのではないだろうか。

左は昭和 60 年頃の日本庭園の滝（『札幌パークホテル二十年のあゆみ』）。下は近年の日本庭園。カスケード（階段状の滝）に中島公園の池水をひくことで、公園とのつながりを強調している（令和 4 年筆者撮影）

千歳空港から豊平橋をわたって中心部に入る旅行者の目にも映っていたのである。*

さらにホテル三愛が、駅前通りが突き当たる中島公園の入口横に建てられたことは、札幌市民にとって重要なことだった。ホテル空間の一部となる公園の存在が重要なことはいうまでもないが、それ以上に公園導入部の一角を占めることで、人工的な市街地と公園の自然空間をつなぐという重い役割をになっているのである。また、公園をとりこむことによって、ホテル滞在生活を機能的に拡張したと位置づけることもできるであろう。

なお、ホテルの敷地は市立中島中学校**の校地が払下げられたもので、ホテル前面の駐車場の周囲には、公立学校時代の囲塀が遺存していて、その来歴を今に伝えている。

建築家坂倉準三

旧ホテル三愛を設計した建築家は、坂倉準三（一九〇一～六九）である。

ル・コルビュジエ直系の弟子であり***、モダニズム建築を主導してきた坂倉は、日本建築家協会会長にも推された著名な建築家だが、補足説明しておいた方がよいかもしれない。坂倉には、〝わかりづらい〟ところがある。近代建築史上の坂倉準三といえば、昭和十二年（一九三七）開催のパリ万国博覧会の日本館が代名詞のようについてくるが、この建築には「なまこ壁」のような日本風のデザインが施され、モダニズムの原理には反しているように見えてしまう。

坂倉は東京大学出身である。しかし、前川國男以下の日本近代建築の主導者

* 松林宗恵監督の映画『社長忍法帖』（一九六五）では、おそらく豊平橋からと思われるホテル三愛の眺めが捉えられている。豊平川左岸と中島公園の間に高層ビルはまだ建てられていなかった。ホテル三愛の斜めに配された高層棟の向きを決めるまでには、さまざまな考慮があったと思われるが、この豊平橋上からの見え方もその要素のひとつだったことが推測できる。

** 前身は明治四十年設立の札幌区立女子職業学校で、大正十一年に区立高等女学校（同年に市立）と改称され、大戦後の昭和二十五年には北海道札幌東高等学校となった。札幌市立中島中学は昭和二十二年、札幌市立高等女学校に併置するかたちで創立され、ホテル三愛竣功の三十九年に南十二西七の新校舎へ移転した。

*** ル・コルビュジエのパリ事務所に弟子入りしたのが、坂倉準三と前川國男の二人である。日本のモダニズム建築主導者としては、真っ先に丹下健三の名があげられるであろうが、丹下はそこに入っていない。

たちは、たいがいが工学部建築学科を出ているのに対し、坂倉は文学部美術学科卒業であることは注目すべきだろう。ル・コルビュジエが与えた影響うち、モダニズムの理論的な側面を前川らが前面に出したのに対して、坂倉は作家性や芸術的な表現力を継承したといえるかもしれない。

坂倉の作品では、鎌倉の旧神奈川県立近代美術館（現鎌倉文華館鶴岡ミュージアム、昭和二十六年築、重要文化財）が深く印象に残っている。取壊し濃厚とされていたのだが、令和二年（二〇二〇）に復原されて重要文化財に指定された。この間、陸屋根《ろくやね》（水平または勾配のない屋根）の納まりなどが改変されていたが、坂倉建築研究所の所員がずいぶん手を入れていたという話を耳にしている。

文化財というと古い建築のことのように思われるが、鎌倉の旧近代美術館につづいて、丹下健三が設計した国立代々木競技場（昭和三十九年築）も重要文化財に指定されている。* こうした群をぬいて重要な建築ばかりでなく、その背景になるような多数の建築一般についても、五、六十年が経つと歴史研究の準備をはじめなければといわれている。**

竣功から二世代が経過すると、研究の手がかりが失われはじめるからだが、なによりも豊かな町並みをつくっていくには、建物の評価につながる研究作業が重要だと思われる。令和六年（二〇二四）の現在からみて、もはや一九六〇〜七〇年代は、そうした時代に相当するのではないだろうか。

その意味からも、札幌のまちが坂倉準三の優れた建築作品である札幌パークホテルを持つことは、得がたい宝物を持っているようなものなのである。

＊　広島の世界平和記念聖堂（昭和二十九年築、村野藤吾設計）、広島平和記念資料館（昭和三十年築、丹下健三設計）など、重要文化財に指定された大戦後の建築は数多い。

＊＊　登録文化財指定の時代的な要件として、建てられてから五十年ほどが目安として考えられている。

完成間近のころと思われる旧ホテル三愛とその周辺。ホテル左側に移転前の市立中島中学校が見える（『札幌パークホテル二十年のあゆみ』三井観光開発、1985）

2――現代建築への入口の時代

現代建築の課題

昔に較べれば、歴史的建築もずいぶん大切にされるようになった。明治期の建築をやみくもに壊してしまうようなことはあまりなくなったし、昭和年代でも大戦前の建築なら、それなりに議論の対象にはなるであろう。そもそも建築の設計に際しても、歴史的環境の継承は現在、基本中の基本となっている。

仄聞《そくぶん》するところでは、札幌市の国際会議場が札幌パークホテル前面駐車場に計画されているという。計画のなかでホテルは一新され、消滅予定だというのである。ひそかに設計も進められているらしい。国際会議に来るほどの人なら、文化的に高いレベルの建築を大切にする市の伝統を評価するはずだと思うのだが、どうだろうか。

パークホテルのような大切な建築を簡単に失ってしまうようでは、いつまでたっても札幌の街並みに歴史的な深みをつくることはできないと思う。野幌の百年記念塔もそうだし、再開発が検討されている知事公邸と北海道立近代美術館の問題も同様であろう。

考えてみれば、旧ホテル三愛は最初から公共的建築として出発している。すでにふれたように、ホテルの敷地は市立中学校の校地が払下げられたものなのだ。そもそもホテル構想自体が、オリンピック開催に向けた受け入れ施設の整備を目的に、札幌市有地の払下げを受けてはじまったものである。

旧ホテル三愛がオープンして二年後の昭和四十一年（一九六六）、旧北炭観光開発（昭和四十六年に三井観光開発に改称、現グランビスタホテル＆リゾート）傘下となって「札幌パークホテル」と改称された。旧北炭観光開発は、すでに札幌グランドホテル（昭和九年開業）を経営しており、その後、両者は合併することになった。* そもそも札幌グランドホテルは、まちの格式を代表する公共的な都市ホテルとして出発したもので、それは現在までつづいている。

だから旧ホテル三愛は、単なる商業建築ではなく、公共建築のひとつとして位置づけねばならない。都市生活において市民は、住宅で寝泊まりするだけでなく、公民館や美術館、体育館、公園など多彩な空間で暮らしをくりひろげる。そのなかでも都市ホテルは、旅行者のためだけでなく都市生活者にとっての客間でもあり、だからこそ単なる商業建築で済まされない、市民にとってかけがえのない公共建築でもあるのだ。

札幌の現代建築と一九六〇年代

旧ホテル三愛のオープンから十年ほど経ったころ、「探訪・北海道昭和建築」というエッセイを新聞に連載した。** 残念ながら旧ホテル三愛は入っていないが、北大附属病院旧伝染病棟（昭和四年〔一九二九〕築、取壊し）以下、当時最新のモダン建築を二十件、うち札幌の建築を半分にあたる十件とりあげている。***

＊　現在は両ホテルとも、「グランビスタホテル＆リゾート」傘下になっている（商号変更は平成十九年）。

＊＊　「北海道新聞」（一九七四年十月一日〜十一月七日）。昭和期の建築をとりあげたのは、冬季オリンピック札幌大会が開催され、札幌の街が大きく変貌する時期にあたる。

＊＊＊　連載でとりあげたうち、北大附属病院旧伝染病棟はII章「北大の建築」で、また札幌逓信局はI章「プロローグ」で紹介している。特筆しなければならないのは、それらの多くがすでにすがたを消し、札幌分の十件で現在も存在が確認できるのは、わずか四件しかないということである。

戦前期の建築はもちろんだが、大戦後から旧ホテル三愛時代までの建築も八件あって、少なくとも議論の対象くらいにはなりそうな現代建築をとりあげた。しかし、旧ホテル三愛のあとに建った新しい七件は、まだ価値判断がつかず、議論もわかれそうである。

わたしにしてみれば、当時は建築史研究に本腰を入れはじめる前段階で、現代建築とのかかわりを確保しておきたいという考えが先行していたのだと思う。札幌はこのあと、昭和四十七年開催の冬季オリンピックを経て、都市として大きく変貌をとげていく。一九六〇年代はその前段にあたる時代、いわば現代建築への入口の時代だったのである。

《ま》

《や》

《ら》

《わ》

《た》

《な》

《は》

《か》

《さ》

建築名索引

人名索引

あとがきにかえて――越野武先生を偲ぶ

角《かど》 幸博《ゆきひろ》

令和六年（二〇二四）八月十日、恩師である越野武先生がご逝去された。来年、米寿を迎えられることから、5講会（先生や小生が在任していた北海道大学建築計画第二講座は、建築工学科設立時から5講座と呼ばれており、以来、研究室名の変化はあったが、この名で研究室の卒業・修了生たちの会としている）で盛大にお祝いをしたいと考えていただけに、急逝の報はあまりにもショックが大きかった。

長女の吹雪ちゃん（小さい頃からのお付き合いなので、こう呼ぶことをお許し願いたい）からの連絡によると、軽い脳梗塞を発症した先生は、病院でリハビリに取り組んでいたさなかに肺炎を併発し、それが急逝の直接の原因となったようだった。

当初は家族葬で済ませ、先生の生前のご希望から、5講会主催の偲ぶ会を別途開催することになっていた。ところがご家族から、急遽八月十二日の十七時から十九時の間に通夜を営むとのご連絡が入ったため、連絡先のわかる方々とSNSによる情報共有により、あわてて告知させていただいた。

お通夜には、奥様の櫻子さん、長男の剛ちゃん、吹雪ちゃんが同席され、小生の先輩や後輩たちも参集してお見送りすることができた。入院の期間が短かったこともあり、先生のお顔は生前と変わらぬ優しい表情であった。

ご遺作となった本書の企画は、一昨年暮れに先生から私に原稿を持ち込む出版社の相談があり、昔からの知り合いである亜璃西社を紹介させてもらった。その後、先生と亜璃西社とで打ち合わせが行われ、先生が持ち込んだ原稿が大部だったこともあり、亜璃西社からは札幌の建築追想パートだけを出版し、残りの原稿は私家版に収録することになったとうかがっていた。

昨年五月、書籍化用に先生が整理されたワープロ原稿が、亜璃西社から私のもとに持ち込まれた。拝読したところ、建築史家としての専門的研究内容が、やわらかい語り口でかみ砕いてつづられているうえ、先生が経験されてきた札幌の建築にまつわる貴重なエピソードも多く含まれ、一般読者の知的好奇心を満足させるものに仕上がっていることから、ぜひとも出版すべきと伝えた。

先生のお心積もりでは、昨年秋ごろに発刊する予定で、我々も出版記念会を企画していたのだが、出版社の都合で延びに延びて本年の刊行となっていた。こうした経緯もあり、先生のご逝去で本書の刊行を中断するのはあまりにも惜しいと考えた関係者の意向から、弟子の私と孫弟子の角哲《かくさとる》君とで、発刊に向けての校正作業や不足写真の追加などをお手伝いさせていただくことで、今回の出版にいたったのである。

本書の内容と一部重複するが、ここで越野先生のプロフィールをご紹介したい。先生は昭和十二年（一九三七）年七月、札幌市でお生まれになった。私は昭和二十二年生まれなので、ちょうど十歳年上となる。昭和三十五年に北海道大学（以下、北大）工学部建築工学科を卒業後、山下寿郎設計事務所（現山下設計）を経て、昭和三十七年一月に北大工学部建築工学科助手となられた。同講師を経て昭和四十三年に同助教授、平成元年（一九八九）年十二月、『北海道における初期洋風建築の研究』で工学博士、そして平成二年七月に教授となられた。翌三年五月には、「日本建築学会賞（論文）」も受賞されている。

平成九年、組織名変更により北大大学院工学研究科建築史意匠学分野（現工学研究院建築デザイン学分野）教授となり、十三年には定年退職されて名誉教授となった。そして退職後の同年四月、札幌大学文化学部教授に就任され、平成十九年九月に「札幌市市政功労賞」を受賞、二十年に札幌大学を定年退職されている。

退職後は、『風と大地と　世界建築老眼遊記』（新宿書房、二〇〇八）や『時と人と　再訪日本　老眼遊記』（私家版、二〇一九）、『東と西と　続世界建築　老眼遊記』（私家版、二〇一九）、ニコラス・ペヴスナー著『建築タイプの歴史Ⅰ　国家と偉人の記念碑から刑務所まで』（中央公論美術出版、二〇一四）および『建築タイプの歴史Ⅱ　ホテルから工場まで』（中央公論美術出版、二〇一五）の翻訳など、その健筆ぶりは衰え知らずで、いつも驚嘆させられていた。

さて、弟子である私と越野先生との想い出はあまりにも多すぎて、ここにすべてを書くことは難しい。しかし先生との出会いは、私の人生に多大なる影響を与えていることから、その中でも印象的な事柄をいくつか書き記したい。

北大理類から二年時に建築工学科へ移行すると、私は越野先生から設計演習でパース（透視図）の演練と西洋建築史を学んだ。しかし、四年時に研究室配属を希望すると、当時助教授だった先生からはなかなかＯＫをもらえなかった。その理由は、建築史の成績がすこぶる悪いからとのことだったが、だからこそこれから精進するつもりだなどと主張し、粘りに粘って研究室に受け入れていただくことができた。このことが、その後の自分の道を決める第一歩となった。

四年生となった昭和四十四年は、まさに大学紛争の真っただ中にあった。教育体制や大学のあり方など、何度も学生と先生方との対話の場がもたれたり、卒論執筆中にもデモに参加したり、時には投石にあって血だらけで研究室に戻ってくる仲間などもいた。そんなわけで、工学部は全共闘系の学生が封鎖していて教室を使えず、附属図書館も封鎖にあって利用できない状態だった。

やむを得ず、研究室に所蔵されていた明治期の札幌と函館の銅版画史料のみを対象に、なんとか卒業論文をまとめた。当時はコピー機もない時代である。必要な資料はカメラで複写し、フィルム現像こそ外注するものの、印画紙への焼き付けはすべて自分でおこなうことを先生から要求され、結果的に写真術も会得することができた。

北大大学院入試に失敗して研究生となった私は、当時解体中だった独立教会の実測調査のほか、重要文化財である豊平館の実測図作成の仕事を先生から任された。本書で触れられている「豊平館高サ規則絵図」の複写作図では、遅くまで残業したことを憶えている。

ある日、先生から助手にならないかとお誘いいただいた。研究室としては今後、フィールドワークを広く展開するので、車の免許取得と酒が飲めることが採用の条件であった(驚くなかれ、当時の私は下戸だった)。一見、研究とは無関係に思えるが、このことがのちにフィールドワークを展開する上で役立った。

助手になってすぐにはじまったのが、日本海沿岸の漁家建築の緊急調査と小平町にある花田家番屋の調査で、地元の方々との交流や古老からの聞き取り調査などで、先の条件はたいへん役立つことになったのである。その後も北海道一円の調査を、先生と一緒に愛車でずいぶんと走り回った。ハコスカ（日産スカイライン）のルーフに脚立を積み、学生も同乗して荷重超過となった結果、車輪が八の字に開いた状態で爆走したことも、今となっては懐かしい思い出だ。

もう一つ私に与えられた仕事は、写真の撮影と資料の複写だった。現在のようにデジタルカメラやスキャナーのない時代である。国産の中判カメラ・ゼンザブロニカを駆使しての複写作業は、いつもちゃんと写っているかハラハラドキドキの連続であった。その後は大型カメラのトヨビュー（4×5インチ）とジッツオの三脚が仕事道具に加わり、大量の写真撮影をこなしたものである。

建築士会から出版した『北海道の古建築と街並み』（北海道、一九七九）や『北海道の開拓と建築 上・下』（北海道、一九八七）の資料収集のため、全道の図書館や資料館、市町村編纂室などに所蔵された古写真を、ほぼ一人で複写するというハードな作業を通して、次第に撮影技術も向上していった。

当初は研究テーマも定まらぬまま、夢中でフィールド作業を続けていたが、やがて北海道における近代建築史研究の対象を、明治期は越野先生、大正・昭和期は私と時代を棲みわけて、お互いの情報を共有しながら調査研究作業を進めていった。その結果、私の方は平成七年九月にようやく博士（工学）取得にこぎ着けることができた。

結局、越野先生には助手として二十五年半、さらに助教授として四年ほど師事したことになる。先生が退職された一年後には教授に昇格し、代わって研究室運営を主宰することになったが、助手時代に研究室の会計運用や物品購入、学生対応など番頭的役割を任せていただいたことでスムーズに引き継げた。

また、旅好きな先生のおかげで、学生の研修旅行や講座旅行に毎年参加するとともに、鹿児島から長崎、五島列島を巡る旅や、ヨーロッパやアメリカへの研修旅行にもご一緒するなど、充実した楽しい研究生活を満喫できた。加えて、建築塾（札幌の若手建築家の集まり）の活動や松下電工R-Boxギャラリーの企画、デザイン協議会活動といった対外活動も自由にさせてもらえたことで、多くの異分野の方と親交を深めることができていた。これも、先生の鷹揚でおおらかな人柄のおかげであったと深く感謝している。

私は退職後の平成二十四年に「特定非営利活動法人歴史的地域資産研究機構（通称・れきけん）」を設立したのだが、先生はその際にもいち早く正会員として参加くださり、例年、総会に出席されると、そのあとの情報交流会にも欠かさず参加くださるなど、いつも飄々としたお元気な姿でおられた。しかし、今年（令和六年）は珍しく欠席されていた。

先生の米寿と私の喜寿をともにお祝いできなかったことは、重ね重ね残念でならないが、奇しくも先生の最後のお仕事に弟子と孫弟子がともにかかわる機会をいただけたことは、越野先生からの贈り物なのかもしれない。

逝去後の令和六年九月六日、これまでの先生のご功績に対して「従四位瑞宝小綬章」が叙勲された。きっと照れ笑いしながら、天上から北海道建築文化の醸成を見守っていてくださるに違いない。

（北海道大学名誉教授、NPO法人歴史的地域資産研究機構 代表理事）

著者略歴　越野　武（こしの・たけし）

昭和十二年（一九三七）年札幌生まれ。昭和三十五年北海道大学工学部卒業。山下寿郎設計事務所を経て、昭和三十七年から北海道大学工学部建築工学科助手。助教授を経て平成二年（一九九〇）年教授。平成十三年定年退職し名誉教授となり、同年札幌大学文化学部教授に就任。平成二十年札幌大学定年退職。著書に『開化のかたち　日本の建築明治・大正・昭和１』（三省堂、一九七九）、『歴史の町なみ　北海道・東北編』（共著、日本放送出版協会、一九八〇）、『北海道における初期洋風建築の研究』（北海道大学図書刊行会、一九九三、日本建築学会賞受賞）、『風と大地と　世界建築老眼記』（新宿書房、二〇〇八）など。翻訳にニコラス・ペヴスナー著『建築タイプの歴史Ⅰ　国家と偉人の記念碑から刑務所まで』（中央公論美術出版、二〇一四）、『建築タイプの歴史Ⅱ　ホテルから工場まで』（中央公論美術出版、二〇一五）。平成十九年「札幌市市政功労」受賞。令和六年（二〇二四）八月十日死去、享年八十七。同年九月六日、「従四位瑞宝小綬章」叙勲。

札幌《さっぽろ》クラシック建築追想《けんちくついそう》――都市《とし》と建築《けんちく》　老眼遊記《ろうがんゆうき》

二〇二四年十一月二十二日　初版第一刷発行

著　者――越野《こしの》　武《たけし》
編　集――井上　哲
発行人――和田由美
発行所――株式会社亜璃西社
〒〇六〇-八六三七
札幌市中央区南二条西五丁目六-七　メゾン本府七階
電　話　〇一一-二二一-五三九六
ＦＡＸ　〇一一-二二一-五三八六
ＵＲＬ　https://www.alicesha.co.jp/
装　幀――須田照生
印　刷――株式会社アイワード

©Koshino Sakurako 2024, Printed in Japan
ISBN 978-4-906740-67-3 C0052
＊乱丁・落丁本はお取り替えいたします
＊本書の一部または全部の無断転載を禁じます
＊定価はカバーに表示してあります

制作スタッフ　野崎美佐、宮川健二
制作協力　角 哲、角 幸博、杉浦正人、竹島正紀、宮坂省吾

亜璃西社の本

地図の中の札幌——街の歴史を読み解く　堀　淳一 著

今尾恵介氏推薦。地図エッセイの名手が、新旧１８０枚の地図で道都１５０年の変遷を読み解く。試験地形図を付録にした豪華本。　本体６０００円＋税

978-4-906740-02-4 C0021

さっぽろ歴史&地理さんぽ　山内正明 著

中心部をメインに札幌10区の歩みを約１００点の図版と共に紹介。地名に秘められた歴史をエピソードから掘り起こす歴史読本。　本体１８００円＋税

978-4-906740-62-8 C0025

増補改訂版 札幌の地名がわかる本　関　秀志 編著

10区の地名をトコトン深掘り！　Ⅰ部で各区の地名の由来を紹介、Ⅱ部ではアイヌ語地名などをテーマ別に解説する最新版。　本体２０００円＋税

978-4-906740-53-6 C0021

増補版 北海道の歴史がわかる本　桑原真人・川上　淳 共著

石器時代から近・現代まで約3万年におよぶ北海道史を56のトピックスでイッキ読み！どこからでも気軽に読める歴史読本。　本体１６００円＋税

978-4-906740-31-4 C0021

北海道開拓の素朴な疑問を関先生に聞いてみた　関　秀志 著

入植初日はどこで寝たの？　食事は？　開拓史のスペシャリストが、先人たちの驚きの開拓生活を楽しくわかりやすく教える集中講義。　本体１７００円＋税

978-4-906740-46-8 C0021

亜璃西社
SINCE1988